Dominique Rousseau
Pierre-Yves Gahdoun
Julien Bonnet

L'essentiel *des* Grandes décisions du Conseil constitutionnel

1re édition
2017 2018

Gualino une marque de Lextenso

LES CARRÉS

Cette collection de livres présente de manière synthétique, rigoureuse et pratique l'ensemble des connaissances que l'étudiant doit posséder sur le sujet traité. Elle couvre :

- le Droit et la Science Politique ;
- les Sciences économiques ;
- les Sciences de gestion ;
- les concours de la Fonction publique.

Dominique Rousseau est Professeur à l'Université Paris 1, Panthéon-Sorbonne.
Pierre-Yves Gahdoun est Professeur à l'Université de Montpellier.
Julien Bonnet est Professeur à l'Université de Montpellier.

70, rue du Gouverneur Général Éboué
92131 Issy-les-Moulineaux cedex
ISBN 978 - 2 - 297 - 05606 - 9
ISSN 1288-8206

PRÉSENTATION

L'introduction du contrôle de constitutionnalité de la loi a profondément transformé le droit constitutionnel. Il était et il reste le droit des institutions politiques. Il était et il reste le savoir des idées et philosophies politiques. Mais il est devenu le droit des droits et libertés constitutionnels et de leur garantie par un juge particulier : le Conseil constitutionnel.

Il a fallu du temps pour que la France accepte de poser, dans la constitution de 1958, un mécanisme de contrôle de constitutionnalité de la loi. Et il faudra encore attendre la décision du 16 juillet 1971 pour que ce contrôle s'affirme et se développe. Depuis cette fameuse décision, qui a accordé une valeur constitutionnelle, c'est-à-dire, supérieure à la loi, à la Déclaration de 1789 et au Préambule de 1946, depuis le développement de la saisine parlementaire à partir de 1974 et plus encore depuis la révision constitutionnelle de 2008 accordant au justiciable le droit de soulever à l'occasion d'un procès la constitutionnalité de la loi qui lui est appliquée, les principes constitutionnels, les droits et libertés garantis par la Constitution irriguent toutes les activités humaines et sociales. Au fil des décisions du Conseil s'est ainsi produite une constitutionnalisation des branches du droit. Ou, pour le dire autrement, le droit privé et le droit public sont aujourd'hui « branchés » sur les principes énoncés dans les Déclarations des droits et la Constitution au point qu'il est devenu commun de parler d'un droit constitutionnel pénal, d'un droit constitutionnel des contrats, d'un droit constitutionnel fiscal, d'un droit constitutionnel de l'entreprise, d'un droit constitutionnel des personnes, d'un droit constitutionnel local...

Impossible de connaître le droit constitutionnel sans connaître la jurisprudence constitutionnelle. Dès lors que chaque article de la Déclaration de 1789, chaque article du Préambule de 1946, chaque article de la Constitution et chaque article de la Charte de l'environnement a fait l'objet de plusieurs décisions du Conseil constitutionnel, dès lors que certaines interprétations jurisprudentielles ont évolué et peuvent toujours évoluer, tout étudiant et plus largement tous ceux qui font usage de la Constitution doivent connaître les « grandes décisions » qui structurent le savoir constitutionnel.

SOMMAIRE

SOMMAIRE

Chapitre 1

Les normes de référence

Selon l'article 61 de la Constitution, le Conseil constitutionnel doit se prononcer sur la conformité des lois à la Constitution. Étant donné que les déclarations des droits de l'Homme ne sont pas dans le corps même de la Constitution, la question de la possibilité pour le Conseil de s'en servir pour juger la loi a longtemps été posée. Aujourd'hui, elle ne l'est plus. Font partie des normes de référence pour le contrôle juridictionnel des lois la Constitution *stricto sensu*, la Déclaration de 1789, le Préambule de 1946 et la Charte de l'environnement de 2004. En revanche, les traités et accords internationaux sont exclus du « ***bloc de constitutionnalité*** ».

1 Cons. const., 16 juill. 1971, n° 71-44 DC, *Liberté d'association*

« 2. Considérant qu'au nombre des principes fondamentaux reconnus par les lois de la République et solennellement réaffirmés par le préambule de la Constitution il y a lieu de ranger le principe de la liberté d'association ; que ce principe est à la base des dispositions générales de la loi du 1er juillet 1901 relative au contrat d'association ; qu'en vertu de ce principe les associations se constituent librement et peuvent être rendues publiques sous la seule réserve du dépôt d'une déclaration préalable ; qu'ainsi, à l'exception des mesures susceptibles d'être prises à l'égard de catégories particulières d'associations, la constitution d'associations, alors même qu'elles paraîtraient entachées de nullité ou auraient un objet illicite, ne peut être soumise pour sa validité à l'intervention préalable de l'autorité administrative ou même de l'autorité judiciaire ;
3. Considérant que, si rien n'est changé en ce qui concerne la constitution même des associations non déclarées, les dispositions de l'article 3 de la loi dont le texte est, avant sa promulgation, soumis au Conseil constitutionnel pour examen de sa conformité à la Constitution, ont pour objet d'instituer une procédure d'après laquelle l'acquisition de la capacité juridique des associations déclarées pourra être subordonnée à un contrôle préalable par l'autorité judiciaire de leur conformité à la loi ;
4. Considérant, dès lors, qu'il y a lieu de déclarer non conformes à la Constitution les dispositions de l'article 3 de la loi soumise à l'examen du Conseil constitutionnel complétant l'article 7 de la loi du 1er juillet 1901, ainsi, par voie de conséquence, que la disposition de la dernière phrase de l'alinéa 2 de l'article 1er de la loi soumise au Conseil constitutionnel leur faisant référence ;
5. Considérant qu'il ne résulte ni du texte dont il s'agit, tel qu'il a été rédigé et adopté, ni des débats auxquels la discussion du projet de loi a donné lieu devant le Parlement, que les dispositions précitées soient inséparables de l'ensemble du texte de la loi soumise au Conseil ; (…) »

■ *Faits*

Le 25 janvier 1971, le tribunal administratif de Paris annule, conformément à une jurisprudence constante, le refus du Préfet de police de Paris, de délivrer au fondateur de l'Association « Les Amis de la Cause du Peuple » le récépissé de la déclaration des statuts, au motif que la loi du 1er juillet 1901 relative aux associations ne donne pas à l'autorité administrative le pouvoir d'apprécier préalablement la licéité de l'association et la légalité de ses statuts. Plutôt que de saisir le Conseil d'État, le gouvernement fait adopter par le Parlement, le 23 juin 1971, une loi modifiant celle de 1901 et aux termes de laquelle est instauré, à l'initiative du Préfet, un contrôle *a priori* des associations par l'autorité judiciaire. Cette loi est adoptée malgré l'opposition du Sénat, emmenée par Pierre Marcilhacy qui considère que ces dispositions portent atteinte à la liberté de former des partis politiques reconnue à l'article 4 de la Constitution. Aussi, le Président de cette Assemblée, Alain Poher, saisit le Conseil pour lui demander d'apprécier la constitutionnalité de cette réforme législative.

■ *Portée*

La décision du 16 juillet 1971 est la « grande » décision du Conseil constitutionnel, celle qui opère une véritable révolution politique en rompant avec les principes traditionnels du droit français et en particulier la souveraineté de la loi. Pour exercer son contrôle, le Conseil se réfère pour la première fois, et là se situe la « révolution », au Préambule de la Constitution de 1958 et par là même, à la Déclaration de 1789 et au Préambule de 1946 auxquels il renvoie : « considérant qu'au nombre des principes fondamentaux reconnus par les lois de la République et solennellement réaffirmés par le Préambule de la Constitution, il y a lieu de ranger le principe de la liberté d'association ». Et, à la suite, le Conseil déclare contraire à la Constitution les dispositions instaurant un contrôle *a priori* au motif que ce principe implique que la Constitution d'associations se fasse librement et ne puisse « être soumise pour sa validité à l'intervention préalable de l'autorité administrative *ou même de l'autorité judiciaire* ».

Ce raisonnement n'est pas nouveau, dans la mesure où le Conseil d'État, dans un arrêt d'assemblée du 11 juillet 1956 (*Amicale des Annamites de Paris*), avait déjà affirmé, en des termes identiques, que la liberté d'association figurait « au nombre des principes fondamentaux reconnus par les lois de la République et réaffirmés par le Préambule de la Constitution » de 1946. Si le Conseil constitutionnel s'inspire ainsi de la jurisprudence administrative, il opère cependant un changement de qualité juridique en faisant de la liberté d'association, un principe constitutionnel. Et cette promotion est fondamentale puisque, sans elle, le Conseil n'aurait pu apprécier la constitutionnalité de la loi. En effet, il n'est, dans le corps même de la Constitution de 1958, aucun article qui consacre la liberté d'association ; le Conseil était donc contraint, dès lors qu'il souhaitait exercer son contrôle, de rechercher « ailleurs », dans le Préambule, les fondements de son appréciation. Par cette démarche volontariste ou stratégique, le Conseil ouvre à son contrôle de la constitutionnalité des lois, une étendue potentiellement illimitée.

La conséquence majeure de cette décision du 16 juillet 1971 est de provoquer un déplacement de l'objet du contrôle. Jusqu'à cette date, le Conseil vérifie essentiellement *la régularité externe* de la loi contestée : respect de la procédure législative, de la répartition des compétences entre le Parlement et l'Exécutif... À partir de 1971, il s'engage principalement dans la voie d'un *contrôle interne* c'est-à-dire d'un contrôle portant sur le fond, sur le contenu même de la loi. L'affaire qui a donné lieu à la décision du 16 juillet est, à cet égard, significative du changement de portée du contrôle : *ce qui est sanctionné, c'est le choix du législateur*. Ce dernier considérait le principe de la liberté d'association garanti par le fait de confier à l'autorité judiciaire, gardienne de la liberté individuelle, selon la tradition libérale et l'article 66 de la Constitution, le pouvoir d'apprécier la légalité d'une association. À cette conception, juridiquement défendable, le Conseil oppose et impose un autre choix : celui qui fait reposer la garantie de la liberté d'association non sur la qualité de l'autorité investie du contrôle, mais sur l'absence de tout contrôle préalable.

Depuis la décision du 16 juillet 1971, le Conseil a rangé au titre des principes fondamentaux reconnus par les lois de la République, la liberté d'association, la liberté de l'enseignement (*Cons. const., n° 77-87 DC*), la liberté de conscience (*Cons. const., n° 77-87 DC*), la liberté individuelle (*Cons. const., n° 76-75 DC*), le respect des droits de la défense (*Cons. const., n° 76-70 DC*), l'indépendance de la juridiction administrative (*Cons. const., n° 80-119 DC*), l'indépendance des professeurs d'Université (*Cons. const., n° 83-165 DC*), la compétence propre de la juridiction administrative en matière de contentieux de l'excès de pouvoir (*Cons. const., n° 86-224 DC*), l'importance des attributions conférées à la décision du 20 juillet 1988 (*Cons. const., n° 88-244 DC*), l'autorité judiciaire en matière de protection de la propriété immobilière (*Cons. const., n° 89-256 DC*), la spécificité du droit pénal des mineurs (*Cons. const., n° 2002-461 DC*), le droit local mosellan-alsacien (*Cons. const., n° 2011-157 QPC*)...

La catégorie des PFRLR est une catégorie vide que le Conseil remplit au fur et à mesure de ses décisions à partir de critères posés dans sa décision du 20 juillet 1988 (*Cons. const., n° 88-244 DC*) complétés par celle du 17 mai 2013 : que ce n'est pas la loi dans son entier qui reçoit valeur constitutionnelle, mais seulement ses dispositions qui énoncent « le principe fondamental » de la matière ; que pour être reconnu fondamental, un principe doit avoir été constamment affirmé par les différentes lois l'organisant, une seule exception empêchant sa qualification de PFRLR ; que ne peut constituer un principe fondamental reconnu par les lois de la République au sens du premier alinéa du Préambule de 1946 qu'une règle qui intéresse les droits et libertés fondamentaux, la souveraineté nationale et l'organisation des pouvoirs publics (*Cons. const., n° 2013-669*).

Pour aller plus loin

- Jean Rivero, « Les PFRLR, une nouvelle catégorie constitutionnelle ? », D. 1972, p. 265.
- Véronique Champeil-Desplats, *Les PFRLR, principes constitutionnels et justification dans le discours juridique*, Economica-Puam 2001.
- Alexandre Viala, « Un PFRLR contre le mariage gay ? », Revue des droits et libertés fondamentaux 2013, chron. n° 4.

2 Cons. const., 27 juill. 1982, n° 82-141 DC, *Loi sur la communication audiovisuelle*

« 1. Considérant que, pour contester la conformité à la Constitution de la loi sur la communication audiovisuelle, les députés auteurs de la saisine font valoir qu'elle méconnaîtrait le droit à la libre communication des pensées et des opinions tel qu'il résulte de l'article 11 de la Déclaration des droits de l'homme et du citoyen ainsi que le principe d'égalité devant la loi et qu'elle porterait atteinte à la liberté d'entreprendre ;

En ce qui concerne le grief tiré de la violation de l'article 11 de la Déclaration des droits de l'homme et du citoyen :

2. Considérant qu'il est soutenu qu'après l'abrogation du régime du monopole de la radiodiffusion, les restrictions à la liberté de communication des pensées et des opinions par les moyens audiovisuels ne peuvent, comme en matière de presse écrite, être justifiées que par des motifs de police ; que, par suite, la limitation excessive du champ d'application de la déclaration préalable, la soumission obligatoire des services de télévision par voie hertzienne au régime de la concession de service public, la subordination des autorisations au respect des clauses de cahiers des charges et la nécessité d'une autorisation pour l'établissement de certaines infrastructures et installations de communication audiovisuelle situées sur une propriété privée sont des limitations apportées à la liberté qui excéderaient « l'objet normal des mesures de police » et qui, comme telles, seraient contraires à la Constitution.

3. Considérant qu'aux termes de l'article 11 de la Déclaration des droits de l'homme et du citoyen : « la libre communication des pensées et des opinions est un des droits les plus précieux de l'homme : tout citoyen peut donc parler, écrire, imprimer librement, sauf à répondre de l'abus de cette liberté dans les cas déterminés par la loi » ;

4. Considérant que l'article 34 de la Constitution dispose : « la loi fixe les règles concernant les garanties fondamentales accordées aux citoyens pour l'exercice des libertés publiques » ; que cette réglementation, qui répond dans des circonstances données à la sauvegarde de l'ordre public, ne doit pas excéder ce qui est nécessaire à garantir l'exercice d'une liberté ;

5. Considérant qu'ainsi il appartient au législateur de concilier, en l'état actuel des techniques et de leur maîtrise, l'exercice de la liberté de communication telle qu'elle résulte de l'article 11 de la Déclaration des droits de l'homme, avec, d'une part, les contraintes techniques inhérentes aux moyens de la communication audiovisuelle et, d'autre part, les objectifs de valeur constitutionnelle que sont la sauvegarde de l'ordre public, le respect de la liberté d'autrui et la préservation du caractère pluraliste des courants d'expression socioculturels auquel ces modes de communication, par leur influence considérable, sont susceptibles de porter atteinte ;

6. Considérant que les dispositions de la loi auxquelles il est reproché de méconnaître l'article 11 de la Déclaration des droits de l'homme et du citoyen répondent aux impératifs ci-dessus énoncés et que, dès lors, les auteurs de la saisine ne sont pas fondés à soutenir qu'elles sont contraires à la Constitution ; qu'ils ne sauraient non plus soutenir que la disposition relative à l'établissement d'installations méconnaît le droit de propriété ; (...) »

■ *Faits*

La loi soumise au Conseil constitutionnel abroge le régime du monopole de la radiodiffusion et de la télévision et le remplace par un régime de déclarations et d'autorisations que les députés jugent contraire à la libre communication des idées et des opinions.

■ Portée

L'intérêt de cette décision est double. Il est d'abord dans la qualification de la sauvegarde de l'ordre public, du respect de la liberté d'autrui et de la préservation du caractère pluraliste des courants d'expression socioculturels « d'objectifs de valeur constitutionnelle » ; il se prolonge ensuite dans l'utilisation de ces objectifs pour justifier les limitations, autorisations et déclarations auxquelles sont désormais soumises les entreprises radio et audiovisuelles.

Dans cette catégorie des « objectifs de valeur constitutionnelle » le Conseil a fait entrer également :

– la possibilité pour toute personne de disposer d'un logement décent (*Cons. const., 19 janv. 1995, R., p. 176*) ;
– l'accessibilité et l'intelligibilité de la loi (*Cons. const., 16 déc. 1999, R., p. 136*) ;
– la lutte contre la fraude fiscale (*Cons. const., 29 déc. 1999, R., p. 156*) ;
– l'égal accès des hommes et des femmes aux mandats électoraux et aux fonctions électives (qualifié simplement « d'objectif », *Cons. const., 24 juill. 2003, JO 31 juill. 2003, p. 13038*) ;
– la bonne administration de la justice (*Cons. const., 3 déc. 2009, JO 11 déc. 2009, p. 21381*), qui était préalablement une « exigence » (*Cons. const., 28 déc. 2006, JO 1er déc. 2006, p. 20320*) ;
– la recherche des auteurs d'infraction (*Cons. const., 10 nov. 2011, JO 11 nov. 2011, p. 19005*) ;
– la protection de la vie et de la santé des personnes (« découlant du 11e alinéa du Préambule de 1946 » précise le juge, *CE, 28 nov. 2014, Syndicat réunionnais des exploitants de stations-service*).

Le Conseil utilise encore comme bases et instruments de son contrôle des lois, ce qu'il appelle « principes, dispositions ou règles à valeur constitutionnelle », et même « exigences constitutionnelles ».

Ainsi, il qualifie de :

– principe constitutionnel :
  - la continuité du service public (*Cons. const., 25 juill. 1979, R., p. 31*),
  - la liberté personnelle du salarié (*Cons. const., 25 juill. 1989, R., p. 59*),
  - la clarté de la loi (*Cons. const., 2 janv. 2002, R., p. 49*),
  - la publicité des débats judiciaires en matière pénale (*Cons. const., 2 mars 2004, R., p. 66*) ;
– d'exigence constitutionnelle :
  - l'égalité devant la loi (*Cons. const., 29 juill.1998, JO 31 juill. 1998, p. 11710*),
  - l'équilibre financier de la sécurité sociale (*Cons. const., 18 déc. 2001, JO 26 déc. 2001, p. 20582*),
  - l'égalité devant la commande publique, la protection des propriétés publiques et le bon usage des deniers publics (*Cons. const., 26 juin 2003, JO 3 juill.2003, p. 11205*),
  - la transposition des directives communautaires (*Cons. const., 10 juin 2004, R., p. 101*),
  - le droit à l'information et la participation du public en matière environnementale (*Cons. const., 14 oct. 2011, JO 15 oct. 2011, p. 17466*).

Ces différentes expressions soulèvent un problème autrement plus difficile que celui posé par « les principes politiques, économiques et sociaux particulièrement nécessaires à notre temps » car ces derniers sont énumérés dans le Préambule de 1946 auquel celui de 1958 renvoie :

– principe d'égalité entre les sexes (*Cons. const., 30 déc. 1981, R., p. 41*) ;
– droit d'asile (*Cons. const., 9 janv. 1980, R., p. 29*) ;
– droit d'obtenir un emploi (*Cons. const., 28 mai 1983, R., p. 41*) ;
– liberté syndicale (*Cons. const., 19-20 juill. 1983, R., p. 49*) ;

– droit de grève (*Cons. const., 25 juill. 1979, R., p. 33*) ;
– droit de participation des travailleurs à la détermination collective des conditions de travail et à la gestion des entreprises (*Cons. const., 5 juill. 1977, R., p. 35*) ;
– principe d'appropriation collective des services publics nationaux et des monopoles de fait (*Cons. const., 15 janv. 1975, R., p. 19*) ;
– principe de l'organisation de l'enseignement public, gratuit et laïque (*Cons. const., 23 nov. 1977, R., p. 42*) ;
– principes du respect des règles du droit public et international et du non-emploi de la force contre la liberté d'aucun peuple (*Cons. const., 30 déc. 1975, R., p. 26*) ;
– principe de limitation, sous réserve de réciprocité, de souveraineté nécessaire à l'organisation et à la défense de la paix (*Cons. const., 30 déc. 1976, R., p. 15*).

Ces principes-ci trouvent leur source dans un texte, pas les « objectifs de valeur constitutionnelle » ni les « exigences constitutionnelles » qui permettent au Conseil d'opposer au législateur des principes qui n'ont pas été, en tant que tels, affirmés par le Constituant, s'octroyant ainsi un pouvoir de création de textes constitutionnels. Sans doute, est-il possible, pour minimiser ce problème, de considérer ces expressions comme une formule générique par laquelle le Conseil désignerait les dispositions de la Constitution, de la Déclaration de 1789, du Préambule de 1946 et les PFRLR. Et il est vrai que le Conseil fait parfois passer un droit d'une catégorie à une autre sans explication. Mais cette présentation a l'inconvénient de nier la notion même de principe à valeur constitutionnelle, alors qu'elle est utilisée de manière originale, à côté des autres éléments du bloc de constitutionnalité, par le Conseil. Il faut donc admettre que ces principes, objectifs, exigences de valeur constitutionnelle ne trouvent pas toujours leur siège dans un texte écrit mais sont dégagés, déduits, par le Conseil constitutionnel de l'esprit général de dispositions diverses ou d'une réflexion sur la nécessité de la chose publique selon le même raisonnement par lequel le Conseil d'État crée les principes généraux du droit.

Une autre question se pose à propos des « objectifs de valeur constitutionnelle » : s'agit-il réellement de *normes* invocables devant le Conseil constitutionnel et susceptibles d'être à la source d'une inconstitutionnalité ? Les réponses divergent : certains estiment que le Conseil peut parfaitement, s'il le souhaite, censurer une disposition législative sur la base d'un « objectif » ou même d'une « exigence », par exemple l'objectif de pluralisme des médias (*Cons. const., n° 86-210 DC*) ou l'objectif de d'intelligibilité et d'accessibilité de la loi (*Cons. const., n° 2011-639 DC*) ; d'autres soutiennent, à l'inverse, que les objectifs de valeur constitutionnelle ont pour unique fonction de justifier les entorses aux droits et libertés, par exemple lorsque le Conseil légitime une atteinte au droit de propriété en invoquant « la possibilité pour toute personne de disposer d'un logement décent » (*Cons. const., n° 98-403 DC*), lorsqu'il admet une restriction de la liberté d'entreprendre au nom de « l'objectif de valeur constitutionnelle de sauvegarde de l'ordre public » (*Cons. const., n° 2010-55 QPC*) ou lorsqu'il limite les droits de la défense sur le fondement de « l'objectif de valeur constitutionnelle de recherche des auteurs d'infractions » (*Cons. const., n° 2011-191/194/195/196/197 QPC*). Sans doute la « bonne » réponse se situe quelque part entre les deux théories et montre toute l'originalité des OVC : tantôt normes de contrôle et de sanction du Parlement, tantôt moyens de justification des atteintes portées aux libertés.

Quoi qu'il en soit de ce débat, avec cette dernière catégorie constitutionnelle – les principes, objectifs et exigences de valeur constitutionnelle –, le Conseil dispose finalement d'un large ensemble de textes et de principes auxquels confronter les lois qui sont soumises à son contrôle.

Pour aller plus loin

- Anne Levade, « L'objectif de valeur constitutionnelle, vingt ans après. Réflexions sur une catégorie juridique introuvable », *in L'esprit des institutions, l'équilibre des pouvoirs, Mélanges en l'honneur de Pierre Pactet*, Dalloz, 2003, p. 688.
- Pierre de Montalivet, « Les objectifs de valeur constitutionnelle », *N3C 2006*, n° 20.

3 Cons. const., 18 juin 2010, n° 2010-5 QPC, *SNC Kimberly Clark*

« 1. Considérant que l'article 271 du Code général des impôts est relatif aux règles de déductibilité en matière de taxe sur la valeur ajoutée ; que le 1 de l'article 273 du même code, issu de l'article 18 de la loi du 6 janvier 1966 susvisée, dispose que des décrets en Conseil d'État déterminent les conditions d'application de l'article 271 ; qu'en particulier, son troisième alinéa, qui fait l'objet de la question prioritaire de constitutionnalité, prévoit que ces décrets fixent « la date à laquelle peuvent être opérées les déductions » ;
2. Considérant que, selon la société requérante, les dispositions du troisième alinéa du 1 de l'article 273, qui renvoient à un décret en Conseil d'État le soin de fixer les délais dans lesquels doivent être opérées les déductions de taxe sur la valeur ajoutée, porteraient atteinte au droit énoncé à l'article 14 de la Déclaration des droits de l'homme et du citoyen de 1789 et dont disposent « tous les citoyens » de « constater, par eux-mêmes ou par leurs représentants, la nécessité de la contribution publique, de la consentir librement, d'en suivre l'emploi et d'en déterminer la quotité, l'assiette, le recouvrement et la durée » ; que ces dispositions méconnaîtraient également le droit de propriété proclamé à son article 17 ; qu'elles seraient, par suite, entachées d'incompétence négative ;
3. Considérant qu'aux termes du premier alinéa de l'article 61-1 de la Constitution : « Lorsque, à l'occasion d'une instance en cours devant une juridiction, il est soutenu qu'une disposition législative porte atteinte aux droits et libertés que la Constitution garantit, le Conseil constitutionnel peut être saisi de cette question sur renvoi du Conseil d'État ou de la Cour de cassation qui se prononce dans un délai déterminé » ; que la méconnaissance par le législateur de sa propre compétence ne peut être invoquée à l'appui d'une question prioritaire de constitutionnalité que dans le cas où est affecté un droit ou une liberté que la Constitution garantit ;
4. Considérant, d'une part, qu'aux termes de l'article 34 de la Constitution : « La loi fixe les règles concernant… l'assiette, le taux et les modalités de recouvrement des impositions de toutes natures… Les lois de finances déterminent les ressources et les charges de l'État dans les conditions et sous les réserves prévues par une loi organique… » ; que les dispositions de l'article 14 de la Déclaration de 1789 sont mises en œuvre par l'article 34 de la Constitution et n'instituent pas un droit ou une liberté qui puisse être invoqué, à l'occasion d'une instance devant une juridiction, à l'appui d'une question prioritaire de constitutionnalité sur le fondement de l'article 61-1 de la Constitution ;
5. Considérant, d'autre part, que le 1 de l'article 273 du Code général des impôts, en ce qu'il renvoie à un décret en Conseil d'État le soin de fixer les délais dans lesquels doivent être opérées les déductions auxquelles ont droit les personnes assujetties à la taxe sur la valeur ajoutée, ne porte pas atteinte au droit de propriété garanti par les articles 2 et 17 de la Déclaration de 1789 ;
6. Considérant que la disposition contestée n'est contraire à aucun droit ou liberté que la Constitution garantit. (…) »

■ *Faits*

La société Kimberly Clark avait contesté la constitutionnalité du renvoi à un décret en Conseil d'État le soin de fixer la date à laquelle peuvent être opérées les déductions de taxe sur la valeur ajoutée mentionnées à l'article 271 du CGI. Le Conseil d'État, ayant jugé cette contestation « sérieuse », a saisi le Conseil constitutionnel qui se prononce, pour la première fois, sur la possibilité ou non de sanctionner l'incompétence négative du législateur dans le cadre de la procédure de la question prioritaire de constitutionnalité.

■ Portée

Dans cette décision *Kimberly Clark*, le Conseil juge que « la méconnaissance par le législateur de sa propre compétence ne peut être invoquée à l'appui d'une QPC que dans le cas où est affecté un droit ou une liberté que la Constitution garantit ». Décision logique puisque l'article 34 de la Constitution donne au Parlement le pouvoir de fixer les règles concernant « les droits civiques et les garanties fondamentales accordées aux citoyens pour l'exercice des libertés publiques ». Dès lors, en ne définissant pas ces règles, en abandonnant ou même en déléguant ce pouvoir à d'autres autorités, et notamment des autorités administratives, la loi peut porter atteinte à la garantie de tel ou tel droit constitutionnel. Par exemple, si la loi ne définit pas précisément les infractions, il est porté atteinte au principe de la légalité des peines et des délits énoncé aux articles 7 et 8 de la Déclaration de 1789 ; si la loi ne définit pas précisément les modalités d'accès aux informations en matière environnementale, il est porté atteinte au droit de participer à l'élaboration des décisions publiques ayant une incidence sur l'environnement. En d'autres termes, puisque, en démocratie, la compétence du législateur est considérée comme une garantie contre l'arbitraire administratif, comme une garantie pour les droits et libertés, un manquement du législateur à l'exercice de sa compétence est une inconstitutionnalité de procédure qui porte atteinte aux droits et libertés et qui peut donc être soulevée à l'appui d'une QPC. Évidemment, précise aussi le Conseil, une incompétence négative ne peut être dénoncée qu'à l'égard des dispositions législatives votées après 1958.

Pourtant, la décision *Kimberly Clark* peut être discutée. D'abord parce que l'aspect simplement formel et procédural des incompétences négatives dissimule une autre réalité : depuis leur origine en 1967 (*Cons. const., n° 67-31 DC*), les incompétences négatives ont principalement servi à protéger un fond, une substance, et non une compétence comme leur intitulé le laisse faussement imaginer. Et pour cause : en sanctionnant un silence, en sanctionnant une omission, un oubli, le Conseil constitutionnel empêche l'autorité d'application de la loi de s'engouffrer dans le vide législatif et de bâtir une réglementation potentiellement attentatoire aux libertés.

Lorsque l'article 34 de la Constitution donne compétence au législateur pour réglementer les « libertés publiques », lorsque le 7e alinéa du Préambule de 1946 invite le Parlement à encadrer le droit de grève, lorsque l'article 8 de la Déclaration de 1789 impose à la loi de fixer elle-même les peines et les sanctions, il n'est pas simplement question d'un partage de compétence, il est aussi – et surtout – question de limiter le risque d'arbitraire de l'administration en imposant la seule norme qui puisse assurer parfaitement l'égalité et la liberté des citoyens : la loi. Aussi, les demandes des justiciables en matière d'incompétences négatives ne sont jamais, ou presque jamais, des demandes visant à corriger simplement une « incompétence » ; dans la majorité des cas, cette incompétence dénoncée attise le risque d'une méconnaissance des libertés fondamentales. Par exemple, dans la décision du 28 mars 2013, le Conseil estime que le manque de précision du législateur quant aux modalités de recouvrement d'une nouvelle imposition empêche le plein exercice du droit au recours protégé par l'article 16 de la Déclaration de 1789. Par exemple encore, dans sa décision du 1er août 2013, le Conseil soulève d'office un moyen tiré de l'incompétence négative du législateur car, dit-il, « en ne définissant pas la notion d'entreprise publique, les dispositions contestées méconnaîtraient l'étendue de la compétence du législateur dans des conditions qui affectent la liberté d'entreprendre et le droit de propriété ». Dans ces deux cas, ce n'est pas tant l'incompétence qui est condamnée que ses effets – inévitables – sur l'exercice des droits et libertés. Finalement, exiger du justiciable qu'il associe une liberté de fond aux incompétences négatives revient à poser une contrainte qui est « déjà là », depuis toujours, dans la jurisprudence du Conseil constitutionnel

Un autre argument est celui de *l'utilité contentieuse des incompétences négatives* : concrètement, la protection des droits et libertés serait-elle moins efficace, moins performante, sans cette jurisprudence *Kimberly Clark* ? Pas nécessairement. Par exemple, lorsque le Conseil constate une atteinte au droit de propriété en raison du manque de précision de la notion « d'entreprise publique » dans sa décision du 1er août 2013, l'incompétence n'est ici qu'un chemin, un moyen parmi d'autres, pour atteindre l'inconstitutionnalité. Et si les requérants n'avaient pas invoqué l'incompétence négative dans cette affaire, sans doute le Conseil aurait-il rendu une décision à peu près comparable en construisant son argumentation uniquement sur le droit de propriété. De même, dans sa décision du 20 juin 2014, le Conseil censure une disposition qui permettait un « accord » entre les communes sur la répartition des sièges au sein d'une structure intercommunale.

Le juge constitutionnel souligne le risque de dérives et pointe le défaut d'encadrement du législateur. Mais au lieu d'invoquer une « incompétence négative », qui était avérée en l'espèce, il fonde son jugement sur la seule méconnaissance de l'égalité devant le suffrage. Et il prouve donc que le principe d'égalité contient déjà, en lui-même, l'obligation pour le Parlement d'exercer pleinement sa compétence en empêchant, au mieux, les discriminations. Finalement, l'utilité contentieuse des incompétences négatives en QPC paraît bien limitée : elles constituent souvent un cadre démonstratif permettant aux requérants et au Conseil constitutionnel d'éclairer une atteinte à la Constitution, d'en dessiner les contours ; mais il n'est pas certain, tant s'en faut, que les libertés de fond aient véritablement besoin d'un tel soutien au quotidien.

Reste la question de savoir quels sont les droits et libertés garantis par la Constitution qui peuvent être invoqués à l'appui d'une QPC. Il existe, dans la Constitution, des règles qui n'instituent manifestement pas des droits ou des libertés, par exemple les règles de l'article 45 de la Constitution relatives à la commission mixte paritaire ou les règles de l'article 69 qui organisent le Conseil économique, social et environnemental. Tout à l'opposé, certaines dispositions proclament indiscutablement un droit ou une liberté, tel l'article 11 de la Déclaration de 1789 (« La libre communication des pensées et des opinions est un des droits les plus précieux de l'Homme ») ou le 6ᵉ alinéa du Préambule de 1946 consacré à la liberté syndicale (« Tout homme peut défendre ses droits et ses intérêts par l'action syndicale et adhérer au syndicat de son choix »). Mais entre les deux, se greffe un nombre considérable de dispositions constitutionnelles : pas simplement procédurales, pas clairement des droits de l'homme, il fallait nécessairement interpréter et décoder les éléments du bloc de constitutionnalité à la lumière de cette nouvelle expression « droits et libertés que la Constitution garantit ». Ainsi des principes de précaution, d'indivisibilité de la République ou de séparation des pouvoirs.

De valeur indiscutablement constitutionnelle, ces principes ont pour objet l'organisation des pouvoirs publics et le mode d'action publique ; ils ne sont donc pas, *stricto sensu*, des droits de l'homme. Pourtant, le juge pourrait considérer que ces principes peuvent être invoqués à l'appui d'une QPC dans l'exacte mesure où ils sont la condition et la garantie des droits et libertés : le principe de séparation des pouvoirs par exemple est une garantie pour la liberté individuelle, pour l'indépendance de la justice, pour le droit au juge... ; le principe de précaution une garantie pour le droit à la santé...

En l'état actuel de sa jurisprudence, le Conseil constitutionnel opère une sélection au cas par cas, sans jamais préciser à l'intérieur de ses considérants les motifs et les raisons qui le poussent à rejeter tel droit ou telle liberté. Par exemple, dans la décision du 26 mars 2015, le Conseil écarte le 9ᵉ alinéa du Préambule de 1946 en précisant simplement que « cette disposition n'institue pas un droit ou une liberté que la Constitution garantit ». Ainsi, dans sa décision du 18 juin 2010 (*Cons. const., n° 2010-5 QPC*), le Conseil refuse d'intégrer l'article 14 de la Déclaration de 1789 parmi les droits et libertés invocables à l'appui d'une QPC alors même que cette disposition reconnaît à « tous les citoyens le *droit* de constater, par eux-mêmes ou par leurs représentants, la nécessité de la contribution publique ».

En sens inverse, il accepte d'intégrer dans le contentieux de la QPC le 8e alinéa du Préambule de 1946 qui ne consacre expressément aucun droit, ni aucune liberté (« tout travailleur participe, par l'intermédiaire de ses délégués, à la détermination collective des conditions de travail ainsi qu'à la gestion des entreprises ») (*Cons. const., n° 2010-91 QPC*). La cohérence de cette jurisprudence n'est pas toujours évidente...

Pour aller plus loin

- J. Garcia, *Les incompétences négatives dans la jurisprudence du Conseil constitutionnel*, thèse Montpellier, 2015.

4 Cons. const., 15 janv. 1975, n° 74-54 DC, *Loi relative à l'interruption volontaire de la grossesse*

« 1. Considérant que l'article 61 de la Constitution ne confère pas au Conseil constitutionnel un pouvoir général d'appréciation et de décision identique à celui du Parlement, mais lui donne seulement compétence pour se prononcer sur la conformité à la Constitution des lois déférées à son examen ;
2. Considérant, en premier lieu, qu'aux termes de l'article 55 de la Constitution : « Les traités ou accords régulièrement ratifiés ou approuvés ont, dès leur publication, une autorité supérieure à celle des lois, sous réserve, pour chaque accord ou traité, de son application par l'autre partie. » ;
3. Considérant que, si ces dispositions confèrent aux traités, dans les conditions qu'elles définissent, une autorité supérieure à celle des lois, elles ne prescrivent ni n'impliquent que le respect de ce principe doive être assuré dans le cadre du contrôle de la conformité des lois à la Constitution prévu à l'article 61 de celle-ci ;
4. Considérant, en effet, que les décisions prises en application de l'article 61 de la Constitution revêtent un caractère absolu et définitif, ainsi qu'il résulte de l'article 62 qui fait obstacle à la promulgation et à la mise en application de toute disposition déclarée inconstitutionnelle ; qu'au contraire, la supériorité des traités sur les lois, dont le principe est posé à l'article 55 précité, présente un caractère à la fois relatif et contingent, tenant, d'une part, à ce qu'elle est limitée au champ d'application du traité et, d'autre part, à ce qu'elle est subordonnée à une condition de réciprocité dont la réalisation peut varier selon le comportement du ou des États signataires du traité et le moment où doit s'apprécier le respect de cette condition ;
5. Considérant qu'une loi contraire à un traité ne serait pas, pour autant, contraire à la Constitution ;
6. Considérant qu'ainsi le contrôle du respect du principe énoncé à l'article 55 de la Constitution ne saurait s'exercer dans le cadre de l'examen prévu à l'article 61, en raison de la différence de nature de ces deux contrôles ;
7. Considérant que, dans ces conditions, il n'appartient pas au Conseil constitutionnel, lorsqu'il est saisi en application de l'article 61 de la Constitution, d'examiner la conformité d'une loi aux stipulations d'un traité ou d'un accord international ;
8. Considérant, en second lieu, que la loi relative à l'interruption volontaire de la grossesse respecte la liberté des personnes appelées à recourir ou à participer à une interruption de grossesse, qu'il s'agisse d'une situation de détresse ou d'un motif thérapeutique ; que, dès lors, elle ne porte pas atteinte au principe de liberté posé à l'article 2 de la Déclaration des droits de l'homme et du citoyen ;
9. Considérant que la loi déférée au Conseil constitutionnel n'admet qu'il soit porté atteinte au principe du respect de tout être humain dès le commencement de la vie, rappelé dans son article 1er, qu'en cas de nécessité et selon les conditions et limitations qu'elle définit ;
10. Considérant qu'aucune des dérogations prévues par cette loi n'est, en l'état, contraire à l'un des principes fondamentaux reconnus par les lois de la République ni ne méconnaît le principe énoncé dans le Préambule de la Constitution du 27 octobre 1946, selon lequel la nation garantit à l'enfant la protection de la santé, non plus qu'aucune des autres dispositions ayant valeur constitutionnelle édictées par le même texte ;
11. Considérant, en conséquence, que la loi relative à l'interruption volontaire de la grossesse ne contredit pas les textes auxquels la Constitution du 4 octobre 1958 fait référence dans son préambule non plus qu'aucun des articles de la Constitution ; (...) »

■ *Faits*

À la suite du vote de la loi relative à l'interruption volontaire de la grossesse, soixante députés de la majorité parlementaire saisissent le Conseil constitutionnel et lui demandent de déclarer les dispositions de l'article 3 de ladite loi en tant qu'il autorise l'avortement, sans autres conditions que de forme, durant les dix premières semaines de la grossesse non conformes aux principes réaffirmés par le Préambule de la Constitution, et non conformes aux dispositions de l'article 2 de la Convention européenne de sauvegarde des droits de l'Homme et des libertés fondamentales, dont l'autorité est supérieure à celle des lois aux termes de l'article 55 de la Constitution.

Cette saisine est la première application de la révision constitutionnelle d'octobre 1974 accordant à soixante députés ou soixante sénateurs le pouvoir de saisir le Conseil constitutionnel ; elle émane de députés de la majorité parlementaire hostiles à la loi IVG.

■ *Portée*

Les traités internationaux ne font pas partie du bloc de constitutionnalité. Cette exclusion est clairement formulée dans cette décision du 15 janvier 1975 par laquelle le Conseil considère qu'une loi contraire à un Traité n'est pas, pour autant, contraire à la Constitution et que, dans ces conditions, il ne lui appartient pas « lorsqu'il est saisi en application de l'article 61 de la Constitution, d'examiner la conformité d'une loi aux stipulations d'un Traité ou d'un accord international », en l'espèce, la Convention européenne des droits de l'Homme.

L'argumentation du Conseil repose, pour l'essentiel, sur la condition de réciprocité inscrite à l'article 55 de la Constitution. Cette disposition, estime-t-il, induit une relation de la loi au Traité d'une qualité fondamentalement différente de celle qui régit les rapports entre la loi et la Constitution : dans le premier cas, la supériorité du Traité sur la loi est *conditionnelle*, en ce qu'elle est subordonnée à l'application dudit Traité par les autres États contractants ; dans le second cas, la supériorité de la Constitution à la loi est *inconditionnelle*.

Le Conseil n'exclut pas pour autant tout contrôle du principe de la supériorité du Traité sur la loi énoncé à l'article 55 de la Constitution ; il considère seulement qu'il ne peut s'exercer dans le cadre du mécanisme prévu à l'article 61 ; en revanche, rien ne s'oppose à ce qu'il soit réalisé par les juges ordinaires. En effet, le Conseil établit une différence de nature entre le contrôle de constitutionnalité des lois et celui de la conformité d'une loi à un Traité : si le premier a un caractère absolu et définitif faisant obstacle à l'entrée de la loi dans le droit positif, le second a un caractère relatif – la loi ne disparaît pas de l'ordre juridique mais est seulement non appliquée au cas d'espèce – et contingent – la loi pourrait à nouveau produire ses effets si les conditions d'exécution du Traité changeaient. Or, les caractères du contrôle exercé par les juges ordinaires correspondent exactement aux caractères mêmes du principe de supériorité du Traité, également « relatif et contingent », précise le Conseil.

Les juges ordinaires ont donc « pris » le contentieux de la conventionnalité des lois abandonné par le Conseil constitutionnel. La Cour de cassation, quelques mois seulement après la décision du 15 janvier 1975 et en se fondant explicitement sur la distinction du Conseil entre contrôle de constitutionnalité et contrôle d'applicabilité, a décidé de faire prévaloir, dès lors que les conditions étaient réunies, le Traité et d'écarter en conséquence la loi qu'elle lui soit antérieure ou postérieure (le Conseil d'État par l'arrêt *Nicolo* du 20 octobre 1989).

L'argumentation du Conseil est discutable et, sur le plan juridique, l'abandon de la jurisprudence de 1975 ne serait pas illégitime. D'abord parce que la condition de réciprocité, fondement de l'explication du Conseil, est exclue du droit international humanitaire et que la CEDH est, à l'évidence, une convention humanitaire. Cela ressort clairement à la fois de l'article 60 de la Convention de Vienne sur le droit des traités, des décisions de la Commission et de la Cour européenne des droits de l'Homme, et de la simple logique.

Les caractères des conventions humanitaires s'opposent en effet à l'idée même de réciprocité : elles sont moins des contrats par lesquels les parties s'échangeraient des droits subjectifs et réciproques, que des traités-lois instaurant à la charge des États contractants une obligation objective et absolue, celle de protéger, de respecter les droits de l'homme, quel que soit son lien de rattachement national ; en ce sens, elles possèdent des propriétés semblables à celles traditionnellement reconnues aux Constitutions. Ensuite parce que pour fonder, en droit, le contrôle de la loi au regard des traités, le Conseil dispose d'un article de la Constitution, l'article 55 : puisque ce dernier a pour objet d'affirmer la supériorité du Traité sur la loi, une loi qui serait contraire à un Traité serait par là même contraire aux dispositions de l'article 55 de la Constitution.

Ce raisonnement, d'une évidente simplicité, devrait en conséquence conduire le Conseil à sanctionner toutes violations de cet article par le législateur, et ce dans le cadre de l'examen prévu à l'article 61. Enfin, le Conseil pourrait également se fonder sur la règle *Pacta sunt servanda* à laquelle il a attribué valeur constitutionnelle dans sa décision du 9 avril 1992 (*Cons. const., n° 92-308 DC*). Dès lors, en effet, que les traités doivent être exécutés par les parties de bonne foi, l'une d'elles ne peut invoquer les dispositions de son droit interne comme justifiant la non-exécution du traité : ce qui implique de vérifier qu'une loi, acte doté d'une autorité inférieure aux traités régulièrement ratifiés selon l'article 55 de la Constitution rappelé par le Conseil, ne leur est pas contraire car, si elle l'était, la règle constitutionnelle *Pacta sunt servanda* ne serait pas respectée.

Abandonner cette jurisprudence, se servir d'un traité pour contrôler une loi n'a pas pour conséquence nécessaire d'attribuer valeur constitutionnelle aux traités. Ce qui a rang constitutionnel, en effet, c'est le principe de la supériorité du traité sur la loi, non le traité lui-même qui, en vertu précisément de ce principe, n'est supérieur qu'à la loi. Pour transposer une distinction classique, un traité se situe à un rang supra-législatif et infra-constitutionnel. Le malentendu provient, peut-être, de la notion de « bloc de constitutionnalité » qui laisserait penser que tous ses éléments ont valeur constitutionnelle. Il conviendrait, sans doute, de retenir la formule utilisée par le Conseil lui-même, de « *normes de références applicables* » ; et, parmi elles, distinguer *celles qui ont rang constitutionnel* (toutes les dispositions de la Déclaration de 1789, du Préambule de 1946, de la Constitution de 1958, de la Charte de 2004 et des principes qui, selon le Conseil, en découlent) et *celles qui ont rang supra-législatif* (les traités et, si et en tant seulement qu'ils expriment un principe constitutionnel, les lois organiques et les règlements des Assemblées). En d'autres termes encore, le traité a rang supra-législatif, le principe de la supériorité du traité sur la loi valeur constitutionnelle ; contrôler son respect par le législateur implique nécessairement de vérifier la conformité d'une loi au traité pour éviter la promulgation d'une loi contraire à un principe constitutionnel.

La tentation de revenir sur la jurisprudence IVG a été manifeste dans la période 1997-2004. Pour exemple, la décision du 3 avril 2003 (*Cons. const., n° 2003-468 DC*) par laquelle le Conseil, pour apprécier la constitutionnalité de la loi créant huit circonscriptions pour l'élection des membres du Parlement européen, choisit comme instrument de contrôle non seulement l'article 88-1 mais aussi les Traités de Maastricht et d'Amsterdam ; il écarte, en effet, comme « inopérants » les principes d'indivisibilité de la République et d'unité du peuple français au motif que, selon ces traités, les députés européens élus en France ne représentent pas le peuple français mais les citoyens de l'Union résidant en France ; autrement dit, c'est le principe de représentation découlant des traités qui fournit la base de l'acceptabilité constitutionnelle de la division du territoire national en huit circonscriptions.

Mais l'introduction de la QPC a conduit le Conseil à bloquer, pour des raisons stratégiques, l'évolution jurisprudentielle favorable à l'intégration du droit européen dans le bloc de constitutionnalité. Devant les craintes exprimées par la Cour de cassation dans son arrêt du 16 avril 2010 de voir le Conseil, en vertu de son interprétation de l'article 88-1, contrôler la conformité d'une disposition législative au droit de l'Union européenne, les juges constitutionnels, dans leur décision du 12 mai 2010 réaffirment, en effet, avec force et autorité « qu'un grief fondé sur les traités ou le droit de l'Union européenne relève de la compétence des juridictions administratives et judiciaires, qu'il ne saurait être regardé comme un grief d'inconstitutionnalité et que le respect de l'exigence constitutionnelle de transposition des directives ne saurait être invoqué dans le cadre d'une QPC ». Cette jurisprudence est surprenante puisqu'elle revient à abandonner aux juges ordinaires le contrôle du respect d'une exigence constitutionnelle, celle qui découle de l'article 88-1 ; elle ne se comprend que par le souci stratégique du Conseil de garantir au Conseil d'État et à la Cour de cassation, qui s'en inquiétaient, le maintien de leur compétence sur la conventionnalité des lois. La QPC devait, pour réussir son entrée, ne rien changer au partage du territoire contentieux : au Conseil le contrôle de constitutionnalité ; aux Cours administrative et judiciaire le contrôle de conventionnalité. « Arrangement raisonnable » sans doute mais nécessairement provisoire tant l'emboîtement de l'ordre juridique interne et de l'ordre juridique européen appelle un emboîtement des juridictions qui en ont la charge.

Pour aller plus loin

- **Cons. const., 10 juin 2004, n° 2004-496 DC,** R., p. 101.
- **Cons. const., 12 mai 2010, n° 2010-605 DC,** JO 13 mai 2010, p. 8897.
- Dominique Rousseau, « Vers l'intégration de la CEDH dans le bloc de constitutionnalité », *in Conseil constitutionnel et Cour européenne des droits de l'homme*, STH, 1990, p. 117.
- « Constitutionnalité et conventionnalité », Dossier RFDA, 2012, p. 621.

Les normes contrôlées

Chapitre 2

À part les lois constitutionnelles et les lois référendaires pour lesquelles le Conseil constitutionnel se déclare incompétent, toutes les autres catégories de lois – lois ordinaires, lois d'habilitation, lois de finances, lois de ratification des traités internationaux... – peuvent être soumises au contrôle du Conseil ; et même doivent l'être pour les lois organiques. Avec l'introduction de la QPC, le Conseil fait désormais porter son contrôle sur les interprétations de la loi issues d'une jurisprudence constante de la Cour de cassation ou du Conseil d'État.

1 Cons. const., 6 nov. 1962, n° 62-20 DC, *Loi relative à l'élection du Président de la République au suffrage universel direct, adoptée par le référendum du 28 octobre 1962*

« 1. Considérant que la compétence du Conseil constitutionnel est strictement délimitée par la Constitution ainsi que par les dispositions de la loi organique du 7 novembre 1958 sur le Conseil constitutionnel prise pour l'application du titre VII de celle-ci ; que le Conseil ne saurait donc être appelé à se prononcer sur d'autres cas que ceux qui sont limitativement prévus par ces textes ;
2. Considérant que, si l'article 61 de la Constitution donne au Conseil constitutionnel mission d'apprécier la conformité à la Constitution des lois organiques et des lois ordinaires qui, respectivement, doivent ou peuvent être soumises à son examen, sans préciser si cette compétence s'étend à l'ensemble des textes de caractère législatif, qu'ils aient été adoptés par le peuple à la suite d'un référendum ou qu'ils aient été votés par le Parlement, ou si, au contraire, elle est limitée seulement à cette dernière catégorie, il résulte de l'esprit de la Constitution qui a fait du Conseil constitutionnel un organe régulateur de l'activité des pouvoirs publics que les lois que la Constitution a entendu viser dans son article 61 sont uniquement les lois votées par le Parlement et non point celles qui, adoptées par le Peuple à la suite d'un référendum, constituent l'expression directe de la souveraineté nationale ;
3. Considérant que cette interprétation résulte également des dispositions expresses de la Constitution et notamment de son article 60 qui détermine le rôle du Conseil constitutionnel en matière du référendum et de l'article 11 qui ne prévoit aucune formalité entre l'adoption d'un projet de loi par le peuple et sa promulgation par le Président de la République ;
4. Considérant, enfin, que cette même interprétation est encore expressément confirmée par les dispositions de l'article 17 de la loi organique susmentionnée du 7 novembre 1958 qui ne fait état que des « lois adoptées par le Parlement » ainsi que par celles de l'article 23 de ladite loi qui prévoit que « dans le cas où le Conseil constitutionnel déclare que la loi dont il est saisi contient une disposition contraire à la Constitution sans constater en même temps qu'elle est inséparable de l'ensemble de la loi, le Président de la République peut promulguer la loi à l'exception de cette disposition, soit demander aux Chambres une nouvelle lecture » ;
5. Considérant qu'il résulte de ce qui précède qu'aucune des dispositions de la Constitution ni de la loi organique précitée prise en vue de son application ne donne compétence au Conseil constitutionnel pour se prononcer sur la demande susvisée par laquelle le Président du Sénat lui a déféré aux fins d'appréciation de sa conformité à la Constitution le projet de loi adopté par le Peuple français par voie de référendum le 28 octobre 1962 ;
Décide :
Article premier : Le Conseil constitutionnel n'a pas compétence pour se prononcer sur la demande susvisée du Président du Sénat. (...) »

■ *Faits*

Saisi par le Président du Sénat de la loi référendaire adoptée le 28 octobre 1962, modifiant le mode d'élection du président de la République, le Conseil, dans sa décision du 6 novembre 1962, se déclare incompétent pour apprécier la conformité à la Constitution d'un projet de loi adopté par le peuple français par voie de référendum.

■ Portée

À partir de la décision du 6 novembre 1962, il convient de distinguer trois hypothèses.

1. Le régime de la loi référendaire adoptée

L'exclusion des lois référendaires, quel que soit leur objet, du contrôle de constitutionnalité est confirmée par le Conseil dans sa décision du 23 septembre 1992 : les lois que la Constitution a entendu soumettre au contrôle de constitutionnalité « sont uniquement les lois votées par le Parlement et non celles qui, adoptées par le peuple français à la suite d'un référendum, constituent l'expression directe de la souveraineté nationale ». La décision paraît même rédigée avec plus de fermeté qu'en 1962. Constatant que l'article 61 de la Constitution ne permettait pas de décider si la compétence du Conseil s'étendait à l'ensemble des textes de caractère législatif quel que soit leur mode d'adoption ou seulement à ceux votés par le Parlement, il reconnaissait, en 1962, s'être livré à une interprétation fondée sur l'esprit de la Constitution. En 1992, il n'est plus fait référence à l'esprit de la Constitution ni à un travail d'interprétation. L'incompétence du Conseil se donne à voir comme résultant non d'une sollicitation toujours discutable de l'esprit d'un texte, non d'un point de vue subjectif, mais comme fondée en objectivité, « au regard de l'équilibre des pouvoirs établi par la Constitution » selon la formule de remplacement imaginée en l'espèce par le Conseil. Pour le reste, les juges continuent, comme en 1962, à invoquer deux raisons de texte : les articles 60 et 11 de la Constitution qui ne prévoient pas de formalité entre l'adoption d'une loi référendaire et sa promulgation alors que, pour les lois parlementaires, la Constitution prévoit l'obligation ou la possibilité d'un contrôle de constitutionnalité ; les dispositions de la loi organique du 7 novembre 1958 qui, en prévoyant qu'en cas d'invalidation partielle d'une loi le président de la République peut demander aux chambres une seconde lecture, impliquent nécessairement que le contrôle ne peut porter que sur les lois votées par le Parlement. La seule modification est la disparition de la formule par laquelle le Conseil s'était, en 1962, auto-qualifié d'« organe régulateur de l'activité des pouvoirs publics ».

Sur le plan juridique, la doctrine a fait observer que cette différenciation entre expression directe et indirecte de la souveraineté n'est pas correcte au regard de l'article 3 de la Constitution qui n'établit aucune hiérarchie entre les modes d'exercice de la souveraineté nationale. Au fond, la décision du 6 novembre 1962 s'explique par l'idée que les lois parlementaires sont soumises au contrôle parce qu'elles peuvent ne pas respecter la volonté du peuple souverain ; question qui, par définition, ne se pose pas pour les lois référendaires, puisque le peuple exprime, là sans intermédiaire, sa volonté.

L'enjeu politique des lois référendaires, peu sensible tant que leur domaine était limité et leur pratique rare, s'est clairement manifesté lors de la révision constitutionnelle du 4 août 1995 élargissant le champ du référendum législatif de l'article 11 à « tout projet de loi portant sur des réformes relatives à la politique économique ou sociale de la nation et aux services publics qui y concourent ». Le Conseil refusant de contrôler les lois référendaires, l'intérêt d'augmenter le nombre des matières susceptibles d'être soumises à référendum est de construire un espace de législation à l'abri de tout contrôle, et en particulier, du contrôle du juge constitutionnel. Depuis 1995, un gouvernement, peu sûr de la constitutionnalité de ses projets, peut donc éviter et le Parlement et le Conseil constitutionnel en légiférant directement par voie référendaire.

Si cette voie devenait un instrument ordinaire et banalisé de législation, neutralisant et mettant hors-jeu le Conseil constitutionnel, comment ce dernier réagirait-il ? Abandonnerait-il sa jurisprudence de 1962 ? Irait-il jusqu'à apprécier la conformité à la Constitution de la loi adoptée par le peuple et, le cas échéant, invaliderait-il une loi référendaire inconstitutionnelle ?

Le Conseil pourrait être encouragé dans cette voie par les conclusions du commissaire du gouvernement sous l'arrêt *Sarran*, Christine Maugüé, qui, en effet, déclare ne pas adhérer « à la thèse développée par certains, selon laquelle les lois référendaires échapperaient par nature à tout contrôle ». Sans doute propose-t-elle de les soumettre à un contrôle de conventionnalité et, approuvant la position du Conseil constitutionnel, de réserver le contrôle des lois référendaires au... Conseil d'État. Proposition de bonne guerre, mais peu cohérente. D'abord, parce que le contrôle de conventionnalité est, matériellement, proche d'un contrôle de constitutionnalité. Ensuite et surtout parce que la raison manque, à part celle de la rivalité entre les deux ailes du Palais Royal, pour fonder la légitimité du contrôle des lois référendaires par le seul juge administratif : ces lois constituent l'expression directe de la souveraineté nationale ; il faut donc admettre soit que cette nature exclut tout contrôle juridictionnel, soit que cette nature est sans incidence sur la possibilité d'un contrôle ; et, dans cette hypothèse, qui est celle du commissaire du gouvernement, il faut admettre qu'il peut être exercé aussi bien par le Conseil constitutionnel que par le Conseil d'État. Ce qui est en jeu dans cette affaire, ce n'est pas de déterminer quel juge serait compétent ; c'est de décider si le contrôle d'un juge, quel qu'il soit, est possible sur les lois référendaires.

Aujourd'hui, la décision d'incompétence du 6 novembre 1962 reste même si elle est juridiquement discutable.

2. Le régime de la loi référendaire proposée

Le Conseil constitutionnel n'exerce pas davantage de contrôle de conformité à la Constitution de la loi proposée au vote populaire. Avant que le référendum ne soit organisé, son intervention est prévue mais elle est discrète.

Selon l'article 60 de la Constitution, il a pour mission de veiller « à la régularité des opérations de référendum » et selon l'article 46 de l'ordonnance du 7 novembre 1958, il « est consulté par le gouvernement sur l'organisation des opérations de référendum, et il est avisé sans délai de toute mesure prise à ce sujet ». À ce titre, le gouvernement transmet notamment au Conseil le projet de décret relatif à l'organisation des opérations de référendum auquel il joint le texte de la loi référendaire. Dans cette phase, il pourrait parfaitement émettre un avis sur la constitutionnalité du recours au référendum et de la loi proposée et, en cas d'avis négatif, en tirer les conséquences logiques. Par exemple, dans son avis, faire savoir au gouvernement que, le référendum étant contraire à la Constitution, il ne peut assurer la surveillance du scrutin, ni proclamer, le jour venu, les résultats du vote. Ces refus, fondés sur l'idée que la compétence du Conseil est naturellement limitée aux seuls référendums conformes à la Constitution, auraient pour effet de contraindre le président de la République à abandonner son projet de référendum.

Dans sa décision du 25 juillet 2000, le Conseil constitutionnel se reconnaît compétent pour apprécier la légalité du décret du président de la République soumettant la révision du quinquennat à référendum. Relève désormais de la compétence du Conseil constitutionnel le contrôle des décrets relatifs à la convocation, à l'organisation et à la campagne du référendum. Il peut être saisi de ces actes préparatoires aux référendums par tout électeur, mais seulement dans trois hypothèses : « dans les cas où l'irrecevabilité qui serait opposée à ces requêtes risquerait de compromettre gravement l'efficacité de son contrôle des opérations référendaires, vicierait le déroulement général du vote ou porterait atteinte au fonctionnement normal des pouvoirs publics ». Ces conditions étaient réunies en l'espèce, elles le seront également lors de l'organisation du référendum sur la ratification du Traité établissant une Constitution pour l'Europe avec la décision du 24 mars 2005. Dans cette dernière décision, qui concerne les référendums de l'article 11 alors que la décision de 2000 visait la procédure de l'article 89, le Conseil constitutionnel élargit le champ de son contrôle en s'assurant notamment du respect des « exigences de clarté et de loyauté des consultations référendaires ».

Pour autant, la nouvelle compétence du Conseil constitutionnel ne remet pas en cause le principe, rappelé dans la décision du 24 mars 2005, selon lequel il ne lui appartient pas lorsqu'il se prononce, comme en l'espèce, « en application de l'article 60 et non de l'article 61 de la Constitution, d'apprécier la constitutionnalité des dispositions législatives mises en cause ».

3. Le régime de la loi référendaire d'initiative partagée

La révision constitutionnelle du 23 juillet 2008 a confié une nouvelle mission au Conseil constitutionnel dans le cadre du référendum d'initiative partagée. En vertu de l'article 11 modifié de la Constitution, un référendum peut être organisé à l'initiative d'un cinquième des membres du Parlement, soutenue par un dixième des électeurs inscrits sur les listes électorales. L'initiative prend alors la forme d'une proposition de loi qui peut être examinée par les deux assemblées. À défaut, le président de la République soumet cette proposition de loi au référendum.

L'intervention du Conseil constitutionnel se situe en amont du processus, avant la phase de recueil de soutien d'un dixième des électeurs inscrits. En effet, dès qu'une proposition de loi présentée sur le fondement de l'article 11 par un cinquième des parlementaires est déposée sur le bureau de l'Assemblée nationale ou du Sénat, elle est transmise par le Président de l'assemblée saisie au Conseil constitutionnel qui exerce un double contrôle. Un *contrôle formel* par lequel il doit s'assurer que la proposition de loi est présentée par au moins un cinquième des membres du Parlement (soit 185), qu'elle n'a pas pour objet d'abroger une disposition législative promulguée depuis moins d'un an, et qu'un délai de deux ans a été respecté depuis le vote négatif par référendum d'une proposition portant sur le « même sujet ». Un *contrôle matériel* par lequel le Conseil constitutionnel doit veiller si le projet de loi référendaire entre dans le domaine de l'article 11 de la Constitution, c'est-à-dire, porte bien soit sur l'organisation des pouvoirs publics, soit sur des réformes relatives à la politique économique, sociale ou environnementale de la Nation et aux services publics qui y concourent, soit sur la ratification d'un traité qui, sans être contraire à la Constitution, aurait des incidences sur le fonctionnement des institutions. Un projet référendaire portant sur les droits et libertés serait ainsi contraire à la Constitution.

Pour aller plus loin

- **Cons. const., 23 septembre 1992, n° 92-313 DC**, *R.*, p. 94.
- **CE, ass., 30 octobre 1998, *Sarran***: RFDA 1998, p. 1081, concl. Ch. Maugüé.
- **Cons. const., 25 juillet 2000, n° 2000-21 REF** : JO 29 juillet 2000, p. 11768.
- **Cons. const., 24 mars 2005, n° 2005-31 REF** : JO 31 mars 2005, p. 5834.

2 Cons. const., 26 mars 2003, n° 2003-469 DC, *Révision constitutionnelle relative à l'organisation décentralisée de la République*

« 1. Considérant que la compétence du Conseil constitutionnel est strictement délimitée par la Constitution ; qu'elle n'est susceptible d'être précisée et complétée par voie de loi organique que dans le respect des principes posés par le texte constitutionnel ; que le Conseil constitutionnel ne saurait être appelé à se prononcer dans d'autres cas que ceux qui sont expressément prévus par ces textes ;
2. Considérant que l'article 61 de la Constitution donne au Conseil constitutionnel mission d'apprécier la conformité à la Constitution des lois organiques et, lorsqu'elles lui sont déférées dans les conditions fixées par cet article, des lois ordinaires ; que le Conseil constitutionnel ne tient ni de l'article 61, ni de l'article 89, ni d'aucune autre disposition de la Constitution le pouvoir de statuer sur une révision constitutionnelle ;
3. Considérant qu'il résulte de ce qui précède que le Conseil constitutionnel n'a pas compétence pour statuer sur la demande susvisée, par laquelle les sénateurs requérants lui défèrent, aux fins d'appréciation de sa conformité à la Constitution, la révision de la Constitution relative à l'organisation décentralisée de la République approuvée par le Congrès le 17 mars 2003,
Décide :
Article premier : Le Conseil constitutionnel n'a pas compétence pour se prononcer sur la demande susvisée. (...) »

■ Faits

Le 17 mars 2003, le Congrès, réuni à Versailles, adopte une loi constitutionnelle modifiant l'article 1er de la Constitution pour énoncer que « l'organisation de la République est décentralisée ». Le 19 mars, soixante sénateurs saisissent le Conseil et lui demandent de déclarer contraire à la Constitution cette révision de la Constitution au motif qu'elle met en cause le principe d'indivisibilité de la République et, par conséquent, la forme républicaine du Gouvernement dont il est un élément fondamental.

■ Portée

En se déclarant incompétent pour contrôler les lois constitutionnelles, le Conseil, par cette décision, lève l'ambiguïté qu'avait provoquée sa décision du 2 septembre 1992.

Dans cette décision de 1992 en effet, le Conseil affirmait que « le pouvoir constituant est souverain *sous réserve* d'une part des limitations touchant aux périodes au cours desquelles une révision de la Constitution ne peut être engagée ou poursuivie, qui résultent des articles 7, 16 et 89 alinéa 4 du texte constitutionnel et, d'autre part du respect des prescriptions du cinquième alinéa de l'article 89 en vertu desquelles la forme républicaine du gouvernement ne peut faire l'objet d'une révision ». Par deux petits mots – « sous réserve » – le Conseil posait le principe de sa compétence sur les lois constitutionnelles et précisait, ensuite, les points sur lesquels son contrôle pourrait, le cas échéant, porter.

Certains points n'engagent pas le Conseil dans un examen de fond. Ainsi, il pourrait censurer une loi de révision votée pendant l'intérim présidentiel ou lorsqu'il est porté atteinte à l'intégrité territoriale dans la mesure où les articles 7, 16 et 89 alinéa 4 interdisent toute révision au cours de ces périodes. La référence à l'article 16 ne s'imposait pas d'évidence, aucun de ses alinéas n'interdisant formellement une révision pendant les périodes de mise en œuvre des pouvoirs exceptionnels au profit du président de la République. Des auteurs ont même avancé l'idée que l'article 16 n'imposant pas au chef de l'État de *rétablir* les pouvoirs publics constitutionnels mais seulement de prendre « des mesures inspirées par la volonté *d'assurer* » aux pouvoirs les « moyens d'accomplir leur mission », il était permis au Président d'engager une procédure de révision. Le Conseil a condamné, à juste titre, cette interprétation, s'appuyant sans doute – il ne le dit pas – sur une lecture croisée des articles 16 et 89 : ce dernier interdit, en effet, toute révision lorsqu'il est porté atteinte à l'intégrité du territoire ; or, un des motifs de la mise en application possible des pouvoirs exceptionnels est une menace grave et immédiate à l'intégrité du territoire ; donc, par extension logique et nécessaire, toute révision est impossible durant la période d'application de l'article 16.

D'autres points, en revanche, peuvent conduire le Conseil à un contrôle du contenu même des lois constitutionnelles. Il en est ainsi de la censure encourue par toute réforme ayant pour objet de modifier la forme républicaine du gouvernement. L'affirmation du respect nécessaire par le constituant de cette « prescription » constitutionnelle pose d'abord une limite de fond à l'exercice de sa compétence puisqu'il se voit interdire de remettre en cause, par une révision, la forme républicaine du gouvernement. Mais surtout, elle ouvre, selon l'interprétation retenue, sur un possible contrôle au fond : ou la notion de République s'entend dans un sens étroit comme le contraire de la Monarchie, et le pouvoir du Conseil est limité à l'invalidation des lois constitutionnelles rétablissant la monarchie ou l'empire ; ou la notion de République s'entend dans un sens large, comme impliquant le respect de certaines valeurs – laïcité, égalité, solidarité... –, de certains principes – la séparation des pouvoirs, l'indépendance de l'autorité judiciaire, la responsabilité gouvernementale... – et le Conseil pouvait être entraîné loin dans son contrôle du contenu des lois constitutionnelles et se trouver confronté à de grandes difficultés.

À partir de quel seuil, de quel contenu une révision bascule pour devenir établissement d'une nouvelle Constitution ? Le nombre d'articles touchés ? L'importance stratégique de la disposition modifiée ? Concrètement, une loi constitutionnelle qui supprimerait le droit de dissolution et la responsabilité gouvernementale dépasserait-elle ou non les limites inhérentes à l'exercice du droit de révision ? La compétence reconnue au constituant dérivé est-elle assez large qu'il puisse transformer un régime parlementaire en régime présidentiel ?

Conscient sans doute des questions qu'il avait soulevées par cette formule d'un « pouvoir constituant souverain sous réserve », le Conseil, prudent, a préféré fermer la porte qu'il avait entre-ouverte en 1992 en se déclarant incompétent dans sa décision du 26 mars 2003.

Le débat sur le contrôle des lois constitutionnelles est-il pour autant clos ? *A priori*, que les lois constitutionnelles ne soient pas soumises au contrôle de constitutionnalité peut paraître normal. Elles se distinguent en effet des autres catégories de lois d'abord par leur objet :

- l'organisation même de l'État, la distribution des pouvoirs entre les institutions, la déclaration des droits et libertés, bref, la Constitution ;
- ensuite, par leur mode d'élaboration : une procédure plus complexe, plus lourde, plus longue et une adoption à la majorité qualifiée ;
- enfin, par leur auteur : le constituant institué par les constituants d'origine.

Ces trois caractéristiques, et en particulier la première et la troisième, sont ou paraissent incompatibles avec toute idée de contrôle. Autant il est concevable que le législateur soit soumis au respect de la Constitution, autant il semble incohérent, illogique que le constituant soit soumis à cette même obligation, alors que son rôle est précisément de modifier la Constitution. La fonction de constituant implique une totale liberté de décision, en ce qu'elle est l'expression du pouvoir du souverain de modifier, comme il lui plaît, la loi fondamentale ; ce pouvoir là ne peut être contrôlé

Des arguments de texte, semblables à ceux utilisés par le Conseil dans sa décision du 6 novembre 1962, peuvent également être invoqués. Le Conseil ne dispose pas d'une compétence générale mais seulement d'attributions strictement définies par la Constitution et l'ordonnance du 7 novembre 1958. Or aucun de ces textes ne lui donne compétence pour connaître de la conformité à la Constitution d'une loi constitutionnelle. La logique de ces textes, notamment dans leurs dispositions prévoyant la possibilité d'une seconde lecture parlementaire en cas d'invalidation partielle, réserve le contrôle de constitutionnalité aux seules lois, ordinaire et organique, votées par le Parlement, la possibilité de demander une seconde lecture étant inapplicable aux lois constitutionnelles.

Enfin, l'incompétence du Conseil en matière de lois constitutionnelles se justifie comme conséquence de son incompétence en matière de lois référendaires. Dans certaines hypothèses en effet, les lois constitutionnelles sont adoptées par le peuple par la voie du référendum ; elles sont donc exclues du contrôle de constitutionnalité par application de la jurisprudence de 1962. Dès lors, si l'intervention du Conseil était admise, elle ne pourrait porter que sur les lois constitutionnelles adoptées par le Congrès. Mais, dans ce cas, serait introduite une différence de traitement injustifiable, à l'intérieur d'une même catégorie de lois : certaines – celles adoptées par référendum – ne seraient pas contrôlées ; d'autres – celles adoptées à Versailles – le seraient. Aussi, convient-il de reconnaître la spécificité de ces lois et leur incompatibilité avec la mise en œuvre d'un contrôle.

Malgré ces arguments, très convaincants, la thèse du contrôle peut être soutenue avec autant de force. En effet, que les lois constitutionnelles soient soumises au contrôle de constitutionnalité peut paraître normal ! Quelles que soient leurs spécificités, les lois constitutionnelles sont, formellement, des lois ; dans son dernier article, la Constitution est expressément qualifiée de loi, par la formule suivante : « *La présente loi sera exécutée comme Constitution de la République et de la Communauté* ». D'autre part, ce sont des « lois votées par le Parlement », catégorie pour laquelle le Conseil est compétent par opposition, selon la jurisprudence de 1962, aux lois votées par le peuple. Même en cas de ratification par référendum, la loi constitutionnelle a dû préalablement être adoptée en termes identiques par les deux Assemblées ; et, en cas de ratification par le Congrès, le Conseil lui-même a reconnu que cette instance était une Assemblée parlementaire en acceptant de contrôler la constitutionnalité de son règlement.

Les arguments de texte invoqués contre la thèse du contrôle tombent en conséquence : le Conseil est compétent pour connaître des lois votées par le Parlement ; les lois constitutionnelles entrent dans cette catégorie ; donc, elles peuvent être déférées au Conseil. Et le renvoi aux Chambres, prévu par l'ordonnance du 7 novembre 1958 en cas d'invalidation partielle, s'applique ici sans difficulté : l'Assemblée nationale et le Sénat reprendront l'examen des dispositions invalidées, et le Congrès statuera.

Enfin, et peut-être surtout, s'il est vrai que l'auteur des lois constitutionnelles n'est pas le législateur mais le constituant dérivé, ce dernier ne possède pas la même liberté de décision que le constituant originaire. Élaborer une Constitution est le travail de la Nation qui est souveraine, c'est-à-dire libre, après un bouleversement politique, de refonder et d'organiser l'État comme elle l'entend. Réviser la Constitution est le travail d'un pouvoir institué qui a reçu cette compétence du pouvoir constituant originaire. Le premier est donc subordonné au second ; son exercice n'est pas libre mais conditionné par les différentes règles de forme et de fond posées par le constituant originaire pour la révision de la Constitution ; il peut dès lors être contrôlé. À la différence du constituant originaire, le constituant dérivé est un pouvoir public, et le Conseil s'est défini lui-même comme « l'organe régulateur de l'activité des pouvoirs publics » ; il est donc fondé à intervenir, pour vérifier que les auteurs des lois constitutionnelles n'ont pas dépassé les compétences que la Constitution leur a attribuées.

Il convient d'observer que de nombreuses illustrations de droit comparé démontrent qu'un contrôle des lois de révisions de la Constitution n'est pas inconcevable. Que ce soit, par exemple, en Allemagne, en Italie, en Afrique du Sud ou en Bosnie-Herézgovine, un contrôle est prévu selon des modalités diverses. Sur le fondement de dispositions constitutionnelles prévoyant un simple contrôle formel des amendements constitutionnels, la Cour constitutionnelle turque a exercé un contrôle de fond qui a par exemple permis de censurer en 2008 l'intégralité d'un amendement pour méconnaissance du principe de laïcité qui figure parmi les règles constitutionnelles intangibles. Ainsi, au-delà de l'incompétence du Conseil constitutionnel affirmée par la décision du 26 mars 2003, la réflexion continue, tôt ou tard la question lui sera à nouveau posée et il n'est pas acquis que la réponse soit identique.

Pour aller plus loin

- Cons. const., 2 septembre 1992, n° 92-312 DC, R., p. 76.

3 Cons. const., 25 janv. 1985, n° 85-187 DC, *Loi relative à l'état d'urgence en Nouvelle-Calédonie et dépendances*

« 1. Considérant que les députés et les sénateurs auteurs des saisines par lesquelles la loi relative à l'état d'urgence en Nouvelle-Calédonie et dépendances est déférée au Conseil constitutionnel font valoir à l'encontre des dispositions de cette loi des griefs, tantôt communs à l'une et l'autre saisines, tantôt propres à l'une d'elles ;

Sur l'incompétence du législateur pour établir l'état d'urgence en l'absence d'une disposition expresse de la Constitution :

2. Considérant que les auteurs des saisines soutiennent que le législateur ne peut porter d'atteintes, même exceptionnelles et temporaires, aux libertés constitutionnelles que dans les cas prévus par la Constitution ; que l'état d'urgence qui, à la différence de l'état de siège, n'est pas prévu par la Constitution ne saurait donc être instauré par une loi ;

3. Considérant qu'en vertu de l'article 34 de la Constitution la loi fixe les règles concernant les garanties fondamentales accordées aux citoyens pour l'exercice des libertés publiques ; que, dans le cadre de cette mission, il appartient au législateur d'opérer la conciliation nécessaire entre le respect des libertés et la sauvegarde de l'ordre public sans lequel l'exercice des libertés ne saurait être assuré ;

4. Considérant que, si la Constitution, dans son article 36, vise expressément l'état de siège, elle n'a pas pour autant exclu la possibilité pour le législateur de prévoir un régime d'état d'urgence pour concilier, comme il vient d'être dit, les exigences de la liberté et la sauvegarde de l'ordre public ; qu'ainsi, la Constitution du 4 octobre 1958 n'a pas eu pour effet d'abroger la loi du 3 avril 1955 relative à l'état d'urgence, qui, d'ailleurs, a été modifiée sous son empire ;

Sur le moyen tiré de l'absence de consultation de l'assemblée territoriale :

5. Considérant que les auteurs des saisines soutiennent que les dispositions relatives à l'état d'urgence en Nouvelle-Calédonie auraient dû, en vertu de l'article 74 de la Constitution, être soumises à la consultation de l'assemblée territoriale ;

6. Considérant qu'aux termes de l'article 74 de la Constitution : « Les territoires d'outre-mer de la République ont une organisation particulière tenant compte de leurs intérêts propres dans l'ensemble des intérêts de la République. Cette organisation est définie et modifiée par la loi après consultation de l'assemblée territoriale intéressée. » ;

7. Considérant que la loi relative à l'état d'urgence en Nouvelle-Calédonie et dépendances a pour objet, en application de l'article 119 de la loi du 6 septembre 1984, de conférer au haut-commissaire de la République de ce territoire, jusqu'au 30 juin 1985, les pouvoirs prévus par la loi du 3 avril 1955 modifiée ; qu'ainsi, la loi déférée au Conseil constitutionnel n'est qu'une mesure d'application des deux lois de 1955 et 1984 et, de par cette nature, n'avait pas à être soumise à la consultation de l'assemblée territoriale ;

Sur les autres moyens :

8. Considérant que les auteurs des saisines estiment que les règles de l'état d'urgence en Nouvelle-Calédonie et dépendances définissent de façon imprécise les pouvoirs du haut-commissaire qu'elles n'offrent pas de garanties suffisantes, notamment juridictionnelles, au regard des limitations ou atteintes portées aux libertés, et que certaines de ces règles ont été fixées par un décret alors que la loi seule eût été compétente ; qu'elles méconnaissent ainsi les dispositions des articles 34, 66 et 74 de la Constitution ;

9. Considérant que ces moyens portent sur les règles mêmes de l'état d'urgence telles qu'elles résultent de la loi du 3 avril 1955 modifiée et de l'article 119 de la loi du 6 septembre 1984 ;

10. Considérant que, si la régularité au regard de la Constitution des termes d'une loi promulguée peut être utilement contestée à l'occasion de l'examen de dispositions législatives qui la modifient, la complètent ou affectent son domaine, il ne saurait en être de même lorsqu'il s'agit de la simple mise en application d'une telle loi ; que, dès lors, les moyens développés par les auteurs de saisines ne peuvent être accueillis ;

Sur l'ensemble de la loi :
11. Considérant, en l'espèce, qu'il n'y a lieu pour le Conseil constitutionnel de soulever d'office aucune autre question de conformité à la Constitution en ce qui concerne la loi soumise à son examen,
Décide :
Article premier : La loi relative à l'état d'urgence en Nouvelle-Calédonie et dépendances est déclarée conforme à la Constitution. (...) »

■ Faits

Par un arrêté du 12 janvier 1985, le haut-commissaire de la République en Nouvelle-Calédonie proclame, conformément aux compétences qui lui avaient été attribuées par la loi du 6 septembre 1984, l'état d'urgence sur ce territoire. Le régime de l'état d'urgence est défini et organisé par *la loi du 3 avril 1955*, qui dispose notamment que « la prorogation de l'état d'urgence au-delà de douze jours ne peut être autorisée que par la loi ». Aussi, le 23 janvier 1985, le Parlement, convoqué en session extraordinaire, vote, après des débats houleux, une loi de prorogation aussitôt déférée par l'opposition au Conseil qui statue le 25 janvier 1985. L'argumentation des requérants est simple : les règles de l'état d'urgence définies par la loi du 3 avril 1955 sont contraires à la Constitution, à la fois par l'étendue des pouvoirs dérogatoires donnés à l'administration – atteinte à l'article 34 – et par l'absence de garanties juridictionnelles pour les mesures limitant les libertés – atteinte à l'article 66 ; en conséquence, la loi votée le 23 janvier 1985 est elle-même inconstitutionnelle.

■ Portée

« Si la régularité au regard de la Constitution d'une loi déjà promulguée peut être utilement contestée à l'occasion de l'examen des dispositions législatives qui la modifient, la complètent ou affectent son domaine, il ne saurait en être de même lorsqu'il s'agit de la simple mise en application d'une telle loi ». Par ce considérant important, le Conseil pose un principe inverse de celui affirmé dans la décision du 27 juillet 1978 : « la conformité à la Constitution de ces lois ne peut être mise en cause, même par voie d'exception, devant le Conseil constitutionnel dont la compétence est limitée par l'article 61 de la Constitution à l'examen des lois avant leur promulgation ».

Le Conseil opère un revirement complet de jurisprudence. Il accepte désormais de contrôler, par voie d'exception, la constitutionnalité d'une loi déjà promulguée lorsque le texte dont il est saisi y fait référence. Trois hypothèses de contrôle sont envisagées par le Conseil : lorsque la loi examinée modifie la loi promulguée, lorsqu'elle la complète ou lorsqu'elle affecte son domaine ; trois hypothèses qui ne restreignent cependant pas la portée du principe posé, dans la mesure où elles couvrent en fait la majorité des cas pouvant se présenter.

La QPC, qui permet au Conseil constitutionnel de juger des dispositions législatives promulguées n'a pas tari l'usage de la jurisprudence « État d'urgence en Nouvelle-Calédonie ». Au contraire, le contrôle *a priori* de la loi promulguée s'est intensifié, enrichi et dispose désormais d'une réelle effectivité.

Pour aller plus loin

- **Cons. const., 27 juillet 1978, n° 78-96 DC**, R., p. 29.
- **Cons. const., 13 juin 2013, n° 2013-672 DC**, R., p. 817.
- **Cons. const., 13 décembre 2012, n° 2012-659 DC**, R., p. 680.
- **Cons. const., 18 octobre 2013, n° 2013-349 QPC**, JO 20 octobre 2013, R., p. 1000.

4 Cons. const., 6 oct. 2010, n° 2010-39 QPC, *Mmes Isabelle D. et Isabelle B. [Adoption au sein d'un couple non marié]*

« 2. Considérant que l'article 61-1 de la Constitution reconnaît à tout justiciable le droit de voir examiner, à sa demande, le moyen tiré de ce qu'une disposition législative méconnaît les droits et libertés que la Constitution garantit ; que les articles 23-2 et 23-5 de l'ordonnance du 7 novembre 1958 susvisée fixent les conditions dans lesquelles la question prioritaire de constitutionnalité doit être transmise par la juridiction au Conseil d'État ou à la Cour de cassation et renvoyée au Conseil constitutionnel ; que ces dispositions prévoient notamment que la disposition législative contestée doit être « applicable au litige ou à la procédure » ; qu'en posant une question prioritaire de constitutionnalité, tout justiciable a le droit de contester la constitutionnalité de la portée effective qu'une interprétation jurisprudentielle constante confère à cette disposition ;

3. Considérant que l'article 365 du Code civil fixe les règles de dévolution de l'autorité parentale à l'égard d'un enfant mineur faisant l'objet d'une adoption simple ; que, depuis l'arrêt du 20 février 2007 susvisé, la Cour de cassation juge de manière constante que, lorsque le père ou la mère biologique entend continuer à élever l'enfant, le transfert à l'adoptant des droits d'autorité parentale qui résulterait de l'adoption par le concubin ou le partenaire du parent biologique est contraire à l'intérêt de l'enfant et, par suite, fait obstacle au prononcé de cette adoption ; que, dès lors, la constitutionnalité de l'article 365 du code civil doit être examinée non pas en ce que cet article institue une distinction entre les enfants au regard de l'autorité parentale, selon qu'ils sont adoptés par le conjoint ou le concubin de leur parent biologique, mais en ce qu'il a pour effet d'interdire en principe l'adoption de l'enfant mineur du partenaire ou du concubin ;

(...)

7. Considérant, d'autre part, que le droit de mener une vie familiale normale résulte du dixième alinéa du Préambule de la Constitution de 1946 qui dispose : « La Nation assure à l'individu et à la famille les conditions nécessaires à leur développement ;

8. Considérant, en premier lieu, que la disposition contestée, dans la portée que lui donne la jurisprudence constante de la Cour de cassation, empêche que, par la voie de l'adoption simple, un enfant mineur puisse voir établir un deuxième lien de filiation à l'égard du concubin ou du partenaire de son père ou sa mère ; que, toutefois, cette disposition ne fait aucunement obstacle à la liberté du parent d'un enfant mineur de vivre en concubinage ou de conclure un pacte civil de solidarité avec la personne de son choix ; qu'elle ne fait pas davantage obstacle à ce que ce parent associe son concubin ou son partenaire à l'éducation et la vie de l'enfant ; que le droit de mener une vie familiale normale n'implique pas que la relation entre un enfant et la personne qui vit en couple avec son père ou sa mère ouvre droit à l'établissement d'un lien de filiation adoptive ; que, par suite, le grief tiré de ce que l'article 365 du code civil porterait atteinte au droit de mener une vie familiale normale doit être écarté ; (...) »

■ Faits

Aux termes de l'article 365 du Code civil : « *L'adoptant est seul investi à l'égard de l'adopté de tous les droits d'autorité parentale, inclus celui de consentir au mariage de l'adopté, à moins qu'il ne soit le conjoint du père ou de la mère de l'adopté ; dans ce cas, l'adoptant a l'autorité parentale concurremment avec son conjoint, lequel en conserve seul l'exercice, sous réserve d'une déclaration conjointe avec l'adoptant devant le greffier en chef du tribunal de grande instance aux fins d'un exercice en commun de cette autorité* ».

Depuis un arrêt du 20 février 2007, la Cour de cassation juge de manière constante que, lorsque le père ou la mère biologique entend continuer à élever l'enfant, le transfert à l'adoptant des droits d'autorité parentale qui résulterait de l'adoption par le concubin ou le partenaire du parent biologique est contraire à l'intérêt de l'enfant et, par suite, fait obstacle au prononcé de cette adoption. Alors que la lettre de l'article 365 du Code civil établit une différence de traitement entre les couples mariés pour lesquels l'autorité parentale sur les enfants adoptés appartient aux deux membres du couple et les couples non mariés pour lesquels l'autorité parentale sur l'enfant adopté n'est donnée qu'à l'adoptant, l'interprétation de cet article par la Cour de cassation conduit à l'interdiction de l'adoption pour les couples non mariés.

La question posée au Conseil constitutionnel était donc de savoir si son contrôle devait porter sur la lettre de l'article 365 ou sur son interprétation par la Cour de cassation.

■ *Portée*

Dans la tradition française héritée de Montesquieu, *l'interprétation jurisprudentielle* n'est jamais une source de droit et ne saurait revendiquer le label de « disposition législative ». En dépit de cette tradition, dès les premiers instants de la QPC, plusieurs justiciables ont attaqué des jurisprudences jugées contraires à la Constitution.

Par sa décision du 6 octobre 2010, le Conseil pose le principe selon lequel « en soulevant une QPC, tout justiciable a le droit de contester la constitutionnalité de la portée effective qu'une interprétation jurisprudentielle constante confère à cette disposition ». Cette décision, logique, est une réponse à la position inverse soutenue par la Cour de cassation et, par ricochet, une adresse civile mais soutenue au Conseil d'État confirmée par la décision du 14 octobre 2010. Dans son arrêt du 19 mai 2010, la Cour de cassation refuse de transmettre au Conseil la question relative à la conformité à la Constitution de la non-motivation des arrêts des cours d'assises au motif que « la question posée tend, en réalité, à contester non la constitutionnalité des dispositions qu'elle vise, mais l'interprétation qu'en a donné la Cour de cassation au regard du caractère spécifique des arrêts des cours d'assises statuant sur l'action publique ». En d'autres termes, la Cour considère que la question de constitutionnalité n'est pas sérieuse car elle porte sur l'interprétation de la loi et non sur la loi elle-même ! Dans l'arrêt *Théron*, le Conseil d'État, pour juger que la question de la méconnaissance du principe de la présomption d'innocence par l'article 728-1 du Code de procédure pénale relatif au compte nominatif des détenus ne présente pas un caractère sérieux, développe une interprétation neutralisante de cet article exactement comme le ferait le Conseil constitutionnel : « que l'article 728-1 n'a pas par lui-même pour objet et ne saurait avoir pour effet d'imposer aux personnes détenues un prélèvement définitif de leurs avoirs au profit des parties civiles et des créanciers d'aliments dès lors que cette mesure a un caractère purement provisoire » (*CE, 19 mai 2010, M. Théron*). Ainsi, le Conseil d'État interprète la loi, juge lui-même que son interprétation est conforme à la Constitution et décide en conséquence qu'il « n'est nul besoin de renvoyer au Conseil constitutionnel la QPC invoquée ». Le procédé argumentatif est plus subtil que celui de la Cour de la cassation en ce qu'il s'appuie sur le raisonnement et les méthodes du Conseil constitutionnel mais, à l'arrivée, le résultat est le même : le Conseil d'État cherche, comme la Cour de cassation, à garder la maîtrise sinon le monopole de l'interprétation de la loi en refusant en pratique que sa constitutionnalité soit appréciée par le Conseil constitutionnel. Ce que reconnaissent volontiers Sophie-Justine Liéber et Damien Botteghi (*AJDA 2010*) lorsqu'ils écrivent, après avoir affirmé que l'interprétation de la loi par le juge ne faisait pas obstacle à son renvoi devant le Conseil : « *au demeurant, il est peu probable qu'une telle question se pose, le juge administratif s'attachant évidemment à donner aux lois un sens et une portée conformes à la constitution* ».

Cette solution « combinée » des deux cours suprêmes conduisait néanmoins à réduire la QPC à la portion congrue. Aussi loin que porte le regard, du droit civil au droit administratif, du droit pénal au droit commercial, la jurisprudence est aujourd'hui une source essentielle de la réglementation française. En s'adossant sur les quelques mots des articles 1382 et 1134 du Code civil, par exemple, la Cour de cassation a forgé un droit riche, diversifié, subtil, parfois complexe, pouvant naturellement porter atteinte aux libertés fondamentales des citoyens. Exclure ces « règles » revenait à priver les justiciables d'une source illimitée de QPC.

Le Conseil constitutionnel, par ses décisions des 6 et 14 octobre 2010, s'adresse donc aussi bien à la Cour de cassation qu'au Conseil d'État. Et avec raison. Dès lors, en effet, que le constituant a voulu qu'une QPC puisse être soulevée à l'encontre de lois promulguées et appliquées depuis longtemps, voire très longtemps, la contestation du requérant porte nécessairement non sur la disposition législative telle qu'adoptée par le législateur mais sur la disposition législative telle qu'interprétée-appliquée par les juges. Ce déplacement de l'objet de la contestation est même très précisément ce qui distingue le contrôle de constitutionnalité *a priori* du contrôle *a posteriori*. Dans le cadre du premier, la critique ne peut porter que sur la loi « sèche » puisqu'elle intervient avant la promulgation de la loi, avant son entrée en application et donc avant son interprétation par les juges ; en revanche, dans le cadre du contrôle *a posteriori*, la critique porte sur la loi entrée en vigueur, sur la loi appliquée et donc sur « la portée effective » que le juge, par son interprétation, en a donnée. Vouloir faire ou maintenir dans le contrôle *a posteriori* la distinction entre loi « sèche », transmissible, et « loi-interprétée-par-les-juges », intransmissible, est, du strict point de vue de la logique, impossible à penser. La situation aurait été différente si le constituant avait ajouté aux requérants de 1958 et de 1974 le citoyen en lui permettant de faire un recours direct devant le Conseil avant la promulgation de la loi ; le contrôle serait resté dans une logique abstraite. En choisissant le recours en inconstitutionnalité à l'occasion de l'application de la loi, le constituant a voulu donner au justiciable le pouvoir de contester la loi telle qu'elle avait été appliquée par les juges depuis son adoption parlementaire ; le contrôle sort d'une logique purement abstraite pour connaître la loi vivante, non la loi parlementaire mais la loi juridictionnelle, celle qui produit des effets concrets sur les justiciables. Le Conseil constitutionnel a donc eu parfaitement raison de construire son argumentation en partant du justiciable : son droit de soulever une QPC serait méconnu s'il lui était interdit de contester la constitutionnalité de l'interprétation jurisprudentielle de la disposition législative applicable au litige dans la mesure où cette interprétation confère à la disposition critiquée sa « portée effective ».

Évidemment, la décision du 6 octobre peut apparaître comme un nouvel épisode du dialogue compliqué des juges judiciaire, administratif et constitutionnel. Au demeurant, le Conseil reprend à son compte la jurisprudence de la Cour constitutionnelle italienne qui, après quelques années de conflit avec la Cour de cassation, a renoncé à donner des dispositions législatives une interprétation concurrente à celle de la Cour et a fait porter son contrôle sur la constitutionnalité de l'interprétation judiciaire de la loi. Jurisprudence théorisée par le président de la Cour italienne, Gustavo Zagrebelski, sous l'appellation « doctrine du droit vivant ».

Suite aux décisions des 6 et 14 octobre 2010, la Cour de cassation et le Conseil d'État ont finalement accepté, bon gré mal gré, qu'une QPC soit soulevée à l'encontre d'une interprétation jurisprudentielle. Dans sa décision du 28 novembre 2012, la Cour de cassation souligne « qu'*il* a été décidé que "tout justiciable a le droit de contester la constitutionnalité de la portée effective qu'une interprétation jurisprudentielle constante confère à une disposition législative" », avec des guillemets éloquents et sans même prononcer les mots « Conseil constitutionnel » ! La Cour de cassation exige également que l'interprétation soit... une interprétation, et non une « règle jurisprudentielle », c'est-à-dire une simple création du juge en dehors de toute référence textuelle. Cette nuance toute byzantine permet au juge judiciaire d'écarter quelques « monuments » du droit français considérés comme trop jurisprudentiels, trop éloignés du texte, par exemple le régime de la responsabilité civile ou une grande partie du droit commun des contrats. Les jurisprudences « prétoriennes » demeurent donc « hors de portée du contrôle de constitutionnalité » comme le note Pascale Deumier.

Il faut encore, précise cette fois-ci le Conseil constitutionnel, que l'interprétation jurisprudentielle soit « constante » et confirmée par une cour suprême – Conseil d'État ou Cour de cassation –. Cette constance est néanmoins appréciée avec une certaine souplesse : par exemple, dans l'affaire sur l'hospitalisation d'office jugée en 2011 le juge constitutionnel estime que l'interprétation faite par la Cour de cassation dans la décision de renvoi constitue, à elle seule, une « jurisprudence constante » !

Il reste que, même si les justiciables peuvent attaquer une jurisprudence à l'occasion d'un litige, le juge de la recevabilité peut très bien « interpréter son interprétation jurisprudentielle » pour la rendre conforme à la Constitution, et donc refuser de renvoyer la QPC. Le Conseil d'État n'hésite pas à utiliser cette technique de l'interprétation neutralisante et déclarer que la question n'est évidemment pas sérieuse...

Notons également que le juge constitutionnel a le pouvoir d'émettre, s'il le souhaite, des réserves d'interprétation à propos des « interprétations jurisprudentielles ». Le cas se présente lorsque le Conseil estime que la jurisprudence en question va dans un sens qui n'est pas conforme aux droits et libertés constitutionnels. Pour redresser cette contrariété, plutôt que de censurer la disposition en cause, il peut formuler une réserve visant à modifier la signification donnée par le juge du texte de loi. Par exemple, dans la décision du 30 septembre 2013 le Conseil constitutionnel corrige la lecture faite par le Conseil d'État du régime fiscal des indemnités de licenciement et considère que seule « son » interprétation est compatible avec la Constitution.

Pour aller plus loin

- G. Zagrebelski, « La doctrine du droit vivant et la QPC », Constitutions, Dalloz, n° 1, 2010.
- C. Séverino, *La doctrine du droit vivant*, Economica-Puam, 2003.

L'accès au Conseil constitutionnel

Chapitre 3

Dans le cadre du contrôle *a priori*, l'accès au Conseil constitutionnel s'est progressivement élargi au fur et à mesure de la montée en puissance de l'institution au sein du système politique de la Ve République. L'instauration de la question prioritaire de constitutionnalité a nécessairement affecté les modalités de saisine du Conseil constitutionnel par les autorités politiques : pour la première fois, le président de la République saisit le Conseil d'une loi ordinaire (*Décision n° 2015-713 DC du 23 juillet 2015*) ; la pratique de la saisine « blanche » par soixante députés ou soixante sénateurs est désormais encadrée (*Décision n° 2011-630 DC du 26 mai 2011*). L'ouverture révolutionnaire du Conseil constitutionnel au contrôle de la loi promulguée grâce au mécanisme de la QPC s'est opérée, mais des précisions devaient être fournies à propos de la notion de changement de circonstances (*Décision n° 2010-14/22 QPC du 30 juillet 2010*), de la notion de parties et du caractère nouveau (*Décision n° 2009-595 DC, 3 décembre 2009*) ou du critère de l'applicabilité au litige (*Décision n° 2010-1 QPC, 28 mai 2010*).

1 Cons. const., 23 juill. 2015, n° 2015-713 DC, *Loi relative au renseignement*

« Considérant que le président de la République, le président du Sénat et plus de soixante députés défèrent au Conseil constitutionnel la loi relative au renseignement ; que le président de la République demande au Conseil constitutionnel de se prononcer sur la conformité au droit au respect de la vie privée, à la liberté de communication et au droit à un recours juridictionnel effectif des articles L. 811-3, L. 821-5 à L. 821-7, L. 822-2 et L. 841-1 du Code de la sécurité intérieure tels qu'ils résultent de l'article 2 de la loi, des articles L. 851-3, L. 851-5, L. 851-6 et du paragraphe II de l'article L. 852-1 du même code tels qu'ils résultent de l'article 5 de la loi, des articles L. 853-1 à L. 853-3 du même code tels qu'ils résultent de l'article 6 de la loi ainsi que des articles L. 773-2 à L. 773-7 du Code de justice administrative tels qu'ils résultent de l'article 10 de la loi ; que le président du Sénat n'invoque à l'encontre de ce texte aucun grief particulier ; que les députés requérants contestent la conformité à la Constitution, et en particulier au droit au respect de la vie privée et à la liberté d'expression, des articles L. 811-3, L. 811-4, L. 821-1, L. 821-7 et L. 831-1 du Code de la sécurité intérieure tels qu'ils résultent de l'article 2 de la loi, des articles L. 851-1 à L. 851-6 et de l'article L. 852-1 du même code tels qu'ils résultent de l'article 5 de la loi, des articles L. 853-1 à L. 853-3 et L. 854-1 du même code tels qu'ils résultent de l'article 6 de la loi ainsi que des articles L. 773-3 et L. 773-6 du Code de justice administrative tels qu'ils résultent de l'article 10 de la loi ; (...) »

■ Faits

Après l'avoir annoncé au début du débat parlementaire, le 25 juin 2015, le président de la République saisit le Conseil constitutionnel de la loi relative au renseignement adoptée par l'Assemblée nationale et le Sénat les 23 et 24 juin 2015.

■ Portée

Pour la première fois sous la Ve République, le président de la République saisit le Conseil constitutionnel d'une loi ordinaire, en l'espèce la loi relative au renseignement adoptée dans un contexte sécuritaire suite aux attentats de janvier 2015.

Depuis 1958, le Conseil constitutionnel peut être saisi dans le cadre du contrôle *a priori*, par le président de la République, le Premier ministre, le Président de l'Assemblée nationale, le Président du Sénat et, depuis la révision constitutionnelle de 1974, par soixante députés ou soixante sénateurs.

Le Premier ministre utilise cette faculté de manière tout à fait exceptionnelle à l'égard des lois, étant donné que, maître de la procédure législative, il dispose des moyens de faire adopter des textes conformes à ses souhaits. Parfois cependant, certains amendements peuvent avoir été votés sans son accord, et il peut vouloir les contester devant le Conseil. En matière de lois organiques, l'article 61 alinéa 1 de la Constitution impose de les soumettre à l'appréciation du Conseil constitutionnel et l'ordonnance organique précise que la saisine obligatoire incombe au Premier ministre. Le Président de l'Assemblée nationale, lui non plus, n'utilise pas souvent cette prérogative qui est facultative hormis dans le cadre de la saisine obligatoire des règlements des assemblées parlementaires ou des propositions de lois destinées à être soumises à référendum dans le cadre de l'article 11 de la Constitution. La saisine par le Président du Sénat prit une importance particulière du fait des circonstances politiques : jusqu'en 1974, le Sénat fut la seule institution opposée au pouvoir gaulliste et, partant, la seule à avoir intérêt à contester des lois votées sans son accord. De fait, le Président du Sénat a été, durant cette période, à l'origine des seules saisines qui ont permis au Conseil d'affirmer et de développer son rôle de gardien des droits et libertés. Depuis 1974 la saisine parlementaire réduit l'intérêt de la saisine par le

Président du Sénat, qui préfère, le cas échéant, utiliser sa qualité de sénateur pour se joindre à un recours collectif de ses collègues !

Avant 2015, le Président n'avait donc jamais déféré une loi au Conseil constitutionnel. Cette abstention pouvait se comprendre par la longue période d'accord politique entre la majorité parlementaire, le Premier ministre et le Président (1958-1986, 1988-1993, 1995-1997 et depuis 2002), ce dernier n'ayant aucune raison de contester les lois dont il est alors, peu ou prou, l'inspirateur. En période de cohabitation, l'usage de ce pouvoir présidentiel peut paraître plus facile, dans la mesure où le chef de l'État n'ayant plus de responsabilité dans la détermination de la politique législative, il se trouve libre de contester les lois élaborées par un Premier ministre et votées par une majorité parlementaire qui lui sont politiquement hostiles. Cependant, le face à face Conseil constitutionnel/Président de la République risquait de créer une situation politique délicate pour les deux institutions : pour le Conseil, qui serait accusé de soumission s'il donnait raison au Président, et d'usurpation s'il donnait tort au Premier magistrat de France, gardien de la Constitution selon l'article 5 ; pour le président de la République, qui verrait son autorité morale et politique atteinte par un désaveu constitutionnel. C'est pourquoi le Chef de l'État semble avoir préféré laisser ses amis parlementaires contester devant le Conseil la politique législative du Premier ministre... et saisir lui-même l'opinion publique par l'usage d'une parole critique !

La saisine présidentielle sur la loi renseignement est donc une première. Annoncée le 19 avril 2015 alors que le texte était seulement en première lecture à l'Assemblée nationale, la saisine du Conseil constitutionnel par François Hollande fut effective le 25 juin 2015, soit le lendemain du vote définitif de la loi. Le ton est forcément original car le Président dirige une majorité à l'origine du vote du texte dont il rappelle dans sa saisine qu'il a été adopté « à une très large majorité » au Parlement. Soucieux de rassurer les nombreux opposants au texte en tentant d'adopter une hauteur de vue présidentielle sur un débat sensible, le Président rappelle ses fonctions de gardien du respect de la Constitution, de garant de l'indépendance nationale et de la continuité de l'État que l'article 5 de la Constitution lui confère : « J'ai donc estimé que, s'agissant d'une loi aussi importante pour notre République, il est de ma responsabilité de saisir le Conseil constitutionnel ». La saisine défend tout de même, à demi-mot, le texte déféré en insistant sur « la conciliation entre la sauvegarde des intérêts fondamentaux de la Nation auxquels concourent l'action des services de renseignement et la protection des droits et libertés constitutionnellement garantis » qui était « au cœur du projet de loi présenté par le Gouvernement ». Il précise également que le Parlement « a pris soin de maintenir cet équilibre » tout en adoptant des amendements qui ont « précisé et enrichi les garanties légales destinées à assurer le respect de ces droits et libertés, et notamment du droit au respect de la vie privée. » La saisine présidentielle conclut tout de même en sollicitant l'examen par le Conseil constitutionnel de certaines dispositions du texte au regard du droit au respect de la vie privée, de la liberté de communication et du droit à un recours juridictionnel effectif.

En revanche, le président de la République, au titre de l'article 54, a saisi, à plusieurs reprises, le Conseil de textes internationaux. Avec par exemple, sur la période récente, en 2007, Nicolas Sarkozy, à propos du traité de Lisbonne ; en 2012, François Hollande, à propos du traité sur la stabilité, la coordination et la gouvernance au sein de l'Union économique et monétaire. La cohabitation a même provoqué, en 1997 et 1998, une situation inédite : la saisine du Conseil, par une lettre signée conjointement du Président Jacques Chirac et du Premier ministre Lionel Jospin, à propos du traité d'Amsterdam et du traité instituant la Cour pénale internationale.

2 Cons. const., 26 mai 2011, n° 2011-630 DC, *Loi relative à l'organisation du championnat d'Europe de football de l'UEFA en 2016*

« Le Conseil constitutionnel a été saisi, dans les conditions prévues à l'article 61, deuxième alinéa, de la Constitution, de la loi relative à l'organisation du championnat d'Europe de football de l'UEFA en 2016, le 4 mai 2011, par M. Jean-Marc Ayrault, Mme Sylvie Andrieux, MM. Jean-Paul Bacquet, Gérard Bapt, Mmes Delphine Batho, Marie-Noëlle Battistel, MM. Serge Blisko, Patrick Bloche, Jean-Michel Boucheron, Mme Monique Boulestin, M. Pierre Bourguignon, Mme Danielle Bousquet, MM François Brottes, Alain Cacheux, Guy Chambefort, Jean-Paul Chanteguet, Gérard Charasse, Alain Claeys, Mme Marie-Françoise Clergeau, MM. Gilles Cocquempot, Pierre Cohen, Mme Pascale Crozon, M. Frédéric Cuvillier, Mme Claude Darciaux, MM. Pascal Deguilhem, Guy Delcourt, Bernard Derosier, René Dosière, Julien Dray, Tony Dreyfus, Jean-Pierre Dufau, William Dumas, Mme Laurence Dumont, MM. Jean-Paul Dupré, Yves Durand, Olivier Dussopt, Albert Facon, Hervé Féron, Mmes Aurélie Filippetti, Valérie Fourneyron, Geneviève Gaillard, MM. Guillaume Garot, Jean Gaubert, Jean-Patrick Gille, Joël Giraud, Jean Glavany, Daniel Goldberg, Marc Goua, Jean Grellier, Mme Élisabeth Guigou, M. David Habib, Mme Danièle Hoffman-Rispal, MM. Serge Janquin, Régis Juanico, Mmes Marietta Karamanli, Conchita Lacuey, MM. Jérôme Lambert, Jack Lang, Mme Colette Langlade, MM. Jean Launay, Jean-Yves Le Bouillonnec, Gilbert Le Bris, Jean-Yves Le Déaut, Jean-Marie Le Guen, Mme Annick Le Loch, M. Bruno Le Roux, Mme Marylise Lebranchu, MM. Michel Lefait, Bernard Lesterlin, Albert Likuvalu, Jean Mallot, Jean-René Marsac, Philippe Martin, Mme Frédérique Massat, M. Didier Mathus, Mme Sandrine Mazetier, MM. Michel Ménard, Pierre-Alain Muet, Henri Nayrou, Alain Néri, Mme George Pau-Langevin, MM. Germinal Peiro, Jean-Luc Pérat, Jean-Claude Perez, Philippe Plisson, Dominique Raimbourg, Marcel Rogemont, René Rouquet, Michel Sapin, Christophe Sirugue, Jean-Louis Touraine, Jean-Jacques Urvoas, André Vallini, Manuel Valls, Michel Vauzelle, Alain Vidalies et Philippe Vuilque, députés.

Vu la Constitution ;

Vu l'ordonnance n° 58-1067 du 7 novembre 1958 modifiée portant loi organique sur le Conseil constitutionnel ; Le rapporteur ayant été entendu ;

1. Considérant que les députés requérants défèrent au Conseil constitutionnel la loi relative à l'organisation du championnat d'Europe de football de l'UEFA en 2016 ;

2. Considérant, d'une part, que cette loi a été adoptée selon une procédure conforme à la Constitution ;

3. Considérant, d'autre part, que les requérants n'invoquent aucun grief à l'encontre de ce texte ; qu'au demeurant, aucun motif particulier d'inconstitutionnalité ne ressort des travaux parlementaires ; qu'il n'y a pas lieu, pour le Conseil constitutionnel, d'examiner spécialement ces dispositions d'office ;

Décide :

Article 1er.- La loi relative à l'organisation du championnat d'Europe de football de l'UEFA en 2016 est conforme à la Constitution.

Article 2.- La présente décision sera publiée au Journal officiel de la République française. (...) »

■ *Faits*

En 2011, la France prépare l'organisation du championnat d'Europe de football de l'UEFA qui aura lieu en 2016. Afin de faciliter la construction ou la rénovation des stades, le Parlement adopte une proposition de loi relative aux subventions des collectivités territoriales et au recours à l'arbitrage pour les contrats en lien avec ces stades nouveaux ou rénovés. Le 4 mai 2011, soixante députés défèrent au Conseil constitutionnel la proposition de loi définitivement votée par le Sénat le 27 avril 2011.

Portée

Comprendre la décision du 26 mai 2011, rendue dans le cadre du contrôle *a priori*, suppose au préalable d'évoquer les termes de la saisine des soixante députés de l'opposition : « Nous avons l'honneur de déférer conformément au deuxième alinéa de l'article 61 de la Constitution, l'ensemble du projet de loi relatif à l'organisation du championnat d'Europe de football de l'UEFA en 2016. À cet effet, vous voudrez bien trouver, ci-joint, la liste des signataires de ce recours. »

Certes, la saisine répond aux exigences procédurales rudimentaires selon lesquelles le Conseil constitutionnel est saisi par une simple lettre adressée au Président du Conseil constitutionnel, sans condition particulière de présentation ou de timbre. Ainsi, pour la saisine parlementaire comme en l'espèce, il peut être envoyé une lettre unique collective, plusieurs lettres, voire soixante lettres individuelles, l'essentiel étant qu'au total soixante députés ou soixante sénateurs – au minimum – aient bien signé le recours devant le Conseil.

Signe du peu de formalisme en la matière, à s'en tenir aux textes, la motivation de la requête n'est pas exigée. Cependant, la non-motivation des saisines, la concision et la sobriété des arguments sont cependant loin d'être la règle générale. La pratique est plutôt au contraire celle de requêtes longues, sinon démesurées, où sont retracées les grandes étapes d'élaboration de la loi contestée, exposés minutieusement, article par article, les griefs d'inconstitutionnalité, développés, à la lumière de la jurisprudence constitutionnelle souvent sollicitée, tous les moyens possibles d'invalidation... Loin d'arrêter cette inflation argumentaire, la publication au *Journal officiel* des lettres de saisine depuis 1983 a encore encouragé les requérants à prouver le sérieux de leur contestation par la longueur de leur requête.

L'absence de motivation de la saisine sur la loi relative à l'organisation du championnat d'Europe de football de l'UEFA en 2016 semble à première vue semblable à d'autres hypothèses déjà rencontrées par le passé. Ainsi, les saisines à titre obligatoire des lois organiques et des règlements des Assemblées parlementaires, ainsi que les saisines du Président de l'Assemblée nationale et/ou du Président du Sénat sur les lois ordinaires sont des saisines dites « blanches », en ce qu'elles n'invoquent aucun grief particulier. En 1971, le Président du Sénat saisit le Conseil de la loi relative à la liberté d'association par la simple formule « je demande au Conseil constitutionnel de vouloir bien se prononcer sur la conformité de ce texte à la Constitution ».

Ponctuellement, les parlementaires saisissants présentaient également des « saisines blanches », à l'image de la lettre de saisine de soixante sénateurs contre la loi relative aux contrôles et vérifications d'identité, objet de la décision du 26 août 1986 (*n° 86-111 DC*) : le Conseil se contente alors de relever que les auteurs de la saisine n'ont développé aucun moyen particulier à l'appui de leur requête, mais n'en examine pas moins la constitutionnalité de la loi. La décision du 19 novembre 2009 (*n° 2009-593 DC*) portant sur la loi relative à la prison et aux droits des détenus est un cas particulier : la saisine est « blanche », c'est-à-dire n'invoque aucun grief particulier, les observations en réponse du gouvernement sont également « blanches », c'est-à-dire se résument à demander le rejet du recours et la décision du Conseil est « blanche », c'est-à-dire réduite au strict minimum !

La pratique de la saisine « blanche » s'explique par la possibilité du relevé d'office par le Conseil constitutionnel. Quel que soit l'objet de la saisine, le Conseil est, en vertu de l'article 61 de la Constitution, saisi d'une loi dans son entier. Aussi, s'il examine en priorité les articles ou dispositions critiqués par les requérants, s'il cite et se réfère amplement aux griefs et moyens évoqués par la requête, il ne considère jamais qu'il est tenu de statuer sur les seules conclusions dont il est saisi, ou qu'il est lié par les termes de la requête ; il estime toujours être saisi et pouvoir juger de l'ensemble de la loi.

Le contrôle *a priori* est en effet principalement de nature objective, c'est-à-dire orienté vers la nécessité d'assurer la prééminence de la Constitution sur les lois. Ainsi, le Conseil peut soulever d'office des moyens que les requérants n'avaient pas invoqués, soit pour appuyer le recours de ces derniers, soit au contraire pour substituer à leur motivation la sienne propre : dans la décision du 20 janvier 1984 (*n° 83-165 DC*), alors que les parlementaires contestent la loi Savary sur la base du principe de la liberté d'enseignement, le Conseil affirme que « les dispositions critiquées ne touchent pas à la liberté de l'enseignement mais sont relatives à l'organisation d'un service public et aux droits et obligations des enseignants et chercheurs chargés de l'exécution de ce service et associés à sa gestion » ; et sur cette base nouvelle, il examine les dispositions législatives contestées. Dans la décision du 9 octobre 2014 (*n° 2014-701 DC*), le Conseil censure une disposition de la loi d'avenir pour l'agriculture, l'alimentation et la forêt en raison d'une méconnaissance des règles de recevabilité des amendements, et ce « sans qu'il soit besoin d'examiner le grief soulevé par les députés requérants » relatif à la violation de l'article 16 de la DDHC.

Mais surtout, il peut décider de soulever d'office des moyens contre des dispositions non critiquées par les requérants : dans la décision du 16 mars 2006 (*n° 2006-533 DC*), plusieurs dispositions de la loi relative à l'égalité salariale entre les hommes et les femmes ont été d'office déclarées contraires au principe d'égalité, en ce qu'elles imposaient le respect de proportions déterminées entre les femmes et les hommes dans la composition de différentes instances ou élections professionnelles. Le Conseil peut également émettre une réserve d'interprétation sur une disposition qui n'était pas contestée par la saisine, comme dans la décision du 10 juin 2010 (*n° 2010-607 DC*) à propos de la loi relative à l'entrepreneur individuel à responsabilité.

C'est dans ce contexte qu'intervient la décision du 26 mai 2011 sur la loi relative à l'organisation de l'« euro » de football. La pratique des « saisines blanches » devrait nettement se réduire au regard de la réponse apportée par le Conseil constitutionnel. D'une part, il constate que « cette loi a été adoptée selon une procédure conforme à la Constitution ». D'autre part, il considère « que les requérants n'invoquent aucun grief à l'encontre de ce texte » et qu'« aucun motif particulier d'inconstitutionnalité ne ressort des travaux parlementaires ». La conclusion intervient aussitôt : « il n'y a pas lieu, pour le Conseil constitutionnel, d'examiner spécialement ces dispositions d'office ».

Dorénavant, les autorités de saisine sont invitées à préciser les griefs d'inconstitutionnalité, faute de quoi le Conseil n'examinera d'office aucune disposition de la loi. Seuls peuvent être relevés d'office une violation de la procédure parlementaire ou un « motif particulier d'inconstitutionnalité » relevé lors des travaux parlementaires. Par exemple, dans la décision du 21 avril 2016 (*n° 2016-730 DC*), face à la saisine blanche du Premier ministre sur la loi relative à la modernisation des règles applicables aux élections, le Conseil constitutionnel examine précisément le respect de la procédure parlementaire en reprenant deux griefs soulevés lors des travaux parlementaires devant le Sénat. Désormais, le bas des décisions DC du Conseil constitutionnel reprend une formule selon laquelle le juge constitutionnel n'a soulevé d'office aucune autre question de conformité à la Constitution et ne s'est donc pas prononcé sur la constitutionnalité des autres dispositions que celles examinées dans la décision. Le Conseil assure ainsi une complémentarité avec le mécanisme de la QPC, les griefs relevant de la procédure d'adoption de la loi ne pouvant être invoqués au titre du contrôle *a posteriori*.

L'enjeu était de taille au regard du deuxième critère de filtrage des QPC imposant que la disposition législative n'ait pas déjà été déclarée conforme à la Constitution dans une décision antérieure du Conseil constitutionnel : en exigeant que la saisine dans le contrôle *a priori* précise les dispositions contestées et les griefs invoqués, le Conseil constitutionnel évite de valider trop largement les lois et de priver le justiciable d'agir ultérieurement en QPC.

Pour aller plus loin

- **Cons. const., 4 août 2011, n° 2011-635 DC** : saisi d'une disposition législative adoptée à la suite d'une décision QPC de non-conformité, le Conseil constitutionnel censure pour les mêmes motifs une disposition relative à la présidence du tribunal correctionnel par le juge des enfants tout en reportant les effets de l'inconstitutionnalité prononcée dans le contrôle *a priori*.
- **Cons. const., 1er août 2013, n° 2013-336 QPC** : si le juge du filtrage des QPC ne peut relever d'office la QPC et ne peut pas soulever d'autres griefs que ceux figurant dans le mémoire QPC, le Conseil constitutionnel une fois saisi peut aller-delà de ces griefs, comme en l'espèce à propos de l'incompétence négative soulevée d'office afin de censurer la définition de la notion d'entreprise publique.
- **Cons. const., 13 août 2015, n° 2015-720 DC** : le Conseil constitutionnel relève d'office la violation d'une règle de recevabilité des amendements parlementaires et censure une disposition de la loi relative au dialogue social et à l'emploi.

3 Cons. const., 30 juill. 2010, n° 2010-14/22 QPC, *Garde à vue*

« Le Conseil constitutionnel a été saisi le 1er juin 2010 par la Cour de cassation (arrêt n° 12030 du 31 mai 2010), dans les conditions prévues à l'article 61-1 de la Constitution, d'une question prioritaire de constitutionnalité posée par MM. Daniel W., Laurent D., Eddy et Driss G., Hamza F., Antonio M. et Ferat A., Mme Elena L., MM. Alexander Z., Ahmed B., Samih Z., Rachid M., Mike S., Claudy I., Grégory B. Ahmed K., Kossi H., Willy P. et John C., Mme Virginie P., MM. Mehdi T., Abibou S., Mouhssine M., Nouri G., Mohamed E., Amare K., Ulrich K., Masire N., Abelouahab S., Rami Z., Edgar A., Valentin F. et Nabil et Sophiane S., relative à la conformité aux droits et libertés que la Constitution garantit des articles 62, 63, 63-1, 63-4, 77 et 706-73 du code de procédure pénale relatifs au régime de la garde à vue.

Il a également été saisi le 11 juin 2010 par cette même cour (arrêt n° 12041-12042-12043-12044-12046-12047-12050-12051-12052-12054 du 4 juin 2010), dans les mêmes conditions, d'une question prioritaire de constitutionnalité posée par MM. Jacques M., Jean C., Didier B., Bruno R., Mohammed A., François W., Jair Alonso R., Bilel G., Mohamed H. et David L., relative à la conformité aux droits et libertés que la Constitution garantit des mêmes dispositions. (...)

- Sur les articles 62, 63, 63-1, 63-4, alinéas 1er à 6, et 77 du Code de procédure pénale :

14. Considérant que, dans sa décision susvisée du 11 août 1993, le Conseil constitutionnel n'a pas spécialement examiné les articles 63, 63 1, 63-4 et 77 du Code de procédure pénale ; que, toutefois, il a déclaré conformes à la Constitution les modifications apportées à ces articles par les dispositions alors soumises à son examen ; que ces dispositions étaient relatives aux conditions de placement d'une personne en garde à vue et à la prolongation de cette mesure, au contrôle de celle-ci par le procureur de la République et au droit de la personne gardée à vue d'avoir un entretien de trente minutes avec un avocat ; que, postérieurement à la loi susvisée du 24 août 1993, ces articles du Code de procédure pénale ont été modifiés à plusieurs reprises ; que les dispositions contestées assurent, en comparaison de celles qui ont été examinées par le Conseil dans sa décision du 11 août 1993, un encadrement renforcé du recours à la garde à vue et une meilleure protection des droits des personnes qui en font l'objet ;

15. Considérant toutefois que, depuis 1993, certaines modifications des règles de la procédure pénale ainsi que des changements dans les conditions de sa mise en œuvre ont conduit à un recours de plus en plus fréquent à la garde à vue et modifié l'équilibre des pouvoirs et des droits fixés par le code de procédure pénale ;

16. Considérant qu'ainsi la proportion des procédures soumises à l'instruction préparatoire n'a cessé de diminuer et représente moins de 3 % des jugements et ordonnances rendus sur l'action publique en matière correctionnelle ; que, postérieurement à la loi du 24 août 1993, la pratique du traitement dit « en temps réel » des procédures pénales a été généralisée ; que cette pratique conduit à ce que la décision du ministère public sur l'action publique est prise sur le rapport de l'officier de police judiciaire avant qu'il soit mis fin à la garde à vue ; que, si ces nouvelles modalités de mise en œuvre de l'action publique ont permis une réponse pénale plus rapide et plus diversifiée conformément à l'objectif de bonne administration de la justice, il n'en résulte pas moins que, même dans des procédures portant sur des faits complexes ou particulièrement graves, une personne est désormais le plus souvent jugée sur la base des seuls éléments de preuve rassemblés avant l'expiration de sa garde à vue, en particulier sur les aveux qu'elle a pu faire pendant celle-ci ; que la garde à vue est ainsi souvent devenue la phase principale de constitution du dossier de la procédure en vue du jugement de la personne mise en cause ;

17. Considérant, en outre, que, dans sa rédaction résultant des lois du 28 juillet 1978 et 18 novembre 1985 susvisées, l'article 16 du Code de procédure pénale fixait une liste restreinte de personnes ayant la qualité d'officier de police judiciaire, seules habilitées à décider du placement d'une personne en garde à vue ; que cet article a été modifié par l'article 2 de la loi du 1er février 1994, l'article 53 de la loi du 8 février 1995, l'article 20 de la loi du 22 juillet 1996, la loi du 18 novembre 1998, l'article 8 de la loi du 18 mars 2003 et l'article 16 de la loi du 23 janvier 2006 susvisées ; que ces modifications ont conduit à une réduction des exigences conditionnant l'attribution de la qualité d'officier de police judiciaire aux fonctionnaires de la police nationale et aux militaires de la gendarmerie nationale ; que, entre 1993 et 2009, le nombre de ces fonctionnaires civils et militaires ayant la qualité d'officier de police judiciaire est passé de 25 000 à 53 000 ;

18. Considérant que ces évolutions ont contribué à banaliser le recours à la garde à vue, y compris pour des infractions mineures ; qu'elles ont renforcé l'importance de la phase d'enquête policière dans la constitution des éléments sur le fondement desquels une personne mise en cause est jugée ; que plus de 790 000 mesures de garde à vue ont été décidées en 2009 ; que ces modifications des circonstances de droit et de fait justifient un réexamen de la constitutionnalité des dispositions contestées ; (...) »

Faits

Dans les premières semaines qui suivent l'entrée en vigueur de la QPC le 1er mars 2010, de nombreux justiciables contestent la conformité à la Constitution des dispositions législatives applicables à la garde à vue. Par deux arrêts du 31 mai 2010 et du 11 juin 2010, la Cour de cassation joint plusieurs affaires et renvoie au Conseil constitutionnel les questions portant sur les articles 62, 63, 63-1, 63-4, 77 et 706-73 du Code de procédure pénale.

Portée

La décision « garde à vue » du 30 juillet 2010 a permis à la procédure de la QPC de se révéler au grand public. Emblématique, la décision constate une violation des droits de la défense en raison du défaut de la présence de l'avocat dès le début de la garde à vue et de l'absence de notification du droit au silence. Sur le fond, le Conseil constitutionnel abroge, de manière différée, le dispositif législatif de la garde à vue en remédiant à l'inertie du pouvoir politique qui rechignait à tirer les conséquences des condamnations de la France devant la Cour européenne des droits de l'Homme. Sur le terrain de l'effectivité des droits et libertés, le résultat obtenu grâce à une action commune de plusieurs barreaux d'avocats fut considéré comme une avancée notable. Même si, en pratique, les nouvelles garanties ne seront mises en œuvre que plusieurs mois plus tard (*Cass., ass. plén., 14 avril 2011, n° 10-17049 ; Loi n° 2011-392 du 14 avril 2011 relative à la garde à vue*).

Au-delà du fond de l'affaire, la décision du 30 juillet 2010 se révèle précieuse d'enseignements sur la possibilité de contester en QPC une disposition législative expressément déclarée conforme à la Constitution dans une décision antérieure du Conseil constitutionnel. Par principe, la loi organique interdit au justiciable d'agir dans cette hypothèse. Cependant, le rapport de conformité d'une loi à la Constitution étant par nature évolutif, le législateur organique a ménagé une exception à ce principe, en cas de « changement des circonstances ».

En l'espèce, dans ses arrêts de renvoi, la Cour de cassation relevait que les dispositions législatives sur la garde à vue « n'ont pas déjà été déclarées, dans leur intégralité, conformes à la Constitution dans les motifs et le dispositif d'une décision du Conseil constitutionnel ». Dans sa décision du 30 juillet 2010, le Conseil constitutionnel opère un tri parmi les dispositions renvoyées. En ce qui concerne le septième alinéa de l'article 63-4 et l'article 706-73 du Code de procédure pénale, le Conseil les avait déclarés conformes à la Constitution dans une décision n° 2004-492 DC du 2 mars 2004 et aucun changement de circonstances n'est relevé : la QPC sur ce point n'est pas examinée. En revanche, le Conseil constitutionnel constate un changement de circonstances qui justifie le réexamen des articles 63, 63 1, 63-4 et 77 du Code de procédure pénale déclarées conformes à la Constitution dans une décision 93-326 DC du 11 août 1993.

La décision présente ainsi deux apports essentiels :

- d'une part, le seul fait de procéder à cet examen de la présence ou non d'un changement de circonstances n'allait pas de soi : dans le silence de la loi organique, le Conseil constitutionnel choisit de réexaminer cette condition d'accès à son office. La première condition de renvoi d'une QPC relative à l'applicabilité au litige relève principalement du Conseil d'État et de la Cour de cassation, bien que le Conseil constitutionnel puisse intervenir ponctuellement en la matière. La troisième condition relative au caractère sérieux ou nouveau est apprécié souverainement par le Conseil d'État et de la Cour de cassation. Avec la décision du 30 juillet 2010, le Conseil constitutionnel opère un contrôle précis de la deuxième condition de renvoi selon laquelle une disposition déclarée conforme ne peut faire l'objet d'une QPC sauf changement de circonstances. Dès lors, le Conseil constitutionnel peut démentir la présence d'un changement de circonstances que le juge de renvoi avait relevé, ou opérer une substitution de changement de circonstances comme dans la QPC posée par Mme Le Pen objet de la décision n° 2012-233 QPC du 21 février 2012 ;
- d'autre part, le Conseil constitutionnel dévoile l'étendue des changements de circonstances susceptibles d'être retenus afin de permettre le réexamen d'une disposition législative. Depuis la décision du 11 août 1993, des modifications des règles de la procédure pénale ainsi que des « changements dans les conditions de sa mise en œuvre » ont conduit, dit la décision du 30 juillet 2010, « à un recours de plus en plus fréquent à la garde à vue et modifié l'équilibre des pouvoirs et des droits fixés par le Code de procédure pénale ». Des changements de circonstance de droit avec, par exemple, la généralisation, postérieure à 1993, du « traitement en temps réel » qui conduit à ce que la décision du Ministère public sur l'action publique est prise sur le rapport de l'officier de police judiciaire avant qu'il soit mis fin à la garde à vue qui devient ainsi « la phase principale de constitution du dossier de la procédure en vue du jugement de la personne mise en cause » ; ou encore, l'augmentation du nombre de fonctionnaires ayant la qualité d'officier de police judiciaire – 25 000 en 1993, 53 000 en 2010, précise le Conseil – et « la réduction des exigences conditionnant l'attribution de cette qualité ». Des changements de circonstances de fait avec, par exemple, la banalisation du recours à la garde à vue « y compris pour des infractions mineures avec plus de 790 000 mesures de garde à vue décidées en 2009 ». En conclusion, « ces modifications des circonstances de droit et de fait justifient un réexamen de la constitutionnalité des dispositions contestées ». Et c'est au regard de ce nouveau contexte juridique et factuel que les dispositions contestées sont censurées.

Évidemment, la notion constitutionnelle de changement de circonstances donne aux juges, ordinaires et constitutionnels, un pouvoir considérable puisqu'il leur est demandé d'apprécier l'adéquation d'une loi à son époque et de la juger contraire à la Constitution si elle ne trouve plus de justification dans les données de fait qui l'avaient initialement fondée.

Sans doute, il y a là une entorse au principe de sécurité juridique dans la mesure où elle invite à un réexamen permanent de la constitutionnalité des lois, et au principe de la démocratie électorale dans la mesure où elle donne aux juges le pouvoir de décider de l'adéquation d'une loi à son époque. Mais il peut être aussi dangereux pour ces deux principes que restent dans l'ordre juridique des lois devenues inconstitutionnelles sous l'effet des évolutions sociologiques ou du droit lui-même.

Certainement conscient de ces enjeux, depuis la décision du 30 juillet 2010 les juges de la QPC retiennent rarement un changement de circonstances de fait, tout en élargissant progressivement le champ des circonstances de droit. Outre les révisions de la Constitution ou les modifications du contexte législatif comme c'était le cas en l'espèce, les juges retiennent désormais les changements de circonstances prétoriennes. Ainsi, en présence d'une évolution significative de la jurisprudence du Conseil constitutionnel, de la Cour européenne des droits de l'homme et même du Conseil d'État et de la Cour de cassation dans la mise en œuvre de la loi contestée, les justiciables peuvent obtenir le réexamen en QPC d'une disposition déclarée conforme à la Constitution.

Pour aller plus loin

- **Cons. const., 21 février 2012, n° 2012-233 QPC** : la garantie du pluralisme et le rôle des partis politiques, insérés à l'article 4 de la Constitution par la révision constitutionnelle du 23 juillet 2008, constituent un changement de circonstances de droit justifiant le réexamen d'une loi organique de 1976 relative à la publication des « parrainages » des candidats à l'élection présidentielle.
- **CE, 29 avril 2013, n° 356976** : dans une affaire relative au pouvoir de sanction de l'ARCEP, le Conseil d'État estime que deux décisions récentes du Conseil constitutionnel constituent une circonstance de droit nouvelle justifiant le réexamen d'une disposition législative.
- **Cass. crim., 20 août 2014, n° 14-80394** : la Cour de cassation considère qu'un arrêt de la Cour européenne des droits de l'Homme constitue un changement de circonstances. La chose jugée ou interprétée par la Cour de Strasbourg permet ainsi d'obtenir un réexamen de la loi par le Conseil constitutionnel par la voie du changement de circonstances.

4 Cons. const., 3 déc. 2009, n° 2009-595 DC, *Loi organique relative à l'application de l'article 61-1 de la Constitution*

« 7. Considérant qu'aux termes de l'article 23-1 : " Devant les juridictions relevant du Conseil d'État ou de la Cour de cassation, le moyen tiré de ce qu'une disposition législative porte atteinte aux droits et libertés garantis par la Constitution est, à peine d'irrecevabilité, présenté dans un écrit distinct et motivé. Un tel moyen peut être soulevé pour la première fois en cause d'appel. Il ne peut être relevé d'office.

" Devant une juridiction relevant de la Cour de cassation, lorsque le ministère public n'est pas partie à l'instance, l'affaire lui est communiquée dès que le moyen est soulevé afin qu'il puisse faire connaître son avis.

" Si le moyen est soulevé au cours de l'instruction pénale, la juridiction d'instruction du second degré en est saisie.

" Le moyen ne peut être soulevé devant la cour d'assises. En cas d'appel d'un arrêt rendu par la cour d'assises en premier ressort, il peut être soulevé dans un écrit accompagnant la déclaration d'appel. Cet écrit est immédiatement transmis à la Cour de cassation " ; (...)

9. Considérant, en deuxième lieu, que les termes de l'article 61-1 de la Constitution imposaient au législateur organique de réserver aux seules parties à l'instance le droit de soutenir qu'une disposition législative porte atteinte aux droits et libertés que la Constitution garantit ; que, par conséquent, la dernière phrase du premier alinéa de l'article 23-1, qui fait interdiction à la juridiction saisie de soulever d'office une question prioritaire de constitutionnalité, ne méconnaît pas la Constitution ; (...)

20. Considérant qu'aux termes de l'article 23-4 : " Dans un délai de trois mois à compter de la réception de la transmission prévue à l'article 23-2 ou au dernier alinéa de l'article 23-1, le Conseil d'État ou la Cour de cassation se prononce sur le renvoi de la question prioritaire de constitutionnalité au Conseil constitutionnel. Il est procédé à ce renvoi dès lors que les conditions prévues aux 1° et 2° de l'article 23-2 sont remplies et que la question est nouvelle ou présente un caractère sérieux " ; que son article 23-5 dispose que : " Le moyen tiré de ce qu'une disposition législative porte atteinte aux droits et libertés garantis par la Constitution peut être soulevé, y compris pour la première fois en cassation, à l'occasion d'une instance devant le Conseil d'État ou la Cour de cassation. Le moyen est présenté, à peine d'irrecevabilité, dans un mémoire distinct et motivé. Il ne peut être relevé d'office.

" En tout état de cause, le Conseil d'État ou la Cour de cassation doit, lorsqu'il est saisi de moyens contestant la conformité d'une disposition législative d'une part aux droits et libertés garantis par la Constitution et d'autre part aux engagements internationaux de la France, se prononcer par priorité sur le renvoi de la question de constitutionnalité au Conseil constitutionnel.

" Le Conseil d'État ou la Cour de cassation dispose d'un délai de trois mois à compter de la présentation du moyen pour rendre sa décision. Le Conseil constitutionnel est saisi de la question prioritaire de constitutionnalité dès lors que les conditions prévues aux 1° et 2° de l'article 23-2 sont remplies et que la question est nouvelle ou présente un caractère sérieux.

" Lorsque le Conseil constitutionnel a été saisi, le Conseil d'État ou la Cour de cassation sursoit à statuer jusqu'à ce qu'il se soit prononcé. Il en va autrement quand l'intéressé est privé de liberté à raison de l'instance et que la loi prévoit que la Cour de cassation statue dans un délai déterminé. Si le Conseil d'État ou la Cour de cassation est tenu de se prononcer en urgence, il peut n'être pas sursis à statuer " ;

21. Considérant, en premier lieu, que la dernière phrase du premier alinéa de l'article 23-4 et la dernière phrase du troisième alinéa de l'article 23-5 prévoient que le Conseil constitutionnel est saisi de la question prioritaire de constitutionnalité si " la question est nouvelle " ; que le législateur organique a entendu, par l'ajout de ce critère, imposer que le Conseil constitutionnel soit saisi de l'interprétation de toute disposition constitutionnelle dont il n'a pas encore eu l'occasion de faire application ; que, dans les autres cas, il a entendu permettre au Conseil d'État et à la Cour de cassation d'apprécier l'intérêt de saisir le Conseil constitutionnel en fonction de ce critère alternatif ; que, dès lors, une question prioritaire de constitutionnalité ne peut être nouvelle au sens de ces dispositions au seul motif que la disposition législative contestée n'a pas déjà été examinée par le Conseil constitutionnel ; que cette disposition n'est pas contraire à la Constitution ; (...) »

■ Faits

Dans cette décision du 3 décembre 2009, le Conseil constitutionnel se prononce sur la loi organique relative à l'application de l'article 61-1 de la Constitution. Cette loi fixe les grandes lignes de la nouvelle procédure permettant aux justiciables d'invoquer l'inconstitutionnalité d'une disposition législative et offre au mécanisme un nom original : « *question prioritaire de constitutionnalité* ». Conformément aux articles 46 et 61 de la Constitution (contrôle obligatoire pour les lois organiques), le Conseil constitutionnel est saisi par le Premier ministre et rend une décision lui permettant de clarifier certains points de la procédure applicable.

■ Portée

En contrôlant la loi organique relative à la QPC, le Conseil constitutionnel a précisé plusieurs éléments du nouveau mécanisme. Et notamment deux questions : qui peut poser une QPC à l'occasion d'un procès ? et comment faut-il comprendre le critère de la « nouveauté » présent dans la loi organique ?

Sur la première question – qui peut poser une QPC ? – le Conseil estime au considérant n° 9 que l'article 61-1 de la Constitution impose au législateur organique « de réserver aux seules *parties* à l'instance le droit de soutenir qu'une disposition législative porte atteinte aux droits et libertés que la Constitution garantit ». En réalité, l'article 61-1 de la Constitution n'utilise à aucun moment le mot de « partie » et se contente d'une formule neutre : « lorsque, à l'occasion d'une instance en cours devant une juridiction, il est soutenu qu'une disposition législative... ». En revanche, la loi organique évoque bien le terme de « partie » à plusieurs reprises.

Quoi qu'il en soit, avec ce terme de « partie », le Conseil peut inclure dans la procédure QPC tous les acteurs du procès : demandeur, défendeur, appelant, intimé ou opposant. Peu importe la place dans le litige, peu importe la « qualité processuelle », toutes les parties au procès peuvent normalement poser des QPC et le Conseil ne distingue pas, dans cette décision du 3 décembre 2009, selon la nature de la personne qui contribue à l'instance. Dans tous les cas, le principe est le suivant : la recevabilité de la QPC suit toujours la recevabilité de la requête au fond, et dès lors que la personne concernée a qualité pour agir en pratique, elle a qualité pour soulever une QPC. Autrement dit, la recevabilité des QPC dépend en premier lieu de la recevabilité du recours principal – la question de constitutionnalité n'étant qu'un « moyen » de droit permettant de faire valoir une prétention.

Il n'est pas davantage nécessaire de distinguer selon la « forme » juridique des parties concernées : personne privée ou personne publique, personne morale ou personne physique, majeur ou mineur, national ou étranger, incapable même. Sur ce point, la QPC s'éloigne clairement du recours individuel devant la Cour européenne des droits de l'Homme qui impose au requérant une double condition : être à la fois une « victime », c'est-à-dire prouver une atteinte à ses droits reconnus par la Convention, et n'exercer aucune prérogative de puissance publique. Pour cette raison, par exemple, les communes ne peuvent pas exercer un recours individuel, mais elles sont parfaitement habilitées à soulever une QPC.

Cette lecture bienveillante de la notion de partie rencontre néanmoins deux sortes de limites.

D'abord, le Conseil d'État a clairement interdit aux « intervenants » – c'est-à-dire des personnes « intervenants » dans un litige pour accompagner une demande – de poser une QPC lors d'un procès. Par exemple, une association de défense de l'environnement « intervenant » dans une affaire, comme cela arrive souvent, n'a pas qualité pour former une QPC. Avec néanmoins une nuance : si une partie « officielle » s'associe explicitement à la demande rédigée par l'intervenant, par un mémoire distinct et motivé, la QPC est alors recevable, car dans ce cas la partie devient elle-même, d'une certaine manière, l'auteur de la question produite dans les observations en intervention.

Seconde limite : en principe, un juge n'est pas autorisé à soulever lui-même une QPC au cours d'un procès. Deux arguments militent en ce sens : aucune interprétation, même la plus généreuse, ne peut offrir au juge la qualité de partie sauf à ruiner l'idée même de « partie » ; de plus, l'article 23-1 de la loi organique interdit formellement au juge d'invoquer des moyens de constitutionnalité « d'office », c'est-à-dire de son propre chef. Il reste que, par différentes techniques – essentiellement par le biais de la requalification des questions posées – les juges de la recevabilité peuvent toujours adapter, à la marge, l'argumentation et glisser, discrètement, un nouvel argument !

Le Ministère public est un cas particulier. Lorsqu'il est une « partie » dans un procès, il peut en théorie soulever une QPC. En pratique, néanmoins, le rôle du Ministère public étant de requérir l'application de la loi, et donc de la défendre, il n'a guère d'intérêt à dévoiler des inconstitutionnalités. D'ailleurs, pour l'heure, aucune QPC ne semble avoir été posée par le parquet, qu'il soit une partie principale ou une partie jointe en vertu de l'article 424 du Code de procédure civile. D'une manière générale, l'article 23-1 de la loi organique impose au Ministère public de livrer son « avis » sur toutes les QPC soulevées devant une juridiction relevant de la Cour de cassation. Dans ce cas précis, le Ministère public n'est pas à l'origine de la QPC, il n'agit pas non plus « en défense », il doit simplement livrer un point de vue argumenté sur la question posée. En pratique, d'ailleurs, les juges statuent souvent dans le sens des recommandations du parquet.

Sur la seconde question, c'est-à-dire le critère de la nouveauté, le Conseil constitutionnel adopte une position assez restrictive en estimant au considérant n° 20 que la « nouveauté » correspond aux cas d'une « disposition constitutionnelle dont il (le Conseil) n'a pas encore eu l'occasion de faire application ».

Il faut rappeler que, au niveau des Cours suprêmes, l'appréciation du caractère sérieux de la question de constitutionnalité est complétée par celle de son caractère « nouveau ». Autrement dit, les parties peuvent, à défaut de sérieux de la question posée, invoquer la nouveauté pour justifier un renvoi au Conseil constitutionnel. Reste évidemment à savoir ce qu'est une « nouveauté ».

Dans sa décision du 3 décembre 2009, en évoquant une *disposition* (et non un principe ou une règle), le Conseil restreint ainsi le champ d'application de la « nouveauté » à la violation d'un droit ou liberté figurant expressément dans le catalogue constitutionnel et qui n'a pas donné lieu à une jurisprudence, par exemple les articles 66-1 et 75-1 de la Constitution ou de l'article 7 de la Charte de l'environnement.

Aujourd'hui, force est de constater que les renvois pour caractère nouveau à raison de la découverte éventuelle d'un principe constitutionnel jurisprudentiel sont assez rares. Ils sont, pour l'essentiel, l'œuvre du Conseil d'État et concernent la portée particulière et précise d'un principe constitutionnel, et non pas l'existence hypothétique d'un nouveau principe constitutionnel. Par exemple, en 2015, plusieurs questions nouvelles ont été renvoyées par le Conseil d'État : le 17 juin, afin d'obtenir, en vain, des précisions sur la portée en QPC du principe de précaution ; le 30 mars, à propos de l'application du droit de demander des comptes aux agents publics énoncée par l'article 15 de la Déclaration de 1789 en matière de vote au sein des conseils municipaux ; le 14 septembre à propos de l'application du principe d'égalité entre les organisations professionnelles d'employeurs et les organisations syndicales de salariés ; le 9 novembre à propos de l'applicabilité aux employeurs de la liberté syndicale et du principe de participation.

En toute hypothèse, tout renvoi d'une question « nouvelle » implique un minimum de « sérieux » de la question. À vrai dire, les questions strictement et objectivement nouvelles n'existent pas. Le « ou » de la loi organique ne doit pas masquer la réalité incontournable du mécanisme de filtrage : le Conseil d'État et la Cour de cassation ne peuvent se contenter de la seule nouveauté de la question qui doit posséder un niveau minimum de sérieux. Une telle interprétation de ce motif de renvoi était inévitable pour des raisons de bonne administration de la justice, sauf à ce que les plaideurs se jouent systématiquement des juges du filtre en rivalisant d'imagination pour invoquer une règle constitutionnelle tout aussi nouvelle que fantaisiste.

Pour aller plus loin

- **Cass., ass. plén., 20 mai 2011, n° 11-90033 (4 espèces) :** la Cour de cassation a estimé que « si la question peut être reformulée par le juge à effet de la rendre plus claire ou de lui restituer son exacte qualification, il ne lui appartient pas d'en modifier l'objet et la portée ».
- **CE, 15 janvier 2016, *Ligue des droits de l'homme*, n° 395091 :** dans cet arrêt, le Conseil d'État, renvoyant une disposition de la loi sur l'état d'urgence, retient la nouveauté d'une question relative à la portée d'un principe constitutionnel, le « droit d'expression collective des idées et des opinions ».
- **CE, 30 mai 2012, *GFA Fielouse-Cardet*, n° 355287 :** le contrôle du caractère « sérieusement nouveau » de la question est clairement assumé par le Conseil d'État dans cet arrêt en réponse à la demande du justiciable de constater la violation d'un PFRLR selon lequel l'imposition foncière doit être établie sur des bases nettes, le Conseil d'État répond qu'« il ne peut être sérieusement soutenu que la question soulevée serait nouvelle ». S'il faut donc que le caractère nouveau soit « sérieusement soutenu », c'est que la question nouvelle doit aussi être sérieuse.

5 Cons. const., 28 mai 2010, n° 2010-1 QPC, *Cristallisation des pensions*

« (...) 6. Considérant qu'il n'appartient pas au Conseil constitutionnel, saisi d'une question prioritaire de constitutionnalité, de remettre en cause la décision par laquelle le Conseil d'État ou la Cour de cassation a jugé, en application de l'article 23-5 de l'ordonnance du 7 novembre 1958 susvisée, qu'une disposition était ou non applicable au litige ou à la procédure ou constituait ou non le fondement des poursuites ;

7. Considérant que, par suite, doivent être rejetées les conclusions des requérants tendant à ce que le Conseil constitutionnel se prononce sur la conformité à la Constitution de l'article 71 de la loi du 26 décembre 1959 susvisée et des autres dispositions législatives relatives à la « cristallisation » des pensions, dès lors que ces dispositions ne figurent pas dans la question renvoyée par le Conseil d'État au Conseil constitutionnel ; qu'il en va de même des conclusions du Premier ministre tendant à ce que le Conseil constitutionnel ne se prononce pas sur la conformité à la Constitution de l'article 100 de la loi du 21 décembre 2006, dès lors que cette disposition est au nombre de celles incluses dans la question renvoyée par le Conseil d'État au Conseil constitutionnel ;

- Sur la constitutionnalité des dispositions contestées :

8. Considérant que l'article 6 de la Déclaration des droits de l'homme et du citoyen de 1789 dispose que la loi « doit être la même pour tous, soit qu'elle protège, soit qu'elle punisse » ; que le principe d'égalité ne s'oppose ni à ce que le législateur règle de façon différente des situations différentes, ni à ce qu'il déroge à l'égalité pour des raisons d'intérêt général, pourvu que, dans l'un et l'autre cas, la différence de traitement qui en résulte soit en rapport direct avec l'objet de la loi qui l'établit ;

. En ce qui concerne l'article 26 de la loi du 3 août 1981 et l'article 68 de la loi du 30 décembre 2002 :

9. Considérant que les dispositions combinées de l'article 26 de la loi du 3 août 1981 et de l'article 68 de la loi du 30 décembre 2002 ont pour objet de garantir aux titulaires de pensions civiles ou militaires de retraite, selon leur lieu de résidence à l'étranger au moment de l'ouverture de leurs droits, des conditions de vie en rapport avec la dignité des fonctions exercées au service de l'État ; qu'en prévoyant des conditions de revalorisation différentes de celles prévues par le code des pensions civiles et militaires de retraite, elles laissent subsister une différence de traitement avec les ressortissants français résidant dans le même pays étranger ; que, si le législateur pouvait fonder une différence de traitement sur le lieu de résidence en tenant compte des différences de pouvoir d'achat, il ne pouvait établir, au regard de l'objet de la loi, de différence selon la nationalité entre titulaires d'une pension civile ou militaire de retraite payée sur le budget de l'État ou d'établissements publics de l'État et résidant dans un même pays étranger ; que, dans cette mesure, lesdites dispositions législatives sont contraires au principe d'égalité ;

. En ce qui concerne l'article 100 de la loi du 21 décembre 2006 :

10. Considérant que l'abrogation de l'article 26 de la loi du 3 août 1981 et de l'article 68 de la loi du 30 décembre 2002 a pour effet d'exclure les ressortissants algériens du champ des dispositions de l'article 100 de la loi du 21 décembre 2006 ; qu'il en résulte une différence de traitement fondée sur la nationalité entre les titulaires de pensions militaires d'invalidité et des retraites du combattant selon qu'ils sont ressortissants algériens ou ressortissants des autres pays ou territoires ayant appartenu à l'Union française ou à la Communauté ou ayant été placés sous le protectorat ou sous la tutelle de la France ; que cette différence est injustifiée au regard de l'objet de la loi qui vise à rétablir l'égalité entre les prestations versées aux anciens combattants qu'ils soient français ou étrangers ; que, par voie de conséquence, l'article 100 de la loi du 21 décembre 2006 doit également être déclaré contraire au principe d'égalité ; (...) »

■ Faits

La décision n° 2010-1 QPC est la première décision rendue par le Conseil constitutionnel sur la base de l'article 61-1 de la Constitution.

Était discuté, dans cette affaire, le régime de décristallisation des pensions. Le système de « décristallisation » est le nom donné à un procédé qui permet au législateur français de revaloriser les pensions versées aux combattants des ex-colonies françaises en tenant compte du niveau de vie actuel des anciens combattants. La difficulté en la matière est d'imaginer un système qui puisse assurer, autant que possible, une certaine égalité entre des pensionnés résidant dans des pays économiquement très différents : Laos, Sénégal, Maroc, Algérie... Ce qui explique la volonté du législateur de moduler le montant de la pension en fonction du lieu de résidence. Mais avec une question délicate : est-il possible de traiter différemment des combattants résidant en France et des combattants résidant à l'étranger, ou même des combattants étrangers et des combattants français résidants dans le même État étranger ?

Ce traitement différencié des pensionnés a fait l'objet d'un important contentieux, mettant en scène de nombreux juges et de nombreux textes, y compris la Convention européenne des droits de l'Homme. L'intervention du juge constitutionnel était donc attendue, et c'est assez logiquement qu'il consacre sa première décision QPC à ce problème de « décristallisation des pensions ».

En l'espèce, le Conseil juge que la loi française est contraire au principe d'égalité en ce qu'elle crée « une différence de traitement avec les ressortissants français résidant dans le même pays étranger », obligeant le Parlement à revoir sa copie (ce qu'il fera avec l'article 211 de la loi n° 2010-1657 du 29 décembre 2010).

Dans cette décision le Conseil a également pris position sur une question procédurale importante : il a jugé qu'il n'était pas compétent pour apprécier le critère de « l'applicabilité au litige ».

■ Portée

L'article 23-2 de la loi organique du 10 décembre 2009 indique que la juridiction saisie procède à la transmission de la question si « la disposition contestée est applicable au litige ou à la procédure, ou constitue le fondement des poursuites ». Cette condition de recevabilité interdit les QPC trop générales, trop détachées des faits de l'espèce. En toile de fond, se dessine la volonté bien légitime du législateur d'empêcher que des justiciables créent de toutes pièces un litige et utilisent ce théâtre virtuel pour soulever une QPC. Cette condition « d'applicabilité » a donc pour objet de lier le procès constitutionnel au procès ordinaire ; la contestation ne peut pas porter sur la constitutionnalité d'une disposition étrangère au litige ou inutile à son règlement ; elle doit viser seulement la disposition qui est à l'origine du procès ordinaire et dont, pour cette raison, il est indispensable de vérifier la constitutionnalité.

Lors de la première affaire QPC, s'est néanmoins posée la question de savoir si le Conseil constitutionnel lui-même, et non le juge de la recevabilité des QPC, était compétent pour contrôler le critère de l'applicabilité au litige notamment dans le cas où les requérants invitent le juge constitutionnel, comme en l'espèce, à contrôler une disposition législative qui n'a pas été renvoyée par la Cour suprême. Non répond très nettement le Conseil : il ne lui appartient pas, dit-il, « de remettre en cause la décision par laquelle le Conseil d'État ou la Cour de cassation a jugé (...) qu'une disposition était ou non applicable au litige », offrant ainsi une totale liberté aux juges de la recevabilité dans l'appréciation de ce qu'est une disposition « applicable » au litige.

Cette solution s'explique par au moins deux arguments. D'abord, la loi organique elle-même exclut très nettement le Conseil constitutionnel de la procédure d'examen des trois critères de recevabilité. L'article 23-2 de l'ordonnance dispose à cet effet qu'« il est procédé à cette transmission (à la Cour de cassation et au Conseil d'État) si les conditions suivantes sont remplies : (...) ». Autrement dit, l'applicabilité est bien un critère de « transmission » qui échappe par nature à l'office du juge constitutionnel. Ensuite, pour apprécier le lien avec le litige, il faut nécessairement prendre connaissance des faits de l'affaire, de son déroulement, de son contexte. Or le Conseil constitutionnel ne dispose pas des outils et des informations suffisantes pour exercer un tel contrôle ; il reste un juge abstrait, un juge du droit, et non un juge des faits. En cela, il ne peut exercer un contrôle efficace et valable du critère de l'applicabilité au litige.

Cette liberté a permis à la Cour de cassation d'adopter une position assez rigoureuse en imposant un lien étroit entre la disposition discutée et les faits litigieux. Ainsi, elle exige par exemple que la déclaration d'inconstitutionnalité – si elle est prononcée – ait une « incidence sur la solution » de l'affaire. Il est même arrivé à la Chambre sociale de juger que la QPC posée n'est pas « sérieuse », car elle ne dit pas en quoi la disposition critiquée... aurait une « incidence sur la solution du litige » !

De son côté, le Conseil d'État a interprété plus largement le critère de l'applicabilité au litige en admettant de renvoyer les dispositions qui, bien que n'étant pas directement applicables, sont « indissociables » de la législation contestée (*CE, 28 mai 2010, Balta et Opra*), voire même « non dénuées de rapport avec les termes du litige » (*CE, 20 juin 2012, Association comité radicalement anti-corrida Europe*).

En tout état de cause, il arrive fréquemment, aujourd'hui, que le Conseil constitutionnel s'écarte de la règle qu'il a lui-même posée en 2010 en acceptant, par divers moyens, de contrôler le critère de l'applicabilité au litige.

Ainsi, le Conseil constitutionnel peut d'abord ***préciser la version de la disposition applicable***. En effet, le juge constitutionnel est souvent saisi d'articles de codes dont la version n'est pas précisée par la Cour de cassation ou le Conseil d'État. Dans ce cas, il est contraint de choisir lui-même la bonne disposition applicable au litige, ce qui le conduit à examiner minutieusement l'affaire, à vérifier la temporalité de la situation, et à déceler la rédaction en vigueur au moment du fait litigieux. Par exemple, dans la décision du 3 février 2016, le Conseil constate que le grief porte sur « l'exercice clos en 2003 » et qu'à ce moment, s'appliquait « l'article 145 du Code général des impôts dans sa version issue de la loi du 30 décembre 1992 ».

Le Conseil constitutionnel peut aussi écarter les dispositions ***« insusceptibles de porter atteinte aux droits et libertés »***. Il s'agit ici, pour le Conseil, de repousser des lois qui n'ont jamais fait l'objet de décrets d'application, voire même qui ont été abrogées avant de produire le moindre effet juridique. Par exemple, dans la décision du 12 février 2012, le Conseil a jugé que « cette disposition législative, jamais entrée en vigueur, est insusceptible d'avoir porté atteinte à un droit ou une liberté que la Constitution garantit ». De même, il estime, dans la décision du 26 mars 2015, que « certaines phrases de l'article L. 380-2 du Code de la sécurité sociale, faute de décret d'application, ne peuvent faire l'objet d'une QPC ».

Le Conseil constitutionnel peut également ***réduire le champ d'intervention de la saisine*** en isolant, dans les articles qui lui sont déférés, les phrases et les mots jugés applicables au cas d'espèce. Par exemple, une disposition peut s'avérer contraire à la Constitution en ce qui concerne les grossistes chargés de la diffusion de la presse, mais ne pas l'être à propos des détaillants.

Le Conseil constitutionnel peut enfin juger que la disposition est applicable ***« en tant qu'elle n'est pas applicable »***. Curieuse histoire ! Il arrive qu'une disposition soit applicable au litige justement parce qu'elle n'est pas applicable. Le cas se présente lorsqu'un grief est formé contre une disposition en raison de ses silences, de ses exclusions, de ses non-dits. Par exemple, une disposition du Code de procédure pénale impose des délais pour l'examen initial d'un appel rendu par la chambre de l'instruction, mais ne prévoit aucun délai concernant l'appel sur renvoi en cassation.

Par exemple encore, une disposition organise la délivrance d'un titre de séjour temporaire pour les étrangers mariés, mais ne régit pas la situation des étrangers pacsés. Dans ces différents cas, l'inconstitutionnalité trouve sa source dans un espace d'incertitude, dans un manque, et non pas directement dans un article de loi.

Pour aller plus loin

- **Cass. soc., 10 juillet 2014, n° 14-40025 :** « Et attendu, d'autre part, que la question posée ne présente pas un caractère sérieux en ce que la salariée ne justifie pas en quoi les dispositions légales critiquées auraient une incidence sur la solution du litige ».
- **CE, 14 mai 2010, *Rujovic*, n° 312305 :** le Conseil d'État juge que la notion d'applicabilité en matière de QPC s'entend « au sens de l'ordonnance du 7 novembre 1958 », c'est-à-dire de façon autonome, ce qui lui permet – en théorie – de développer une jurisprudence accueillante.
- **Cons. const., 18 octobre 2013, n° 2013-349 QPC :** dans cette décision, le Conseil constitutionnel estime que la disposition en cause ne peut faire l'objet d'une QPC, bien qu'étant *stricto sensu* « applicable au litige », car elle a déjà été jugée contraire à la Constitution dans le cadre du contentieux néo-calédonien.

Les outils du contrôle de constitutionnalité

Chapitre 4

Le rôle du Conseil consiste à confronter la loi dont il est saisi à la Constitution. Simple dans son énoncé, ce travail amène en réalité le Conseil à mettre en œuvre différents outils de contrôle. Ne disposant pas d'un pouvoir d'apprécier les détournements de pouvoir (*Décision 84-181 DC du 11 octobre 1984*), le Conseil constitutionnel use fréquemment des réserves d'interprétation (*Décision n° 93-323 DC, 5 août 1993*), sans pour autant renoncer à renforcer dans certains cas l'intensité de son contrôle grâce au triple test de proportionnalité (*Décision n° 2008-562 DC, 21 février 2008*), bien que le contexte qui entoure le Conseil constitutionnel explique la manière dont les droits et libertés sont conciliés (*Décision n° 2016-536 QPC, 19 février 2016*). La motivation des décisions du Conseil constitutionnel est également un enjeu important au regard de la nouvelle rédaction récemment instaurée (*Décision n° 2016-539 QPC, 10 mai 2016*).

1 Cons. const., 11 oct. 1984, n° 84-181 DC, *Loi visant à limiter la concentration et à assurer la transparence financière et le pluralisme des entreprises de presse*

« 40. Considérant que l'article 10 de la loi est ainsi conçu : "Une personne peut posséder ou contrôler plusieurs quotidiens nationaux d'information politique et générale si le total de leur diffusion n'excède pas 15 p 100 de la diffusion de tous les quotidiens nationaux de même nature. – Est considéré comme national un quotidien, toutes éditions confondues, qui réalise 20 p 100 au moins de sa diffusion en dehors de ses trois principales régions de diffusion ou qui consacre de manière régulière plus de la moitié de sa surface rédactionnelle à l'information nationale et internationale" ; que l'article 11 dispose : "Une personne peut posséder ou contrôler plusieurs quotidiens régionaux, départementaux ou locaux d'information politique et générale, si le total de leur diffusion n'excède pas 15 p 100 de la diffusion de tous les quotidiens régionaux, départementaux ou locaux de même nature" ; que l'article 12 est ainsi conçu : "Une personne peut posséder ou contrôler un ou plusieurs quotidiens régionaux, départementaux ou locaux d'information politique et générale et un ou plusieurs quotidiens nationaux de même nature si la ou les diffusions de ces quotidiens n'excèdent pas : 1° pour les quotidiens nationaux, 10 p 100 du total de la diffusion de tous les quotidiens nationaux de même nature ; 2° pour les quotidiens régionaux, départementaux ou locaux, 10 p 100 du total de la diffusion de tous les quotidiens régionaux, départementaux ou locaux de même nature" ;
41. Considérant que, prises isolément ces dispositions seraient évidemment inconstitutionnelles ; qu'en effet elles imposeraient à tout moment aux personnes possédant ou contrôlant les quotidiens visés le respect de plafonds dont le dépassement peut dépendre du succès auprès du public desdits quotidiens ou des mécomptes des quotidiens concurrents ; qu'elles porteraient ainsi à la liberté de ces personnes et, plus, encore, à la liberté des lecteurs, une atteinte directement contraire à l'article 11 de la Déclaration de 1789 ;
42. Considérant cependant que l'article 13 de la loi dispose : "Les plafonds de 15 p 100 fixés aux articles 10 et 11 et ceux de 10 p 100 fixés à l'article 12 s'apprécient sur une même période constituée par les douze derniers mois connus précédant l'acquisition ou la prise de contrôle. – Pour les situations existant au moment de la publication de la présente loi, ces plafonds s'apprécient sur une même période constituée par les douze derniers mois connus précédant la publication de la présente loi" ;
43. Considérant que les articles 10, 11 et 12 de la loi ne sauraient être lus que compte tenu des termes de l'article 13 précité qui limitent l'application des plafonds énoncés aux articles 10, 11 et 12 à deux hypothèses seulement : d'une part, en cas de dépassement au moment de la publication de la loi et, d'autre part, pour l'avenir, aux cas de dépassement provenant exclusivement d'acquisitions ou de prises de contrôle ; que la loi elle-même exclut le jeu des plafonds au cas de création de nouveaux quotidiens ou au cas de développement de la diffusion dû à d'autres causes que des opérations d'acquisition ou de prise de contrôle ; que, donc, la liberté de création et de développement naturel des quotidiens n'est en rien atteinte ni le libre choix des lecteurs ;
44. Considérant que cette interprétation d'ailleurs conforme aux travaux préparatoires doit prévaloir ; qu'en conséquence toute autre interprétation qui conduirait à faire application des dispositions des articles 10, 11 et 12 de la loi en dehors du cadre tracé par l'article 13 serait contraire à la Constitution ;
En ce qui concerne l'article 13 :
45. Considérant que l'article 13 définit, comme il vient d'être dit, le champ d'application de la loi dans le temps et comporte deux séries de dispositions, les unes portées à l'alinéa 2 relatives aux situations existant au moment de la publication de la loi, les autres, portées à l'alinéa 1er relatives aux situations réalisées postérieurement à la publication de la loi ;
Quant au deuxième alinéa de l'article 13 :
Sans qu'il soit besoin de statuer sur d'autres moyens ;

46. Considérant que l'effet des dispositions de l'alinéa 2 de l'article 13 serait d'obliger des entreprises de presse à se conformer au respect des plafonds définis par les articles 10, 11 et 12, alors que la situation existante de ces entreprises s'est constituée sous l'empire d'une législation ne comportant pas de tels plafonds ;
47. Considérant que, s'il est loisible au législateur, lorsqu'il organise l'exercice d'une liberté publique en usant des pouvoirs que lui confère l'article 34 de la Constitution, d'adopter pour l'avenir, s'il l'estime nécessaire, des règles plus rigoureuses que celles qui étaient auparavant en vigueur, il ne peut, s'agissant de situations existantes intéressant une liberté publique, les remettre en cause que dans deux hypothèses : celle où ces situations auraient été illégalement acquises ; celle où leur remise en cause serait réellement nécessaire pour assurer la réalisation de l'objectif constitutionnel poursuivi ;
48. Considérant, d'une part, que l'alinéa 2 de l'article 13 ne fait aucune référence au caractère licite ou illicite des conditions de création des situations existant au moment de la publication de la loi, pas plus qu'aux décisions, même éventuelles, des tribunaux, seuls compétents en la matière, pour apprécier ce caractère ;
49. Considérant d'autre part, en ce qui concerne les quotidiens nationaux, qu'il ne peut être valablement soutenu que le nombre, la variété de caractères et de tendances, les conditions de diffusion de ces quotidiens méconnaîtraient actuellement l'exigence de pluralisme de façon tellement grave qu'il serait nécessaire, pour restaurer celui-ci, de remettre en cause les situations existantes, notamment en procédant à des transferts ou à des suppressions de titres éventuellement contre le gré des lecteurs ;
50. Considérant, dès lors, que les dispositions de l'alinéa 2 de l'article 13 qui tendent de façon indivisible à l'application des plafonds des articles 10, 11 et 12 aux situations existant lors de la publication de la loi ne se justifient ni par une référence à l'illégalité de ces situations ni par la nécessité de restaurer un pluralisme effectif qui aurait déjà disparu et ne sont donc pas conformes à la Constitution ; (...) »

Faits

La décision du Conseil constitutionnel du 11 octobre 1984 est le point d'orgue d'un affrontement féroce entre la majorité et l'opposition à propos des entreprises de presse. Dans les années 1980, Robert Hersant est un patron de presse puissant et médiatisé qui possède de nombreux quotidiens d'information et notamment le journal *Le Figaro*. L'« Empereur de la presse » (*Patrick et Philippe Chastenet, 1998*) ne cache pas ses amitiés avec le RPR et s'attire les foudres de gouvernement qui décide de faire voter une loi « anti-Hersant » dont l'objectif à peine dissimulé est d'enrayer le développement du vaste empire de journaux et de chaînes de télévision. La loi Fillioud, derrière ses formulations générales et impersonnelles, cachait ainsi un dispositif créé spécialement à l'encontre d'une entreprise. Elle prévoyait un ensemble de « plafonds de concentration » que seul le groupe Hersant avait, dans les faits, dépassé. Et de la sorte, elle condamnait l'entreprise à une profonde restructuration. Sensible au sort malheureux de l'homme d'affaires, les députés et les sénateurs de l'opposition décident de saisir le Conseil constitutionnel en dénonçant un détournement de pouvoir du législateur : selon eux, la loi n'a pas pour but l'intérêt public ou la réalisation d'un plus grand pluralisme, mais « la volonté de démanteler le plus important groupe de presse d'opposition ».

Portée

En creux, cette décision du 11 octobre 1984 pose la question de savoir si le Conseil peut vérifier que le Parlement use bien de ses pouvoirs en vue des buts pour lesquels ils lui ont été conférés et non pour poursuivre d'autres objectifs, moins avouables. En d'autres termes, le *détournement de pouvoir* constitue-t-il un cas d'ouverture admis par le Conseil constitutionnel ?

Il ne le semble pas, car aucune décision n'a fait, jusqu'à présent, expressément mention d'un détournement de pouvoir. Au demeurant, le Conseil répète régulièrement, depuis la décision *IVG* du 15 janvier 1975, que « l'article 61 de la Constitution ne confère pas au Conseil constitutionnel un pouvoir général d'appréciation et de décision identique à celui du Parlement ». Il est vrai que l'admission de ce cas d'inconstitutionnalité conduirait le Conseil à pénétrer fort avant dans la subjectivité du législateur dans la mesure où il implique la recherche des intentions véritables de l'auteur de l'acte – le mobile déterminant, la « cause subjective » disent les civilistes – au-delà de celles explicitement affichées. Au regard de l'histoire particulière du contrôle de la constitutionnalité des lois en France, il est donc compréhensible que le Conseil hésite à s'engager dans l'exercice d'un contrôle du détournement de pouvoir qui apparaîtrait toujours plus ou moins comme une condamnation morale du Parlement accusé de légiférer dans un but autre que l'intérêt du pays.

Cependant, la réalité jurisprudentielle est peut-être plus complexe. Dans cette affaire du 11 octobre 1984, le détournement de pouvoir est clairement invoqué par les auteurs de saisine : s'appuyant sur de multiples témoignages, ils démontrent que la loi a été faite uniquement pour un mobile politique et est dirigée contre un seul homme, Robert Hersant ; en conséquence, concluent-ils, « à l'exemple du juge administratif, le Conseil constitutionnel ne pourra que relever ce détournement de pouvoir ». Il ne le relèvera pas expressément, mais il conduit un raisonnement qui, implicitement, est celui du contrôle du détournement de pouvoir. Le Conseil va ainsi considérer que le législateur ne peut remettre en cause des situations acquises que dans deux hypothèses : *pour* mettre fin à leur éventuelle illégalité et *pour* restaurer un pluralisme effectif qui aurait disparu. Et constatant qu'aucun de ces buts « ne peut être valablement soutenu », il déclare contraire à la Constitution les dispositions visant à soumettre le groupe Hersant aux nouvelles règles anti-concentrations.

En 1986 à nouveau, les députés contestent devant le Conseil la loi Pasqua relative au découpage électoral au motif que l'intérêt réel du texte, celui « qui restitue sa cohérence au découpage, en indique la logique et en traduit l'arrière-pensée, est l'intérêt politique qu'en escomptent ses auteurs ». Le Conseil, dans sa décision, admet que soit soulevée devant lui la question de l'intérêt réel poursuivi par le législateur, reconnaît même « la pertinence de certaines critiques adressées par les auteurs de la saisine à l'encontre de la délimitation des circonscriptions » mais considère qu'en l'« état du dossier et compte tenu de la variété et de la complexité des situations locales », il ne lui est pas possible de conclure à l'arbitraire des choix opérés par le Parlement (*n° 86-218 DC*). La rédaction embarrassée de la décision montre à la fois les contraintes politiques générales qui pèsent sur le Conseil, et les difficultés propres liées à l'utilisation du détournement de pouvoir dans le contentieux constitutionnel : imagine-t-on le Conseil affirmer que le découpage électoral a été fait non dans un but d'intérêt public mais pour satisfaire les intérêts personnels et politiques des députés RPR et UDF ? Il est probable que le Conseil constitutionnel, pour éviter ce type de situation délicate, laisse donc fermée ou entrouverte la voie du détournement de pouvoir et préfère, comme son voisin du Palais-Royal, développer le contrôle de la violation du bloc de constitutionnalité.

Le détournement de pouvoir ressurgit en 1994. Aux dernières heures du second septennat de François Mitterrand, le gouvernement décide de décaler les prochaines élections municipales aux 11 et 18 juin 1995, alors que la législation en vigueur prévoyait la tenue des élections au mois de mars. Motif invoqué : une « nécessité juridique incontestable » liée au risque de télescopage entre les préparatifs de l'élection présidentielle à venir – notamment le recueil des soutiens des maires – et les nouvelles élections municipales. Mais la mesure provoque la colère de l'opposition qui voit dans ce chambardement du calendrier un authentique détournement de pouvoir. Les indiscrétions politiques évoquent en effet un projet de loi qui aurait pour seul but d'offrir au candidat RPR une solution de repli vers la mairie de Paris en cas de défaite lors de l'élection présidentielle... Saisi de l'affaire, le Conseil refuse d'examiner le grief et rappelle simplement que « le législateur, compétent pour fixer les règles concernant le régime électoral des assemblées locales, peut, sous réserve du respect des dispositions et principes de valeur constitutionnelle, librement modifier ces règles » (*n° 94-341 DC*).

À nouveau en 2010, lors de l'examen de la loi relative à l'ouverture à la concurrence des jeux d'argent et de hasard en ligne, les députés dénoncent un détournement de pouvoir sans le dire expressément. Plus subtils que leurs aînés, ils invoquent une méconnaissance du principe d'égalité protégé par l'article 6 de la Déclaration car, pensent-ils, « plusieurs indices graves et concordants permettent d'affirmer que la majorité a clairement choisi ce texte afin d'assurer la promotion d'intérêts privés au détriment des intérêts supérieurs de la collectivité ». Le législateur aurait ainsi répondu aux appels pressants des grands noms du secteur – la Française des jeux, le PMU – et n'aurait pas œuvré dans un but d'intérêt général en autorisant les jeux de hasard sur internet. Le Conseil répond, comme à son habitude, sans rechercher le mobile déterminant du Parlement et constate simplement « qu'eu égard aux objectifs qu'il s'est assignés, le législateur a adopté des mesures propres à assurer une conciliation » entre la liberté d'entreprendre et la sauvegarde de l'ordre public (*n° 2010-605 DC*).

Pour aller plus loin

- **Cons. const., 1-2 juillet 1986, n° 86-208 DC**, *R.* p. 78 : si le Conseil n'admet pas un détournement *de pouvoir*, en revanche, il admet et examine certains griefs tirés d'un détournement *de procédure*, c'est-à-dire de l'utilisation d'une procédure à des fins autres que celles auxquelles elle doit constitutionnellement servir ; par exemple, dans cette décision des 1er et 2 juillet 1986, il repousse l'idée avancée par les requérants que le recours aux ordonnances a pour but réel d'empêcher l'exercice du contrôle de constitutionnalité, au motif que le gouvernement n'est pas dispensé dans ce cas du respect des règles et principes de valeur constitutionnelle.

2 Cons. const., 5 août 1993, n° 93-323 DC, *Loi relative aux contrôles et vérifications d'identité*

« - Sur le septième alinéa de l'article 78-2 du Code de procédure pénale :
7. Considérant que cet alinéa reprend des dispositions déjà en vigueur en vertu desquelles un contrôle d'identité peut être opéré, selon les mêmes modalités que dans les autres cas, pour prévenir une atteinte à l'ordre public, notamment à la sécurité des personnes ou des biens, en ajoutant la précision nouvelle selon laquelle peut être contrôlée l'identité de toute personne "quel que soit son comportement" ;
8. Considérant que les députés auteurs de la saisine soutiennent que cet ajout en conduisant à autoriser des contrôles d'identité sans que soient justifiés les motifs de l'opération effectuée, porte une atteinte excessive à la liberté individuelle en la privant de garanties légales ;
9. Considérant que la prévention d'atteintes à l'ordre public, notamment d'atteintes à la sécurité des personnes ou des biens, est nécessaire à la sauvegarde de principes et de droits ayant valeur constitutionnelle ; que toutefois la pratique de contrôles d'identité généralisés et discrétionnaires serait incompatible avec le respect de la liberté individuelle ; que s'il est loisible au législateur de prévoir que le contrôle d'identité d'une personne peut ne pas être lié à son comportement, il demeure que l'autorité concernée doit justifier, dans tous les cas, des circonstances particulières établissant le risque d'atteinte à l'ordre public qui a motivé le contrôle ; que ce n'est que sous cette réserve d'interprétation que le législateur peut être regardé comme n'ayant pas privé de garanties légales l'existence de libertés constitutionnellement garanties ;
10. Considérant qu'il appartient aux autorités administratives et judiciaires de veiller au respect intégral de l'ensemble des conditions de forme et de fond posées par le législateur ; qu'en particulier il incombe aux tribunaux compétents de censurer et de réprimer les illégalités qui seraient commises et de pourvoir éventuellement à la réparation de leurs conséquences dommageables ; qu'ainsi il revient à l'autorité judiciaire gardienne de la liberté individuelle de contrôler en particulier les conditions relatives à la légalité, à la réalité et à la pertinence des raisons ayant motivé les opérations de contrôle et de vérification d'identité ; qu'à cette fin il lui appartient d'apprécier, s'il y a lieu, le comportement des personnes concernées ; (...) »

■ *Faits*

Après son adoption par l'Assemblée nationale et le Sénat, la loi relative aux contrôles et vérifications d'identité est déférée au Conseil constitutionnel grâce à la saisine de 60 députés. La saisine conteste en particulier la nouvelle rédaction de l'article 78-2 du Code de procédure pénale, selon laquelle « *L'identité de toute personne, quel que soit son comportement, peut également être contrôlée, selon les modalités prévues au premier alinéa, pour prévenir une atteinte à l'ordre public, notamment à la sécurité des personnes ou des biens.* »

■ *Portée*

Très tôt, le Conseil constitutionnel est sorti de l'alternative déclaration de constitutionnalité/déclaration d'inconstitutionnalité en inventant la ***déclaration de constitutionnalité sous réserves***. Admettant que la loi contestée pourrait être jugée inconstitutionnelle, le Conseil la déclare cependant conforme sous réserve que soient respectées les interprétations qu'il énonce. Ces réserves figurent dans les motifs de la décision et, postérieurement à la décision commentée de 1993, sont désormais reprises dans le dispositif.

Les réserves d'interprétation peuvent ainsi définir et préciser, pour les autorités chargées de la mettre en œuvre, les modalités d'application de la loi nécessaires à sa constitutionnalité. Ainsi dans sa décision du 28 juillet 1989 (*n° 89-260 DC*), le Conseil précise d'abord les règles d'application dans l'hypothèse d'un cumul de sanctions, financières et pénales, contre les auteurs de délits boursiers en disposant que le montant global des sanctions prononcées ne devra pas, dans ces cas, dépasser « le montant le plus élevé de l'une des sanctions encourues » ; et il ajoute immédiatement une directive d'application en demandant « aux autorités administratives et judiciaires compétentes de veiller au respect de cette exigence dans la mise en œuvre de ces dispositions ».

De plus en plus souvent, le Conseil lance des appels au Conseil d'État et à la Cour de cassation pour qu'ils contrôlent si la loi est appliquée conformément à l'interprétation qu'il en a donnée. Dans la présente décision du 5 août 1993, le Conseil ne censure pas les nouvelles modalités de contrôle d'identité et admet « qu'il est loisible au législateur de prévoir que le contrôle d'identité peut ne pas être lié au comportement de la personne ».

Mais il ajoute aussitôt que leur constitutionnalité est subordonnée au respect de deux conditions – qui ne figurent pas dans la loi – : que l'autorité policière justifie, « dans tous les cas, des circonstances particulières établissant le risque d'atteinte à l'ordre public qui a motivé le contrôle » ; que l'autorité judiciaire contrôle « les conditions relatives à la légalité, à la réalité et à la pertinence des raisons ayant motivé les opérations de contrôle d'identité », et, en particulier, qu'il lui appartient « d'apprécier, s'il y a lieu, le comportement des personnes intéressées ». En d'autres termes, le Conseil s'inspire de la jurisprudence judiciaire antérieure, en demandant aux juges de continuer à vérifier si le comportement de la personne contrôlée portait atteinte à l'ordre public.

Autre type d'utilisation des réserves, le Conseil constitutionnel peut neutraliser, c'est-à-dire priver d'effets juridiques les dispositions législatives litigieuses, ou exclure, parmi les interprétations possibles de la loi, celles qui la mettraient en contradiction avec la Constitution. Par exemple, aux requérants qui interprétaient l'article 33 de la loi portant réforme du système bancaire comme confiant au comité de la réglementation bancaire, le pouvoir, réservé à la loi, de décider d'éventuelles dénationalisations, le Conseil répond dans la décision n° 83-167 DC du 19 janvier 1984 que cet article « *ne saurait signifier* que le comité puisse permettre les transferts de propriétés d'entreprises du secteur public au secteur privé par la réglementation des prises de participations dans les établissements de crédit nationalisés ».

Dans sa décision du 30 décembre 1995 (*n° 95-370 DC*) encore, le Conseil juge que la disposition « qui autorise le gouvernement à prendre des ordonnances en matière de pensions de retraite ne saurait viser, à un titre quelconque, le domaine des régimes spéciaux de retraite », et qu'en conséquence, « sous réserve de cette interprétation, le grief invoqué sur ce point ne peut être accueilli ». Cette neutralisation-là est d'autant plus importante que les régimes spéciaux avaient été au cœur du mouvement social de l'automne 1995 contre le plan Juppé.

Les réserves d'interprétation peuvent, enfin, non plus retrancher mais ajouter à la loi les dispositions de nature à la rendre conforme à la Constitution, ou à faire produire d'une disposition législative davantage de sens que ce qui y est expressément écrit. Ainsi, dans la décision du 14 mai 2012 (*n° 2012-242 QPC*), le Conseil estime que les dispositions contestées relatives au licenciement des salariés protégés en raison d'un mandat extérieur à l'entreprise « ne sauraient, sans porter une atteinte disproportionnée à la liberté d'entreprendre et à la liberté contractuelle, permettre au salarié protégé de se prévaloir d'une telle protection dès lors qu'il est établi qu'il n'en a pas informé son employeur au plus tard lors de l'entretien préalable au licenciement ».

Aucune de ces précisions ne figure dans le texte de loi ; c'est le Conseil qui, par un travail d'interprétation, les ajoute pour que la loi soit considérée conforme à la Constitution. Ainsi, encore, aux conditions expressément prévues par la loi pour l'exercice par une autorité administrative d'un pouvoir de sanction, le Conseil, dans la décision du 25 février 1992 (*n° 92-307 DC*), ajoute d'autres conditions dans un considérant spécial : « il convient de relever *par ailleurs* », déclare-t-il, que la décision de sanction peut faire l'objet d'un recours de pleine juridiction devant le juge administratif, qu'un sursis à exécution peut être demandé, que l'exercice du droit de recours contre la sanction ne peut « conduire à aggraver la situation ».

Depuis 2014, le Conseil constitutionnel a créé une nouvelle catégorie de réserves d'interprétation applicable en QPC : ***les réserves transitoires***. Ces réserves se distinguent des réserves « classiques » par le fait qu'elles ont vocation à disparaître, soit parce que la situation visée s'est éteinte – par exemple l'instance en cours est terminée –, soit parce que la nouvelle législation a été finalement adoptée.

Ce procédé original permet ainsi au Conseil d'imaginer et d'écrire une législation « temporaire », et de régler le plus soigneusement possible les rouages délicats de la temporalité des lois. Par exemple, dans la décision QPC du 18 mars 2015 (*n° 2015-462 QPC*), le juge constitutionnel censure le délit d'initié et reporte l'abrogation « au 1er septembre 2016 ». Mais pour gommer les effets préjudiciables de la législation inconstitutionnelle qui demeure en vigueur jusqu'à cette date, le Conseil interprète les dispositions critiquées dans un sens qui les rend conforme à la Constitution en estimant que « des poursuites ne pourront être engagées ou continuées sur le fondement de l'article L. 621-15 du Code monétaire et financier à l'encontre d'une personne (...) dès lors que des premières poursuites auront déjà été engagées pour les mêmes faits et à l'encontre de la même personne (...) sur le fondement de l'article L. 465-1 du même code ».

L'autorité que l'article 62 de la Constitution confère aux décisions du Conseil constitutionnel s'applique-t-elle de la même manière aux interprétations neutralisantes, constructives ou directives des lois qui permettent au Conseil de prononcer des décisions de conformité « sous réserves » ? Certainement, dès lors que les interprétations par lesquelles le Conseil prive une partie de la loi de ses effets juridiques, complète certaines de ses dispositions ou précise les modalités de son application, ne sont jamais des motifs surabondants ou inutiles ; ce sont toujours des motifs qui constituent le fondement même du dispositif ; sans ces interprétations, insiste régulièrement le Conseil, la loi ne pourrait être considérée conforme à la Constitution. La dépendance logique du contenu de la sentence et des interprétations qui la motivent implique donc que ces dernières aient la même autorité que le dispositif et s'imposent ainsi avec la même force aux pouvoirs publics et aux juridictions. D'ailleurs, pour dissiper les doutes sur l'autorité réelle de ces interprétations et mieux assurer leur respect, le Conseil en fait désormais mention directement dans le dispositif. Après quelques fluctuations, la formule constante aujourd'hui employée en DC comme en QPC est : « sous la réserve énoncée au considérant... » la disposition contestée est « conforme à la Constitution ».

L'inclusion des réserves dans le champ de l'article 62 de la Constitution a progressivement été acceptée par les juridictions judiciaires et administratives. Concluant sur l'arrêt du Conseil d'État du 11 mars 1994, *SA La Cinq*, le commissaire du gouvernement, Patrick Frydman, justifiait cette solution en observant que dès lors que « les réserves émises constituent le soutien nécessaire à la déclaration de conformité du texte et s'incorporent en quelque sorte à celui-ci, toute interprétation contraire à ces réserves, par hypothèse, a pour effet de le rendre inconstitutionnel ».

Sans le dire aussi clairement, la Cour de cassation adhère à cette position jurisprudentielle et depuis l'avènement de la QPC, l'autorité accordée aux réserves d'interprétation s'est confirmée : elles sont « revêtues de l'autorité absolue de la chose jugée et lient le juge administratif pour l'application et l'interprétation de cette disposition ; qu'il appartient à celui-ci d'en faire application, le cas échéant, d'office » (*CE, 15 mai 2013, Commune de Gurmençon*).

Pour aller plus loin

- **Cons. const., 18 juin 2012, n° 2012-257 QPC** : le Conseil constitutionnel se permet de reporter dans le temps l'effet d'une réserve d'interprétation en raison du risque de conséquences dommageables pour la sécurité juridique d'une application immédiate.
- **Cons. const., 7 novembre 2014, n° 2014-424 QPC** : sous la pression de la jurisprudence de la Cour européenne des droits de l'Homme, le Conseil constitutionnel émet une réserve d'interprétation visant à permettre aux associations ayant leur siège à l'étranger de pouvoir agir en justice, quand bien même elles ne disposent pas d'un établissement en France.
- **Cons. const., 31 juillet 2015, n° 2015-479 QPC** : sous les apparences formelles d'une retouche de l'article L. 8222-2 du Code du travail, une réserve d'interprétation conteste une jurisprudence de la Cour de cassation relative à la responsabilité du donneur d'ordre.

3 Cons. const., 21 févr. 2008, n° 2008-562 DC, *Loi relative à la rétention de sûreté et à la déclaration d'irresponsabilité pénale pour cause de trouble mental*

« En ce qui concerne le grief tiré de l'atteinte aux articles 9 de la Déclaration de 1789 et 66 de la Constitution : 11. Considérant qu'aux termes de l'article 9 de la Déclaration de 1789 : « Tout homme étant présumé innocent jusqu'à ce qu'il ait été déclaré coupable, s'il est jugé indispensable de l'arrêter, toute rigueur qui ne serait pas nécessaire pour s'assurer de sa personne doit être sévèrement réprimée par la loi » ; que l'article 66 de la Constitution dispose que : « Nul ne peut être arbitrairement détenu. – L'autorité judiciaire, gardienne de la liberté individuelle, assure le respect de ce principe dans les conditions prévues par la loi » ;

12. Considérant que la rétention de sûreté et la surveillance de sûreté ne sont pas des mesures répressives ; que, dès lors, le grief tiré de la violation de la présomption d'innocence est inopérant ;

13. Considérant que la rétention de sûreté et la surveillance de sûreté doivent respecter le principe, résultant des articles 9 de la Déclaration de 1789 et 66 de la Constitution, selon lequel la liberté individuelle ne saurait être entravée par une rigueur qui ne soit nécessaire ; qu'il incombe en effet au législateur d'assurer la conciliation entre, d'une part, la prévention des atteintes à l'ordre public nécessaire à la sauvegarde de droits et principes de valeur constitutionnelle et, d'autre part, l'exercice des libertés constitutionnellement garanties ; qu'au nombre de celles-ci figurent la liberté d'aller et venir et le respect de la vie privée, protégés par les articles 2 et 4 de la Déclaration de 1789, ainsi que la liberté individuelle dont l'article 66 de la Constitution confie la protection à l'autorité judiciaire ; que les atteintes portées à l'exercice de ces libertés doivent être adaptées, nécessaires et proportionnées à l'objectif de prévention poursuivi ; (...)

- Quant à la nécessité :

17. Considérant, en premier lieu, qu'eu égard à la gravité de l'atteinte qu'elle porte à la liberté individuelle, la rétention de sûreté ne saurait constituer une mesure nécessaire que si aucune mesure moins attentatoire à cette liberté ne peut suffisamment prévenir la commission d'actes portant gravement atteinte à l'intégrité des personnes ;

18. Considérant qu'en application des articles 706-53-13 et 706-53-14 du Code de procédure pénale, la rétention de sûreté ne peut être décidée qu'« à titre exceptionnel » à l'égard d'une personne condamnée à une longue peine pour des faits d'une particulière gravité et si la cour d'assises a expressément prévu dans sa décision de condamnation qu'elle pourra faire l'objet à la fin de sa peine d'un réexamen de sa situation en vue d'une éventuelle rétention de sûreté ; que la dangerosité de cette personne est appréciée à l'expiration de la peine, au moyen d'une évaluation pluridisciplinaire de dangerosité assortie d'une expertise médicale réalisée par deux experts ; qu'en vertu de l'article 706-53-14 du Code de procédure pénale, cette mesure ne peut être ordonnée que si la commission pluridisciplinaire des mesures de sûreté, qui propose celle-ci, et la juridiction régionale de la rétention de sûreté, qui en décide, estiment que « les obligations résultant de l'inscription dans le fichier judiciaire national automatisé des auteurs d'infractions sexuelles ou violentes, ainsi que les obligations résultant d'une injonction de soins ou d'un placement sous surveillance électronique mobile, susceptibles d'être prononcées dans le cadre d'un suivi socio-judiciaire ou d'une surveillance judiciaire, apparaissent insuffisantes pour prévenir la commission des crimes mentionnés à l'article 706-53-13 » et que « cette rétention constitue ainsi l'unique moyen de prévenir la commission, dont la probabilité est très élevée, de ces infractions » ; que ces dispositions garantissent que la juridiction régionale de la rétention de sûreté ne pourra ordonner une mesure de rétention de sûreté qu'en cas de stricte nécessité ;

19. Considérant, en deuxième lieu, que le maintien d'une personne condamnée, au-delà du temps d'expiration de sa peine, dans un centre socio-médico-judiciaire de sûreté afin qu'elle bénéficie d'une prise en charge médicale, sociale et psychologique doit être d'une rigueur nécessaire ; qu'il en est ainsi lorsque ce condamné a pu, pendant l'exécution de sa peine, bénéficier de soins ou d'une prise en charge destinés à atténuer sa dangerosité mais que ceux-ci n'ont pu produire des résultats suffisants, en raison soit de l'état de l'intéressé soit de son refus de se soigner ;

20. Considérant que le III de l'article 1er de la loi déférée insère dans le Code de procédure pénale un article 717-1 A qui prévoit que, dans l'année qui suit sa condamnation définitive, la personne condamnée dans les conditions précitées est placée, pour une durée d'au moins six semaines, dans un service spécialisé permettant de déterminer les modalités de la prise en charge sociale et sanitaire et de définir un « parcours d'exécution de la peine individualisé » incluant, si nécessaire, des soins psychiatriques ; que le V de ce même article complète l'article 717-1 du même code, par un alinéa aux termes duquel : « Deux ans avant la date prévue pour la libération d'un condamné susceptible de relever des dispositions de l'article 706-53-13, celui-ci est convoqué par le juge de l'application des peines auprès duquel il justifie des suites données au suivi médical et psychologique adapté qui a pu lui être proposé en application des deuxième et troisième alinéas du présent article. Au vu de ce bilan, le juge de l'application des peines lui propose, le cas échéant, de suivre un traitement dans un établissement pénitentiaire spécialisé » ; qu'aux termes de l'article 706-53-14 : « La situation des personnes mentionnées à l'article 706-53-13 est examinée, au moins un an avant la date prévue pour leur libération, par la commission pluridisciplinaire des mesures de sûreté

- À cette fin, la commission demande le placement de la personne, pour une durée d'au moins six semaines, dans un service spécialisé chargé de l'observation des personnes détenues aux fins d'une évaluation pluridisciplinaire de dangerosité assortie d'une expertise médicale réalisée par deux experts » ;

21. Considérant que le respect de ces dispositions garantit que la rétention de sûreté n'a pu être évitée par des soins et une prise en charge pendant l'exécution de la peine ; qu'il appartiendra, dès lors, à la juridiction régionale de la rétention de sûreté de vérifier que la personne condamnée a effectivement été mise en mesure de bénéficier, pendant l'exécution de sa peine, de la prise en charge et des soins adaptés au trouble de la personnalité dont elle souffre ; que, sous cette réserve, la rétention de sûreté applicable aux personnes condamnées postérieurement à la publication de la loi déférée est nécessaire au but poursuivi ; (...) »

Faits

Après avoir été votée par l'Assemblée nationale puis le Sénat, la loi relative à la rétention de sûreté et à la déclaration d'irresponsabilité pénale pour cause de trouble mental est l'objet d'une saisine du Conseil constitutionnel par 60 députés et 60 sénateurs.

Portée

Il arrive fréquemment que les avancées jurisprudentielles apparaissent lorsque le juge est poussé dans ses retranchements par la question soumise. Ainsi, c'est à l'occasion de l'examen d'un texte liberticide – la loi sur la rétention de sûreté – que le Conseil constitutionnel a expressément consacré un contrôle plein et entier de proportionnalité. La décision du 21 février 2008 inaugure ainsi un triple test de proportionnalité, révélateur de l'intensité maximale du contrôle exercé et donc d'une protection renforcée des libertés concernées.

En l'espèce, il était question d'apprécier la disposition de la nouvelle loi instituant une rétention de sûreté, c'est-à-dire, « le placement de la personne intéressée en centre socio-médico-judiciaire de sûreté dans lequel lui est proposée, de façon permanente, une prise en charge médicale, sociale et psychologique ». L'originalité de cette mesure est qu'elle intervient au terme de la peine et qu'elle s'ajoute donc à la sanction décidée lors du jugement. Compte tenu du caractère particulièrement attentatoire à la liberté individuelle – une mesure privative de liberté s'ajoutant à la sanction initiale – le législateur avait pris soin de limiter cette rétention de sûreté aux individus présentant une « particulière dangerosité » et une « probabilité très élevée de récidive » au regard « d'un trouble grave de la personnalité ». En dépit de ces précisions, les parlementaires de l'opposition voyaient là une atteinte grave à de nombreux principes constitutionnels, et notamment la présomption d'innocence, l'atteinte à la liberté individuelle ou le non-respect du principe de non-rétroactivité étant donné que la mesure avait vocation à s'appliquer immédiatement, c'est-à-dire, pour les individus déjà condamnés avant l'entrée en vigueur de la loi.

Au préalable, le Conseil constitutionnel estime de manière contestable que la rétention de sûreté n'est pas une « peine », au sens de l'article 8 de la Déclaration de 1789, tout en censurant la rétroactivité de la mise en œuvre de la loi.

Mais, le fait que la mesure ne soit pas une peine – juridiquement – ne la dispense pas du respect des exigences constitutionnelles liées aux mesures privatives de liberté. En effet, lorsqu'une mesure se situe en dehors du champ d'application de l'article 8 de la Déclaration de 1789, le législateur n'est pas pour autant dans une zone arbitraire. Le Conseil constitutionnel exerce sur ce type de mesure un contrôle de constitutionnalité fondé principalement sur l'article 9 de la Déclaration de 1789 qui garantit la présomption d'innocence et interdit lors d'une arrestation « toute rigueur qui ne serait pas nécessaire ». Ainsi, le contrôle de la « rigueur nécessaire » s'exerce sur une série de mesures qui ne constituent pas une peine ou une sanction punitive, comme la garde à vue, la détention provisoire, la rétention administrative ou judiciaire, les actes d'enquête et d'instruction, le placement sous surveillance électronique, ou l'inscription de l'identité d'une personne dans le fichier judiciaire national automatisé des auteurs d'infractions sexuelles. De plus, lorsqu'une mesure ne relevant pas de l'article 8 conduit une personne à être privée de liberté, comme en l'espèce avec la décision du 21 février 2008, le Conseil constitutionnel rehausse l'intensité de son contrôle et exerce désormais un triple test de proportionnalité en vertu duquel les atteintes portées à la liberté individuelle doivent être « adaptées, nécessaires et proportionnées aux objectifs poursuivis ». La principale innovation de la décision du 21 février 2008 réside donc dans cette triple exigence qui est posée pour la première fois par le Conseil constitutionnel bien que chacun des éléments ait déjà été mobilisé de façon séparée par le juge constitutionnel.

Pour ce qui est d'abord de l'adéquation, il s'agit, pour le Conseil constitutionnel, de s'assurer que la mesure envisagée est adaptée aux objectifs poursuivis par le législateur. L'adéquation semble renvoyer à l'idée de « cohérence » : le juge constitutionnel cherche à savoir si le dispositif est cohérent par rapport aux fins que s'est assignées le législateur. En l'espèce, le Conseil constitutionnel va estimer que la rétention de sûreté est manifestement adaptée à la finalité de la mesure, puisqu'elle entend « retenir » des personnes qui présentent une particulière dangerosité.

Pour ce qui est de la nécessité, il s'agit là d'apprécier le « besoin » et l'utilité d'une telle mesure. Or, souligne le Conseil constitutionnel, la nécessité de la rétention de sûreté apparaît dès lors que le temps d'exécution de la peine n'a justement pas permis d'atténuer la dangerosité du détenu. Autrement dit, la mesure est utile dès lors que la sanction initiale n'aura pas conduit à réduire tout risque de récidive. Or, le Conseil constitutionnel émet une réserve d'interprétation selon laquelle la juridiction régionale de la rétention de sûreté devra vérifier « que la personne condamnée a effectivement été mise en mesure de bénéficier, pendant l'exécution de sa peine, de la prise en charge et des soins adaptés au trouble de la personnalité dont elle souffre ».

La troisième condition concerne le caractère proportionnel de la mesure : il s'agit là d'apprécier la modération du dispositif, c'est-à-dire son caractère équilibré. En l'espèce, les requérants critiquaient essentiellement la possibilité de renouvellement sans limite de la rétention de sûreté ; ce à quoi le juge va répondre qu'une telle possibilité n'est pas en soi disproportionnée dès lors qu'un tel renouvellement est soumis à une évaluation pluridisciplinaire de la situation de la personne retenue ainsi qu'à l'intervention d'une juridiction qui devra réexaminer si, à la date où elle statue, toutes les conditions requises par la loi sont encore réunies.

Au final, une décision sans doute argumentée, sans doute aussi une décision qui innove en créant un niveau supplémentaire d'intensité du contrôle de proportionnalité, mais une décision qui accepte le principe de la détention pour dangerosité, hors toute commission d'infraction.

Depuis cette décision, le triple test de proportionnalité est utilisé par le Conseil constitutionnel, en DC comme en QPC, dès lors qu'une loi concerne l'exercice de la liberté d'aller et venir, le respect de la vie privée et la liberté individuelle, ainsi que la liberté d'expression et de communication à l'image de la décision du 10 juin 2009 (*n° 2009-580 DC*) concernant la loi HADOPI.

Pour aller plus loin

- **Cons. const., 26 novembre 2010, n° 2010-71 QPC :** le régime législatif de l'hospitalisation sans son consentement d'une personne atteinte de troubles mentaux est abrogé, après que le Conseil constitutionnel ait opéré un triple test de proportionnalité.
- **Cons. const., 28 février 2012, n° 2012-647 DC :** le Conseil constitutionnel censure la loi visant à réprimer la contestation de l'existence des génocides reconnus par la loi en ce qu'elle porte une atteinte inconstitutionnelle à l'exercice de la liberté d'expression et de communication.
- **Cons. const., 8 janvier 2016, n° 2015-512 QPC :** saisi de la loi Gayssot relative au délit de contestation de l'existence de certains crimes contre l'humanité, le Conseil constitutionnel opère un triple test de proportionnalité de l'atteinte à la liberté d'expression mais valide la loi au regard notamment de l'objectif de lutte contre l'antisémitisme et la haine raciale, sans pour autant que les débats historiques soient interdits.

4 Cons. const., 19 févr. 2016, n° 2016-536 QPC, *Perquisitions et saisies administratives dans le cadre de l'état d'urgence*

« 1. Considérant qu'aux termes du paragraphe I de l'article 11 de la loi du 3 avril 1955 susvisée dans sa rédaction résultant de la loi du 20 novembre 2015 susvisée : « Le décret déclarant ou la loi prorogeant l'état d'urgence peut, par une disposition expresse, conférer aux autorités administratives mentionnées à l'article 8 le pouvoir d'ordonner des perquisitions en tout lieu, y compris un domicile, de jour et de nuit, sauf dans un lieu affecté à l'exercice d'un mandat parlementaire ou à l'activité professionnelle des avocats, des magistrats ou des journalistes, lorsqu'il existe des raisons sérieuses de penser que ce lieu est fréquenté par une personne dont le comportement constitue une menace pour la sécurité et l'ordre publics.
« La décision ordonnant une perquisition précise le lieu et le moment de la perquisition. Le procureur de la République territorialement compétent est informé sans délai de cette décision. La perquisition est conduite en présence d'un officier de police judiciaire territorialement compétent. Elle ne peut se dérouler qu'en présence de l'occupant ou, à défaut, de son représentant ou de deux témoins.
« Il peut être accédé, par un système informatique ou un équipement terminal présent sur les lieux où se déroule la perquisition, à des données stockées dans ledit système ou équipement ou dans un autre système informatique ou équipement terminal, dès lors que ces données sont accessibles à partir du système initial ou disponibles pour le système initial. Les données auxquelles il aura été possible d'accéder dans les conditions prévues au présent article peuvent être copiées sur tout support.
« La perquisition donne lieu à l'établissement d'un compte rendu communiqué sans délai au procureur de la République.
« Lorsqu'une infraction est constatée, l'officier de police judiciaire en dresse procès-verbal, procède à toute saisie utile et en informe sans délai le procureur de la République.
« Le présent I n'est applicable que dans les zones fixées par le décret prévu à l'article 2 » ; (...)
. En ce qui concerne les griefs tirés de la méconnaissance des exigences découlant des articles 2 et 16 de la Déclaration de 1789 et de l'article 34 de la Constitution :
5. Considérant que la Constitution n'exclut pas la possibilité pour le législateur de prévoir un régime d'état d'urgence ; qu'il lui appartient, dans ce cadre, d'assurer la conciliation entre, d'une part, la prévention des atteintes à l'ordre public et, d'autre part, le respect des droits et libertés reconnus à tous ceux qui résident sur le territoire de la République ; que parmi ces droits et libertés figurent le droit au respect de la vie privée et, en particulier, de l'inviolabilité du domicile, protégés par l'article 2 de la Déclaration des droits de l'homme et du citoyen de 1789 ;
6. Considérant qu'aux termes de l'article 16 de la Déclaration de 1789 : « Toute société dans laquelle la garantie des droits n'est pas assurée, ni la séparation des pouvoirs déterminée, n'a point de Constitution » ; qu'il ressort de cette disposition qu'il ne doit pas être porté d'atteintes substantielles au droit des personnes intéressées d'exercer un recours effectif devant une juridiction ;
7. Considérant que la méconnaissance par le législateur de sa propre compétence ne peut être invoquée à l'appui d'une question prioritaire de constitutionnalité que dans le cas où cette méconnaissance affecte par elle-même un droit ou une liberté que la Constitution garantit ; qu'aux termes de l'article 34 de la Constitution : « La loi fixe les règles concernant... les garanties fondamentales accordées aux citoyens pour l'exercice des libertés publiques » ;
8. Considérant, en premier lieu, que les mesures prévues par le premier alinéa et la première phrase du troisième alinéa du paragraphe I de l'article 11 de la loi du 3 avril 1955 ne peuvent être ordonnées que lorsque l'état d'urgence a été déclaré et uniquement pour des lieux situés dans la zone couverte par cet état d'urgence ; que l'état d'urgence ne peut être déclaré, en vertu de l'article 1er de la loi du 3 avril 1955, qu'« en cas de péril imminent résultant d'atteintes graves à l'ordre public » ou « en cas d'événements présentant, par leur nature et leur gravité, le caractère de calamité publique » ;

9. Considérant, en deuxième lieu, que la décision ordonnant une perquisition sur le fondement des dispositions contestées en précise le lieu et le moment ; que le procureur de la République est informé sans délai de cette décision ; que la perquisition est conduite en présence d'un officier de police judiciaire ; qu'elle ne peut se dérouler qu'en présence de l'occupant ou, à défaut, de son représentant ou de deux témoins ; qu'elle donne lieu à l'établissement d'un compte rendu communiqué sans délai au procureur de la République ;
10. Considérant, en troisième lieu, que la décision ordonnant une perquisition sur le fondement des dispositions contestées et les conditions de sa mise en œuvre doivent être justifiées et proportionnées aux raisons ayant motivé la mesure dans les circonstances particulières ayant conduit à la déclaration de l'état d'urgence ; qu'en particulier, une perquisition se déroulant la nuit dans un domicile doit être justifiée par l'urgence ou l'impossibilité de l'effectuer le jour ; que le juge administratif est chargé de s'assurer que cette mesure qui doit être motivée est adaptée, nécessaire et proportionnée à la finalité qu'elle poursuit ;
11. Considérant, en quatrième lieu, que si les voies de recours prévues à l'encontre d'une décision ordonnant une perquisition sur le fondement des dispositions contestées ne peuvent être mises en œuvre que postérieurement à l'intervention de la mesure, elles permettent à l'intéressé d'engager la responsabilité de l'État ; qu'ainsi les personnes intéressées ne sont pas privées de voies de recours, lesquelles permettent un contrôle de la mise en œuvre de la mesure dans des conditions appropriées au regard des circonstances particulières ayant conduit à la déclaration de l'état d'urgence ;
12. Considérant qu'il résulte de ce qui précède que les dispositions des premier, deuxième, quatrième à sixième alinéas ainsi que de la première phrase du troisième alinéa du paragraphe I de l'article 11 de la loi du 3 avril 1955, qui ne sont pas entachées d'incompétence négative, opèrent, s'agissant d'un régime de pouvoirs exceptionnels dont les effets doivent être limités dans le temps et l'espace et qui contribue à prévenir le péril imminent ou les conséquences de la calamité publique auxquels le pays est exposé, une conciliation qui n'est pas manifestement déséquilibrée entre les exigences de l'article 2 de la Déclaration de 1789 et l'objectif de valeur constitutionnelle de sauvegarde de l'ordre public ; que ne sont pas non plus méconnues les exigences de l'article 16 de la Déclaration de 1789 ;
13. Considérant qu'il résulte de tout ce qui précède que les dispositions des premier, deuxième, quatrième à sixième alinéas ainsi que de la première phrase du troisième alinéa du paragraphe I de l'article 11 de la loi du 3 avril 1955, qui ne méconnaissent aucun autre droit ou liberté que la Constitution garantit, doivent être déclarées conformes à la Constitution ;
- Sur la seconde phrase du troisième alinéa du paragraphe I de l'article 11 :
14. Considérant que les dispositions de la seconde phrase du troisième alinéa du paragraphe I de l'article 11 de la loi du 3 avril 1955 permettent à l'autorité administrative de copier toutes les données informatiques auxquelles il aura été possible d'accéder au cours de la perquisition ; que cette mesure est assimilable à une saisie ; que ni cette saisie ni l'exploitation des données ainsi collectées ne sont autorisées par un juge, y compris lorsque l'occupant du lieu perquisitionné ou le propriétaire des données s'y oppose et alors même qu'aucune infraction n'est constatée ; qu'au demeurant peuvent être copiées des données dépourvues de lien avec la personne dont le comportement constitue une menace pour la sécurité et l'ordre publics ayant fréquenté le lieu où a été ordonnée la perquisition ; que, ce faisant, le législateur n'a pas prévu de garanties légales propres à assurer une conciliation équilibrée entre l'objectif de valeur constitutionnelle de sauvegarde de l'ordre public et le droit au respect de la vie privée ; que, par suite et sans qu'il soit besoin d'examiner les autres griefs, les dispositions de la seconde phrase du troisième alinéa du paragraphe I de l'article 11 de la loi du 3 avril 1955, qui méconnaissent l'article 2 de la Déclaration de 1789, doivent être déclarées contraires à la Constitution ; (...) »

■ *Faits*

À la suite des attentats du 13 novembre 2015, l'état d'urgence est instauré et le Parlement réforme le régime de l'état d'urgence par la loi du 20 novembre 2015. La Ligue des droits de l'Homme dépose devant le Conseil d'État une requête tendant à l'annulation pour excès de pouvoir de la circulaire du 25 novembre 2015 du ministre de l'Intérieur relative aux perquisitions administratives dans le cadre de l'état d'urgence. Parallèlement, la Ligue des droits de l'Homme dépose un mémoire QPC contestant la conformité de la base légale de la circulaire, à savoir le I de l'article 11 de la loi du 3 avril 1955 dans sa rédaction issue de la loi du 20 novembre 2015. Le 15 janvier 2016, le Conseil d'État renvoie cette QPC au Conseil constitutionnel.

■ *Portée*

Inévitablement, la conciliation des droits et libertés est exercée en permanence par le Conseil constitutionnel. Conciliation entre les droits et libertés dont la violation est invoquée et les droits et libertés d'autrui. Conciliation également avec les impératifs de la vie en société, l'intérêt général au sens large, que ce soit, par exemple, la lutte contre la fraude fiscale, la santé publique, la protection de l'environnement, l'ordre public ou la sécurité publique. Le Conseil constitutionnel juge l'équilibre de la conciliation opérée par le législateur, en évaluant les intérêts en présence et en appréciant le choix du Parlement en fonction des données de l'espèce. Or, en l'espèce, le contexte est éminemment particulier. En période d'état d'urgence, quelques semaines seulement après les attentats du 13 novembre, le Conseil constitutionnel se prononce sur la question des perquisitions administratives menées dans le cadre de l'état d'urgence.

Évidemment, ce contexte a lourdement pesé sur le sens de la décision. En période normale, le Conseil constitutionnel aurait sans nul doute censuré une réforme législative visant à assouplir considérablement la possibilité de mener une perquisition de nuit, « en tout lieu y compris au domicile ». Mais en période d'état d'urgence, normalement limitée et exceptionnelle, le Conseil constitutionnel tolère ces entorses aux droits et libertés constitutionnels en validant la disposition. Le Conseil constitutionnel invite, sans émettre une réserve d'interprétation, le juge administratif à s'assurer que la mesure soit motivée est adaptée, nécessaire et proportionnée à la finalité qu'elle poursuit. De plus, le justiciable pourra agir en responsabilité contre l'État, mais cette garantie juridictionnelle exercée *a posteriori* semble fragile, d'autant que les conditions d'engagement de la responsabilité de l'État dans ce cadre sont strictes.

En revanche, le Conseil constitutionnel censure la possibilité pour l'autorité administrative de copier toutes les données informatiques auxquelles il aura été possible d'accéder au cours de la perquisition. Menée sans autorisation d'un juge, alors même qu'aucune infraction n'est constatée, cette saisie permettait également de copier des données dépourvues de lien avec la personne dont le comportement constitue une menace. Dès lors, le législateur n'a pas prévu de garanties légales permettant d'« assurer une conciliation équilibrée entre l'objectif de valeur constitutionnelle de sauvegarde de l'ordre public et le droit au respect de la vie privée » et cette disposition est abrogée immédiatement.

Par ailleurs, la présente décision permet d'illustrer l'importance du mécanisme de la QPC dans le respect de l'État de droit. En effet, avant l'entrée en vigueur de la QPC, les stratégies de non-saisine du Conseil constitutionnel dans le cadre du contrôle *a priori* pouvaient utilement prospérer : une fois promulguée, la loi ne pouvait plus être contestée hormis dans le cadre du contrôle de conventionnalité des lois.

La QPC permet désormais de pallier cette carence et l'exemple de la loi relative à l'état d'urgence est particulièrement évocateur. Adoptée en quelques jours seulement suite aux attentats du 13 novembre 2015, la loi modifiant le régime de l'état d'urgence n'a pas été déférée au Conseil constitutionnel en raison du climat d'union nationale mais également de l'invitation du Premier ministre à ne pas user de cette faculté en dépit de la « fragilité constitutionnelle » qu'il décelait dans le texte. Ainsi, Manuel Valls déclarait le 20 novembre 2015 être « extrêmement dubitatif sur l'idée de saisir le Conseil constitutionnel » car « il y a toujours un risque à saisir le Conseil constitutionnel » et la situation commandait à ses yeux d'aller au plus vite.

La stratégie d'évitement du contrôle *a priori* n'est profitable qu'à court terme puisque désormais la QPC permet d'y remédier. Parfois même dans de brefs délais : dans l'exemple de la loi sur l'état d'urgence, en quelque mois, le Conseil constitutionnel a pu se prononcer en QPC à propos de l'assignation à résidence dans le cadre de l'état d'urgence, des perquisitions, saisies administratives et de la police des réunions et des lieux publics.

Certes, l'accès au Conseil constitutionnel ne garantit pas que l'État de droit l'emporte systématiquement sur les nécessités de la préservation de l'ordre public, mais la QPC crée tout de même une possibilité contentieuse qui a le mérite d'exister et de produire régulièrement des résultats significatifs.

Pour aller plus loin

- **Cons. const., 22 décembre 2015, n° 2015-527 QPC** : saisi en QPC de la loi du 20 novembre, un mois seulement après son vote, le Conseil constitutionnel valide le régime des assignations à résidence en estimant notamment qu'une assignation de moins de 12 heures ne constitue pas une privation de liberté relevant de la compétence de l'autorité judiciaire, ce qui n'a pas manqué de faire polémique.
- **Cons. const., 23 septembre 2016, n° 2016-567/568 QPC** : le Conseil constitutionnel censure, sans que les requérants puissent en tirer bénéfice, le régime des perquisitions administratives dans le cadre de l'état d'urgence, tel qu'il était prévu entre l'instauration de l'état d'urgence le 13 novembre 2015 et l'entrée en vigueur de la réforme le 20 novembre.
- **Cons. const., 2 décembre 2016, n° 2016-600 QPC** : suite à la censure prononcée le 19 février 2016, le Conseil constitutionnel est saisi en QPC d'une nouvelle loi relative aux perquisitions et saisies informatiques dans le cadre de l'état d'urgence. Le texte est jugé conforme, notamment grâce à l'autorisation préalable du juge administratif des référés afin d'exploiter les données, à l'exception d'une disposition qui ne prévoyait pas de délai maximal de conservation lorsque les données copiées caractérisent une menace sans conduire à la constatation d'une infraction.

Les effets des décisions du Conseil constitutionnel

Chapitre 5

Si l'article 62, alinéa 2 de la Constitution, indique que « *les décisions du Conseil ne sont susceptibles d'aucun recours. Elles s'imposent aux pouvoirs publics et à toutes les autorités administratives et juridictionnelles* », très tôt s'est posée la question de l'autorité concrète des décisions du Conseil : autorité absolue ? autorité des motifs ? du dispositif ? des réserves d'interprétation ?

Avec l'entrée en vigueur de la QPC, une « décision » d'un genre nouveau est également apparue : la décision de modulation.

1 Cons. const., 8 juill. 1989, n° 89-258 DC, *Loi portant amnistie*

« 12. Considérant qu'en vertu du deuxième alinéa de l'article 62 de la Constitution les décisions du Conseil constitutionnel "s'imposent aux pouvoirs publics et à toutes les autorités administratives et juridictionnelles" ; que l'autorité des décisions visées par cette disposition s'attache non seulement à leur dispositif mais aussi aux motifs qui en sont le soutien nécessaire et en constituent le fondement même ;
13. Considérant que si l'autorité attachée à une décision du Conseil constitutionnel déclarant inconstitutionnelles des dispositions d'une loi ne peut en principe être utilement invoquée à l'encontre d'une autre loi conçue en termes distincts, il n'en va pas ainsi lorsque les dispositions de cette loi, bien que rédigées sous une forme différente, ont, en substance, un objet analogue à celui des dispositions législatives déclarées contraires à la Constitution ;
14. Considérant que, par sa décision n° 88-244 DC du 20 juillet 1988, le Conseil constitutionnel a déclaré contraires à la Constitution, dans le texte de l'article 15-II de la loi d'amnistie relatif au droit à réintégration, les mots : "ayant consisté en des coups et blessures sanctionnés par une condamnation non visée à l'article 7 de la présente loi" ; qu'il ressort des motifs de cette décision que le droit à réintégration ne saurait être étendu aux représentants du personnel ou responsables syndicaux licenciés à raison de fautes lourdes ; qu'en effet, ainsi que le relève la décision du 20 juillet 1988, dans cette hypothèse, "on est en présence d'un abus certain de fonctions ou mandats protégés" et, de plus, "la contrainte qu'une telle réintégration ferait peser sur l'employeur qui a été victime de cet abus ou qui, en tout cas, n'en est pas responsable excéderait manifestement les sacrifices d'ordre personnel ou d'ordre patrimonial qui peuvent être demandés aux individus dans l'intérêt général" ; "qu'en particulier, la réintégration doit être exclue lorsque la faute lourde ayant justifié le licenciement a eu pour victimes des membres du personnel de l'entreprise qui, d'ailleurs, peuvent être eux-mêmes des représentants du personnel ou des responsables syndicaux" ;
15. Considérant que l'article 3 de la loi portant amnistie présentement examinée a pour objet de compléter le premier alinéa du paragraphe II de l'article 15 de la loi n° 88-828 du 20 juillet 1988 par la phrase suivante : "Ces dispositions sont applicables en cas de faute lourde, sauf si la réintégration devait faire peser sur l'employeur des sacrifices excessifs d'ordre personnel ou patrimonial" ; que se trouve par suite reconnu un droit à la réintégration dans l'entreprise, distinct de l'amnistie déjà acquise, aux représentants du personnel ou responsables syndicaux licenciés à raison de fautes lourdes ;
16. Considérant que l'article 3 réserve l'hypothèse où la réintégration ferait "peser sur l'employeur des sacrifices excessifs d'ordre personnel ou patrimonial" ;
17. Considérant que le tempérament ainsi apporté laisse subsister la règle générale énoncée par cet article qui reconnaît un droit à la réintégration en cas de faute lourde ; qu'en particulier, il ne prend pas en considération le cas où les victimes de fautes lourdes seraient des membres du personnel de l'entreprise qui peuvent être eux-mêmes des représentants du personnel ou des responsables syndicaux ;
18. Considérant qu'une telle disposition méconnaît l'autorité qui s'attache, en vertu de l'article 62 de la Constitution, à la décision du Conseil constitutionnel du 20 juillet 1988 ; qu'il suit de là que l'article 3 de la loi doit être déclaré non conforme à la Constitution ; (...) »

Faits

Le 4 juillet 1989, le Conseil constitutionnel est saisi par les députés et les sénateurs de la loi portant amnistie, en particulier de son article 3 qui élargit l'amnistie aux licenciés pour fautes lourdes.

Portée

Quelle est l'autorité des décisions du Conseil constitutionnel ? La décision du 8 juillet 1989 offre une réponse paradoxale : la solution rendue est particulièrement originale mais elle n'a pas été confirmée avant… 2013 !

En l'espèce, le Conseil estime que la réintégration de syndicalistes licenciés pour fautes lourdes méconnaît l'autorité de chose jugée par lui le 20 juillet 1988, lorsqu'il a déclaré manifestement excessif et contraire au principe d'égalité la réintégration dans de telles hypothèses. Et pourtant, les deux lois sont conçues en termes différents : en 1988, la réintégration est définie comme un droit absolu, s'appliquant automatiquement aux licenciés pour fautes lourdes ; en 1989 elle est posée comme un droit relatif, ne s'appliquant aux cas de fautes lourdes que si elle ne fait pas « peser sur l'employeur des sacrifices excessifs d'ordre personnel ou patrimonial ».

Cette rédaction différente, qui tenait d'ailleurs compte et s'inspirait directement des observations et conseils de constitutionnalité formulés dans la décision du 20 juillet 1988, aurait pu conduire le Conseil à considérer qu'il s'agissait d'une disposition nouvelle ; et, utilisant la technique de l'interprétation directive, il pouvait appeler le juge compétent à veiller au respect des droits de l'employeur et, sous cette stricte réserve, déclarer la loi conforme à la Constitution. Il est vrai cependant que ces deux lois, celle de 1988 et celle de 1989, ont un objet analogue : l'amnistie. Il est vrai aussi que la décision est étroitement liée à la conjoncture politique : chacun savait que cette disposition litigieuse visait en réalité des syndicalistes communistes, les « dix de Renault », qui, n'étant pas prévue à l'origine du projet, avait été introduite par un amendement socialiste pour contenter le groupe communiste. Chacun savait également, Conseil constitutionnel compris, que le gouvernement ne serait pas surpris si cet amendement était invalidé pour méconnaissance de chose jugée… ! Le Conseil prenait donc peu de risques… sauf celui d'avoir à assumer, à la place d'autres, le « mauvais rôle ».

L'originalité de la solution réside dans l'extension de l'autorité des décisions du Conseil constitutionnel aux dispositions qui « bien que rédigées sous une forme différente, ont, en substance, un objet analogue à celui des dispositions législatives déclarées contraires à la Constitution ».

L'apport de ce considérant ne peut se saisir sans revenir sur la conception classique de l'autorité des décisions du Conseil constitutionnel. En vertu de l'article 62, alinéa 2 de la Constitution, « *les décisions du Conseil ne sont susceptibles d'aucun recours. Elles s'imposent aux pouvoirs publics et à toutes les autorités administratives et juridictionnelles* ». Cette rédaction lourde et empruntée, résultat de la volonté des constituants de ne pas se prononcer clairement sur la nature juridique du Conseil et de ses décisions, a cependant été interprétée par le Conseil lui-même comme attribuant à ces décisions « l'autorité de la chose jugée ». L'expression peut surprendre en comparaison de la conception classique de la chose jugée au sens du droit processuel. À en croire le Conseil constitutionnel, l'expression est cependant pertinente.

Une fois la décision rendue, elle est tenue pour définitivement acquise, produit des effets *erga omnes* et ne peut faire l'objet d'un recours, si l'on excepte les recours en rectification d'erreur matérielle ou les rectifications d'office d'erreur matérielle par le Conseil constitutionnel. Mais dans cette « décision » qui s'impose, quels éléments sont concernés par les dispositions de l'article 62 de la Constitution ? Le dispositif s'impose : au bas de sa décision, le Conseil déclare une disposition conforme, contraire, totalement ou partiellement, ou dit n'y avoir lieu à statuer. Dans le cadre du contrôle *a priori*, la disposition déclarée contraire « *ne peut être promulguée ni mise en application* » indique l'article 62. En QPC, « une disposition déclarée inconstitutionnelle sur le fondement de l'article 61-1 est abrogée » immédiatement, ultérieurement et selon les effets précisés par le Conseil.

Au-delà du dispositif, l'autorité que l'article 62 de la Constitution confère aux décisions du Conseil constitutionnel s'étend aux motifs qui sont le complément logique et indispensable du dispositif. En effet, depuis une décision du 16 janvier 1962 (*n° 62-18 l*), le Conseil juge, dans une formule reprise dans la présente décision du 8 juillet 1989, « que l'autorité des décisions visées par cette disposition s'attache non seulement à leur dispositif mais aussi aux motifs qui en sont le soutien nécessaire et en constituent le fondement même ».

Ainsi, les réserves d'interprétation, par lesquelles le Conseil prive une partie de loi de ses effets juridiques, complète certaines de ses dispositions ou précise les modalités de son application, bénéficient de l'autorité que l'article 62 accorde aux décisions du Conseil constitutionnel. Elles sont de toute évidence des motifs qui soutiennent nécessairement le dispositif et, en toute hypothèse, les réserves sont désormais reprises dans le dispositif et leur autorité est acceptée par les juridictions judiciaires et administratives.

En revanche, l'autorité de l'article 62 a pendant longtemps été restreinte au seul texte objet de la décision du Conseil constitutionnel. Ainsi, au-delà de l'autorité attachée à l'examen d'une disposition législative particulière, l'article 62 de la Constitution ne serait source d'aucune obligation. Sur ce point, comme sur d'autres, le Conseil constitutionnel n'est pas en situation d'imposer unilatéralement sa propre conception : en l'absence de relation organique et hiérarchique claire, le respect des décisions du Conseil constitutionnel ne peut s'organiser qu'autour d'un consensus avec les juridictions judiciaires et administratives.

Conformément à la solution dégagée de manière solennelle dans l'arrêt *Breisacher* de la Cour de cassation du 10 octobre 2001, « si l'autorité des décisions du Conseil constitutionnel s'attache non seulement au dispositif, mais aussi aux motifs qui en sont le soutien nécessaire, ces décisions ne s'imposent aux pouvoirs publics et aux autorités administratives et juridictionnelles qu'en ce qui concerne le texte soumis à l'examen du Conseil » (*Cass., ass. plén., 10 octobre 2001, Breisacher*).

En dépit des sollicitations doctrinales, la « chose interprétée » par le Conseil constitutionnel était donc revêtue d'une autorité simplement persuasive, variable selon sa force argumentative intrinsèque.

C'est cette conception classique de l'autorité des décisions du Conseil constitutionnel que le considérant de principe figurant dans la décision du 8 juillet 1989 renouvelle. Cependant, l'extension dans la décision commentée de l'autorité des décisions aux dispositions dont l'objet est « analogue » à celui de dispositions déclarées contraires n'a jamais été reprise ultérieurement par le Conseil constitutionnel avant la décision du 19 décembre 2013 (*n° 2013-682 DC*). L'autorité de chose jugée dépasse à présent le seul texte objet de la saisine du Conseil constitutionnel et s'étend à toutes dispositions, en vigueur ou nouvellement votées, dont l'objet, le contenu, est « analogue » à celui des dispositions préalablement censurées.

Depuis lors, le Conseil constitutionnel en fait régulièrement usage et les conséquences sur la jurisprudence judiciaire et administrative commencent à émerger, à l'image de renvois de questions prioritaires de constitutionnalité fondées sur la violation de l'article 62 de la Constitution (*CE, 2 juillet 2014, n° 377207 ; CE, 25 septembre 2015, n° 391331 et n° 392164*).

Pour aller plus loin

- **Cons. const., 13 août 1993, n° 93-325 DC** : le Conseil constitutionnel censure des dispositions relatives au droit d'asile ; en réaction, une révision constitutionnelle destinée à surmonter cette censure est votée par le Congrès.
- **Cons. const., 12 mai 2010, n° 2010-605 DC** : le Conseil constitutionnel affirme que l'autorité que l'article 62 de la Constitution confère à ses décisions ne limite pas la possibilité pour les juridictions judiciaires et administratives d'exercer un contrôle de conventionnalité de la même loi, même lorsqu'elle a été déclarée conforme à la Constitution.
- **CE, 15 mai 2013, *Commune de Gurmençon*** : les réserves d'interprétation sont « revêtues de l'autorité absolue de la chose jugée », elles « lient le juge administratif pour l'application et l'interprétation de cette disposition » et il lui appartient « d'en faire application, le cas échéant, d'office ».

2 Cons. const., 2 juill. 2010, n° 2010-10 QPC, *Tribunaux maritimes commerciaux*

« 1. Considérant qu'aux termes de l'article 90 du Code disciplinaire et pénal de la marine marchande : « Le tribunal maritime commercial est composé de cinq membres, à savoir :
« Un magistrat du siège du tribunal de grande instance dans le ressort duquel se trouve le tribunal maritime commercial, président.
« Juges :
« - un administrateur des affaires maritimes qui n'a pas participé aux poursuites ou à l'instruction de l'affaire en cause.
« - un agent des affaires maritimes choisi en fonction de ses compétences dans le domaine de la sécurité des navires ou de la sauvegarde de la vie humaine en mer parmi les corps d'officiers des affaires maritimes, ou de fonctionnaires ou de contractuels de catégorie A des affaires maritimes.
« - un capitaine au long cours ou un capitaine de première classe de la navigation maritime de moins de soixante ans, en activité ou inactif depuis moins de cinq ans, ayant accompli au moins quatre ans de commandement.
« - suivant la qualité du prévenu, un quatrième juge choisi comme suit :
« A – Si le prévenu est un marin breveté ou diplômé : un marin actif titulaire du même brevet ou diplôme, en activité ou inactif depuis moins de cinq ans ;
« B – Si le prévenu est un marin ni breveté ni diplômé : un maître ou une personne d'un grade équivalent à celui de maître, en activité ou inactif depuis moins de cinq ans, appartenant à la spécialité (pont, machine ou service général) du prévenu ;
« C – Si le prévenu n'est pas un marin : un agent des affaires maritimes choisi en fonction de ses compétences dans le domaine de la sécurité des navires ou de la sauvegarde de la vie humaine en mer parmi les corps d'officiers des affaires maritimes, ou de fonctionnaires ou de contractuels de catégorie A des affaires maritimes.
« Le quatrième juge prévu dans les cas A et B ci-dessus est pris parmi les marins n'ayant subi aucune condamnation pénale ou sanction disciplinaire présents dans le port, siège du tribunal maritime commercial ou à défaut dans les ports voisins.
« Un contrôleur des affaires maritimes remplit les fonctions de greffier » ;
2. Considérant que, selon les requérants, la présence au sein du tribunal maritime commercial de personnels de l'État relevant de l'administration des affaires maritimes et qui demeurent dépendants de cette administration à qui est confiée, par ailleurs, la mission d'instruire et de poursuivre les affaires devant ce tribunal méconnaît tant les principes d'indépendance et d'impartialité du juge que le droit à un procès équitable ;
3. Considérant, d'une part, qu'aux termes de l'article 16 de la Déclaration des droits de l'Homme et du citoyen de 1789 : « Toute société dans laquelle la garantie des droits n'est pas assurée, ni la séparation des pouvoirs déterminée, n'a point de Constitution » ; que le principe d'indépendance est indissociable de l'exercice de fonctions juridictionnelles ;
4. Considérant que, parmi les cinq membres du tribunal maritime commercial, deux d'entre eux, voire trois si le prévenu n'est pas un marin, ont la qualité soit d'officier de la marine nationale soit de fonctionnaire ou d'agent contractuel de l'État, tous placés en position d'activité de service et, donc, soumis à l'autorité hiérarchique du Gouvernement ; que, dès lors, même si la disposition contestée fait obstacle à ce que l'administrateur des affaires maritimes désigné pour faire partie du tribunal ait participé aux poursuites ou à l'instruction de l'affaire en cause, ni cet article ni aucune autre disposition législative applicable à cette juridiction n'institue les garanties appropriées permettant de satisfaire au principe d'indépendance ; que, par suite, sans qu'il soit besoin d'examiner les autres griefs, ces dispositions doivent être déclarées contraires à la Constitution ;

5. Considérant que l'abrogation de l'article 90 du Code disciplinaire et pénal de la marine marchande est applicable à toutes les infractions non jugées définitivement au jour de la publication de la présente décision ; que, par suite, à compter de cette date, pour exercer la compétence que leur reconnaît le Code disciplinaire et pénal de la marine marchande, les tribunaux maritimes commerciaux siégeront dans la composition des juridictions pénales de droit commun,
Décide :
Article 1er.- L'article 90 du Code disciplinaire et pénal de la marine marchande est contraire à la Constitution.
Article 2.- La déclaration d'inconstitutionnalité de l'article 1er prend effet à compter de la publication de la présente décision dans les conditions fixées par son considérant 5. »

Faits

L'une des premières décisions rendues par le Conseil constitutionnel en matière de QPC intéresse la composition des tribunaux maritimes commerciaux. Cette juridiction est compétente – contrairement à ce que son nom laisse supposer – pour juger les *délits* maritimes prévus par le Code pénal (le terme « commercial » a été supprimé en 2012). La particularité de ce tribunal est qu'il est composé de juges issus des « affaires maritimes » et soumis hiérarchiquement à cette administration. Ce qui constitue, selon les requérants, à la fois une atteinte aux principes d'indépendance et d'impartialité du juge et au droit à un procès équitable. Sans surprise, le Conseil censure les dispositions en cause, mais en même temps il aménage le droit applicable à partir de la censure en jugeant qu'« à compter de cette date, pour exercer la compétence que leur reconnaît le Code disciplinaire et pénal de la marine marchande, les tribunaux maritimes commerciaux siégeront dans la composition des juridictions pénales de droit commun ». D'un législateur « négatif » (qui censure), le Conseil se transforme ici en législateur « positif » et écrit lui-même la nouvelle législation applicable jusqu'à l'intervention du Parlement. Par quelle magie ?

Portée

Depuis 2008, le Conseil constitutionnel détient un redoutable pouvoir : il peut transformer, tordre la temporalité des dispositions législatives invalidées en déplaçant le curseur de l'abrogation et en gommant plus ou moins la ligne de vie de la loi censurée. Et ce faisant, il peut ajuster au mieux sa décision en fonction de la diversité des situations qui se présentent à lui dans le contentieux de la QPC. Cette faculté de « moduler » la temporalité lorsqu'une censure est prononcée est organisée par le second alinéa de l'article 62 de la Constitution.

Cette disposition distingue deux situations. La première est celle où le Conseil décide d'avancer, ou non, l'entrée en vigueur de la décision d'abrogation. C'est la première question que se pose le juge lorsqu'il statue : à quel moment la décision « prendra effet ». La deuxième situation est une variante. Dès lors que le juge a choisi la date de l'entrée en vigueur de la décision – immédiate ou différée –, il doit faire un autre choix : l'abrogation frappe-t-elle les situations passées, en cours et/ou à venir ? Il peut donc effacer, plus ou moins, les effets de la loi abrogée, voire même maintenir ses effets pendant un certain temps.

En principe, les décisions du Conseil constitutionnel entrent en vigueur le jour de leur publication. Et concrètement, la censure prononcée à l'occasion de cette décision est applicable à ce moment. Or justement, le premier pouvoir du Conseil en matière de modulation réside dans la capacité de dissocier ces deux moments, c'est-à-dire de séparer la date de la publication et la date de l'entrée en vigueur de la décision.

Il faut souligner que ce report de l'entrée en vigueur ne concerne pas seulement les décisions d'abrogation. Le Conseil peut en effet reporter l'entrée en vigueur *des réserves d'interprétation*, sans même censurer la disposition à l'origine du litige (*par ex. n° 687 DC*).

Se pose alors une question : quel est l'intérêt de reporter la date d'entrée en vigueur d'une décision si les problèmes de conflits de lois dans le temps sont simplement renvoyés à une date ultérieure sans être résolus ? La réponse est apportée par le Conseil lui-même : laisser du temps au législateur ; du temps pour analyser l'abrogation – pour l'instant virtuelle –, du temps pour repenser la loi, pour mesurer les conséquences, pour mettre en marche le processus normatif, pour corriger l'inconstitutionnalité ou pour combler le vide législatif laissé par la loi censurée. « Il y a lieu, *selon les mots du Conseil*, de reporter la date de l'abrogation de cet article afin de permettre au législateur d'apprécier les suites qu'il convient de donner à cette déclaration d'inconstitutionnalité ».

Un autre problème se pose alors : entre le moment de la décision et l'abrogation effective (une semaine, un mois, six mois...), le droit applicable est normalement celui de « l'ancienne » législation qui survit jusqu'au terme fixé par le Conseil. Et cette législation inconstitutionnelle, contraire aux droits et libertés, peut être mobilisée par les juges et les autorités administratives pendant cette période transitoire, ce qui crée une situation pour le moins étonnante. Par exemple, dans son arrêt du 15 mars 2016 (*Cass. soc., 15 mars 2016*), la Cour de cassation « casse » une décision de la cour d'appel de Bourges parce qu'elle n'avait pas appliqué les dispositions inconstitutionnelles pendant la période transitoire !

Pour éviter cette situation délicate, le Conseil peut – et doit – créer un régime transitoire. C'est ici qu'intervient la décision n° 2010-10 QPC. Dans cette affaire, le juge constitutionnel décide d'abroger « tout de suite », y compris pour les instances en cours, les dispositions organisant la composition des tribunaux maritimes. À défaut de nouvelles règles en la matière, il devenait impossible, pour ces juridictions, de fonctionner normalement. Plutôt que de différer l'abrogation, le Conseil élabore lui-même un régime de transition : « pour exercer la compétence que leur reconnaît le Code disciplinaire et pénal de la marine marchande, les tribunaux maritimes commerciaux siégeront dans la composition des juridictions pénales de droit commun ». En décidant que les tribunaux maritimes seront régis par « le droit commun », le Conseil crée ainsi une « troisième norme » dans le silence du texte législatif abrogé, et ce faisant, il produit lui-même le droit applicable à ces juridictions après la décision d'abrogation.

Dans le même ordre d'idée, il arrive que le Conseil demande à l'administration fiscale d'appliquer un régime spécifique au moment de l'abrogation ; il va par exemple décider que des rachats d'action ou de parts sociales ne doivent pas être considérés comme des « revenus » (*n° 2014-404 QPC*) ou que des frais de constitution de garanties sont imputables sur les intérêts « moratoires » et « de retard » (*n° 2014-400 QPC*).

Lorsque l'abrogation est reportée (ce qui n'est pas le cas en l'espèce), le Conseil peut aussi imposer aux juridictions concernées et aux administrations de sursoir à statuer « jusqu'à l'entrée en vigueur de la nouvelle loi ou, au plus tard, jusqu'au (jour de l'abrogation) » dans l'hypothèse où des instances pendantes ou à venir se formeraient à propos des dispositions litigieuses. Plus subtil, le Conseil décide même, dans sa décision n° 595 QPC du 18 novembre 2016, que la disposition en cause « doit être déclarée conforme à la Constitution avant le 3 mars 2005, puis contraire à celle-ci à compter de cette date et jusqu'au 13 juillet 2010, et, enfin, être déclaré conforme à la Constitution à compter du 14 juillet 2010 et jusqu'à l'entrée en vigueur de sa nouvelle rédaction résultant de l'ordonnance du 17 décembre 2010 » !

Pour aller plus loin

- **Cons. const., 4 décembre 2015, n° 2015-506 QPC** : le Conseil reporte au « 1er octobre 2016 » l'abrogation du 3e al. de l'article 56 du Code de procédure pénale, mais pour faire cesser l'inconstitutionnalité constatée à compter de la publication de la décision, il décide « que les dispositions du 3e al. de l'article 56 du Code de procédure pénale ne sauraient être interprétées comme permettant, à compter de cette publication, la saisie d'éléments couverts par le secret du délibéré ».

Chapitre 6

Le contrôle de la séparation horizontale des pouvoirs

Lorsque le Conseil constitutionnel contrôle que le législatif et l'exécutif exercent leurs pouvoirs dans le respect mutuel de leur indépendance et de leur compétence, le principe de la séparation des pouvoirs sous-tend, de manière explicite ou non, son raisonnement du Conseil. Ainsi, le Conseil constitutionnel opère des choix essentiels lorsqu'il statue sur la répartition des compétences entre le pouvoir législatif et le pouvoir réglementaire (*n° 82-143 DC, 30 juillet 1982*), en déterminant la réserve constitutionnelle de compétence du juge administratif (*n° 86-224 DC, 23 janvier 1987*) ou en encadrant la possibilité pour les autorités administratives indépendantes de disposer d'un pouvoir réglementaire et de sanction (*n° 88-248 DC, 17 janvier 1989*).

1 Cons. const., 30 juill. 1982, n° 82-143 DC, *Loi sur les prix et les revenus*

« 9. Considérant qu'aux termes de ce paragraphe : "Les sociétés qui contreviennent aux dispositions du présent article sont passibles d'une amende d'un montant de 20 à 50 F par titre. " ; que, selon les députés auteurs de la saisine, cette disposition encourt la double critique de méconnaître le principe de droit pénal d'après lequel, seules, les personnes physiques seraient passibles de sanctions pénales et d'édicter une règle qui ne relève pas du domaine de la loi en instituant une amende contraventionnelle ;
10. Considérant, sur le premier point, qu'il n'existe aucun principe de valeur constitutionnelle s'opposant à ce qu'une amende puisse être infligée à une personne morale ;
11. Considérant, sur le second point, que, si les articles 34 et 37, alinéa 1er, de la Constitution établissent une séparation entre le domaine de la loi et celui du règlement, la portée de ces dispositions doit être appréciée en tenant compte de celles des articles 37, alinéa 2, et 41 ; que la procédure de l'article 41 permet au Gouvernement de s'opposer au cours de la procédure parlementaire et par la voie d'une irrecevabilité à l'insertion d'une disposition réglementaire dans une loi, tandis que celle de l'article 37, alinéa 2, a pour effet, après la promulgation de la loi et par la voie d'un déclassement, de restituer l'exercice de son pouvoir réglementaire au Gouvernement et de donner à celui-ci le droit de modifier une telle disposition par décret ; que l'une et l'autre de ces procédures ont un caractère facultatif ; qu'il apparaît ainsi que, par les articles 34 et 37, alinéa 1er, la Constitution n'a pas entendu frapper d'inconstitutionnalité une disposition de nature réglementaire contenue dans une loi, mais a voulu, à côté du domaine réservé à la loi, reconnaître à l'autorité réglementaire un domaine propre et conférer au Gouvernement, par la mise en œuvre des procédures spécifiques des articles 37, alinéa 2, et 41, le pouvoir d'en assurer la protection contre d'éventuels empiétements de la loi ; que, dans ces conditions, les députés auteurs de la saisine ne sauraient se prévaloir de ce que le législateur est intervenu dans le domaine réglementaire pour soutenir que la disposition critiquée serait contraire à la Constitution ; (...) »

■ *Faits*

Le 21 juillet 1982, le Conseil constitutionnel est saisi par soixante députés de l'opposition du texte de la loi sur les prix et les revenus adoptée par le Parlement, et notamment de ses articles 1er, 3 et 4.

■ *Portée*

Au début des années 1960, la majorité de la doctrine analyse comme une véritable « révolution juridique » la situation nouvelle faite à la loi par la Constitution de 1958. Avant cette date, le principe, exprimé avec grande clarté par Carré de Malberg, est le suivant : « le domaine de la loi est illimité en ce sens que la Constitution n'implique point de matières qui soient exclues de la puissance législative et réservées à la compétence administrative ; il est indéfini, parce que la Constitution n'a point énuméré limitativement des matières qui fussent spécialement réservées au législateur » (*R. Carré de Malberg, Contribution à la théorie générale de l'État, t. I, p. 327*). La loi se définit donc de manière purement *formelle*, comme l'acte voté par le Parlement selon les formes prévues par la Constitution. En 1958, les constituants rompent ou paraissent rompre avec cette tradition et cette conception de la loi : ils énumèrent, dans un article 34, les matières limitativement et spécialement réservées au législateur, et accordent au gouvernement, dans un article 37, le pouvoir d'édicter des règles générales et impersonnelles dans « les matières autres que celles qui sont du domaine de la loi » ; à côté du pouvoir réglementaire d'exécution des lois prévu par l'article 21, le gouvernement dispose ainsi d'un pouvoir réglementaire autonome très large. La loi paraît donc se définir désormais, de manière *matérielle*, par l'énumération des objets sur lesquels le Parlement peut légiférer. La révolution semble d'autant plus profonde que les constituants ont créé un instrument nouveau, le Conseil constitutionnel, dont la mission paraît toute entière tournée vers le respect de la ligne de partage de compétences entre la loi et le règlement fixée par les articles 34 et 37.

Or, la décision du 30 juillet 1982 marque un tournant sinon une rupture : elle pose la question du maintien même de la notion de domaine de la loi comme domaine limité. En l'espèce, en effet, le Conseil était saisi d'une disposition de la loi relative au blocage des prix et des revenus, instituant une amende contraventionnelle pour toute société qui se mettrait en infraction avec la nouvelle réglementation. Pour les requérants, cette disposition était contraire à la Constitution en ce qu'elle ne respectait pas le partage des compétences entre le Parlement et le gouvernement : si la détermination des crimes et délits et des peines qui leur sont applicables, est du domaine législatif, la détermination des contraventions, dès lors qu'elles n'entraînent pas une privation de liberté, est du domaine réglementaire. Sur le plan du droit, et au regard même de la jurisprudence du Conseil, l'argumentation des requérants est parfaitement articulée. Et pourtant, le Conseil la repousse au motif que « la Constitution n'a pas entendu frapper d'inconstitutionnalité une disposition de nature réglementaire contenue dans une loi ». Jusqu'alors, le Conseil avait progressivement déplacé la ligne de partage des compétences entre la loi et le règlement au profit de la loi ; mais il n'avait pas remis en cause le principe de deux domaines propres de compétences. Avec la formulation de la décision du 30 juillet 1982, il en va tout autrement : si les requérants, comme le déclare le Conseil, ne peuvent plus « se prévaloir de ce que le législateur est intervenu dans le domaine réglementaire pour soutenir que la disposition critiquée est contraire à la Constitution », en d'autres termes, si une loi peut intervenir dans le domaine réglementaire sans être déclarée inconstitutionnelle, que reste-t-il du principe de partage des compétences institué par les articles 34 et 37 ? Que reste-t-il de l'idée d'une limitation du domaine de la loi, et même de l'idée d'un domaine de la loi, si celle-ci peut intervenir en toutes matières ?

Pour autant, il serait excessif d'en conclure que le Conseil constitutionnel aurait ainsi renoué avec la tradition française de la définition formelle de la loi et de la compétence illimitée et indéfinie du législateur.

D'abord, la décision du 30 juillet 1982, sur laquelle se fonde l'idée de l'abandon de la définition matérielle de la loi, s'explique avant tout par des considérations politiques. Toute loi comporte, en effet, nécessairement, soit pour des raisons de cohérence rédactionnelle, soit pour des motifs politiques, des dispositions de nature réglementaire. Si le Conseil avait considéré ces dispositions contraires au partage des compétences institué par la Constitution, il aurait été conduit à censurer sur ce fondement quasiment toutes les lois soumises à son examen. Et l'opposition, assurée de la censure, ne se serait pas privée de saisir systématiquement le Conseil pour faire de lui l'instrument de blocage de l'action législative de la majorité gouvernementale. En déclarant que la présence de dispositions réglementaires dans la loi n'est pas inconstitutionnelle, le Conseil se dégage de cette contrainte, dangereuse pour son autorité, et fait savoir aux requérants potentiels qu'il ne sert à rien de multiplier les recours pour violation des articles 34 et 37. Il évite ainsi une guérilla permanente, au moment précis où elle risquait de se développer : en 1982, la gauche était, pour la première fois sous la Ve République, majoritaire. La signification de la décision du 30 juillet 1982 doit donc être directement reportée à ces circonstances et enjeux politiques.

Ensuite, la position du Conseil est plus complexe qu'une lecture rapide pourrait le laisser croire. En effet, la logique de sa décision repose entièrement – et explicitement – sur l'idée que, par le jeu de l'article 37, alinéa 2, le gouvernement peut toujours se voir « restituer l'exercice de son pouvoir réglementaire, après la promulgation de la loi, par la voie d'un déclassement ». Par ces motifs, la décision du 30 juillet 1982 prend son véritable sens : l'intervention du législateur dans le domaine réglementaire n'est pas contraire à la Constitution parce que le gouvernement dispose des moyens constitutionnels de récupérer les matières momentanément abandonnées à la loi.

Il paraît donc démesuré, au regard du droit positif, de conclure de la décision du 30 juillet 1982 à la disparition des domaines de la loi et du règlement autonome. Replacée dans son contexte politique et juridique, elle confirme seulement d'une part que l'innovation essentielle de 1958 est l'établissement d'un mécanisme de protection du domaine réglementaire, d'autre part que la ligne de partage des compétences s'est déplacée au profit de la loi ; mais s'il est réduit, le pouvoir réglementaire du gouvernement n'est pas éliminé.

Le Conseil constitutionnel a hésité à remettre en cause le tournant jurisprudentiel issu de la décision du 30 juillet 1982. À la lecture de la décision du 21 avril 2005 (*n° 2005-512 DC*), le revirement semblait établi. Saisi de la loi d'orientation et de programme pour l'avenir de l'école, le Conseil estime que plusieurs dispositions « ne mettent en cause ni 'les principes fondamentaux... de l'enseignement', qui relèvent de la loi en vertu de l'article 34 de la Constitution, ni aucun autre principe ou règle que la Constitution place dans le domaine de la loi ». Pour en déduire « que ces dispositions ont, à l'évidence, le caractère réglementaire », formule reprise dans le dispositif de la décision. En procédant à un déclassement préventif des dispositions de nature réglementaire contenues dans une loi, le Conseil constitutionnel ne prononce pas une déclaration d'inconstitutionnalité mais autorisait le Gouvernement à les modifier par décret en Conseil d'État sans saisir au préalable le Conseil constitutionnel sur le fondement du second alinéa de l'article 37. Comme le commentaire officiel le relevait, il s'agissait alors de répondre à la « préoccupation légitime que suscite désormais unanimement l'intrusion de la loi dans le domaine réglementaire » qui rend « très difficile pour le Conseil constitutionnel de se borner à une simple application de sa jurisprudence de 1982 ».

Pourtant, ce « précédent » du 21 avril 2005 ne sera jamais reconnu comme tel, faute d'applications ultérieures dans le même sens. L'édifice jurisprudentiel de 1982 sera officiellement rétabli dans la décision du 15 mars 2012 (*n° 2012-649 DC*) en considérant qu'en dépit de répartition des matières entre les articles 24 et 37 et des procédures des articles 37 et 41 permettant au gouvernement d'assurer la protection du domaine réglementaire contre d'éventuels empiétements de la loi, « la Constitution n'a pas pour autant entendu frapper d'inconstitutionnalité une disposition de nature réglementaire contenue dans une loi ». Dès lors, les saisissants ne peuvent pas se prévaloir de l'intervention du législateur dans le domaine réglementaire pour soutenir l'inconstitutionnalité de la loi ou « pour demander que soit déclaré son caractère réglementaire », précise le Conseil afin de bien marquer le rejet du précédent de 2005 qui n'a pas résisté à la fin de la présidence du Conseil constitutionnel par Pierre Mazeaud.

Au-delà du respect par le législateur du domaine de la loi, le Conseil constitutionnel exige de la loi qu'elle respecte certaines qualités. À l'origine, le Conseil constitutionnel se contentait de relever le défaut de normativité d'une disposition législative sans en tirer de conséquences contentieuses. Désormais, une loi, déclare le Conseil dans sa décision 2004-500 DC du 29 juillet 2004, a pour vocation d'énoncer des règles « et le principe de clarté de la loi et l'objectif de valeur constitutionnelle d'intelligibilité et d'accessibilité de la loi imposent au législateur d'adopter des dispositions suffisamment précises et des formules non équivoques afin de prémunir les sujets de droit contre une interprétation contraire à la Constitution ou contre le risque d'arbitraire ». En conséquence, il refusait d'examiner la constitutionnalité de dispositions législatives déclarées par lui « dépourvues de portée normative ».

Mais par la décision 2005-512 DC du 21 avril 2005, le Conseil change sa doctrine et décide de censurer les articles de loi jugés « manifestement dépourvus de toute portée normative », en l'espèce un article énonçant que « l'objectif de l'école est la réussite de tous les élèves ». Cette évolution jurisprudentielle porte la marque du président du Conseil, Pierre Mazeaud qui, le 4 janvier 2005, lors de la présentation des vœux au chef de l'État, avait déclaré que « la loi n'est pas faite pour affirmer des évidences, émettre des vœux ou dessiner l'état idéal du monde ; elle est faite pour fixer des obligations et ouvrir des droits ; le *Conseil est prêt à censurer désormais les neutrons législatifs* ». Depuis, le Conseil constitutionnel a très peu eu l'occasion de constater le défaut de normativité d'une disposition législative.

La censure des dispositions non normatives n'est pas pour autant tombé en désuétude à l'image de la décision 2016-741 DC du 8 décembre 2016 à propos de dispositions qui se bornaient « à conférer à l'assemblée générale ordinaire d'une société anonyme le pouvoir de confier à un administrateur la charge de suivre des évolutions technologiques ».

Pour aller plus loin

- **Cons. const., 31 janvier 2006, n° 2006-203 :** saisi par le Premier ministre, au titre de l'article 37 alinéa 2 relatif à la procédure de délégalisation, le Conseil constitutionnel déclare le caractère réglementaire d'une disposition de la loi du 23 février 2005 imposant aux programmes scolaires de reconnaître « le rôle positif de la présence française outre-mer, notamment en Afrique du Nord » ; un conflit politique sensible a ainsi été résolu.
- **CE, 15 juillet 2010, n° 340492 :** statuant en tant que juge du filtrage, le Conseil d'État estime que la méconnaissance par le législateur du domaine du règlement ne constitue pas une violation d'un droit ou d'une liberté invocable en QPC.
- **Cons. const., 18 juin 2010, n° 2010-5 QPC, *Kimberly Clark* :** la méconnaissance par le législateur de sa propre compétence ne peut être invoquée à l'appui d'une QPC que dans le cas où est affecté un droit ou une liberté que la Constitution garantit.

2 Cons. const., 23 janv. 1987, n° 86-224 DC, *Loi transférant à la juridiction judiciaire le contentieux des décisions du Conseil de la concurrence*

« 15. Considérant que les dispositions des articles 10 et 13 de la loi des 16 et 24 août 1790 et du décret du 16 fructidor An III qui ont posé dans sa généralité le principe de séparation des autorités administratives et judiciaires n'ont pas en elles-mêmes valeur constitutionnelle ; que, néanmoins, conformément à la conception française de la séparation des pouvoirs, figure au nombre des "principes fondamentaux reconnus par les lois de la République" celui selon lequel, à l'exception des matières réservées par nature à l'autorité judiciaire, relève en dernier ressort de la compétence de la juridiction administrative l'annulation ou la réformation des décisions prises, dans l'exercice des prérogatives de puissance publique, par les autorités exerçant le pouvoir exécutif, leurs agents, les collectivités territoriales de la République ou les organismes publics placés sous leur autorité ou leur contrôle ;

16. Considérant cependant que, dans la mise en œuvre de ce principe, lorsque l'application d'une législation ou d'une réglementation spécifique pourrait engendrer des contestations contentieuses diverses qui se répartiraient, selon les règles habituelles de compétence, entre la juridiction administrative et la juridiction judiciaire, il est loisible au législateur, dans l'intérêt d'une bonne administration de la justice, d'unifier les règles de compétence juridictionnelle au sein de l'ordre juridictionnel principalement intéressé ;

17. Considérant que, si le conseil de la concurrence, organisme administratif, est appelé à jouer un rôle important dans l'application de certaines règles relatives au droit de la concurrence, il n'en demeure pas moins que le juge pénal participe également à la répression des pratiques anticoncurrentielles sans préjudice de celle d'autres infractions intéressant le droit de la concurrence ; qu'à des titres divers le juge civil ou commercial est appelé à connaître d'actions en responsabilité ou en nullité fondées sur le droit de la concurrence ; que la loi présentement examinée tend à unifier sous l'autorité de la cour de cassation l'ensemble de ce contentieux spécifique et ainsi à éviter ou à supprimer des divergences qui pourraient apparaître dans l'application et dans l'interprétation du droit de la concurrence ;

18. Considérant dès lors que cet aménagement précis et limité des règles de compétence juridictionnelle, justifié par les nécessités d'une bonne administration de la justice, ne méconnaît pas le principe fondamental ci-dessus analysé tel qu'il est reconnu par les lois de la République ;

19. Mais considérant que la loi déférée au Conseil constitutionnel a pour effet de priver les justiciables d'une des garanties essentielles à leur défense ;

20. Considérant en effet que le troisième alinéa de l'article 15 de l'ordonnance du 1er décembre 1986 dispose que le recours formé contre une décision du conseil de la concurrence "n'est pas suspensif" ; que cette disposition n'aurait pas fait obstacle à ce que, conformément à l'article 48 de l'ordonnance n° 45-1708 du 31 juillet 1945 et au décret n° 63-766 du 30 juillet 1963, le Conseil d'État pût, à la demande du requérant, accorder un sursis à l'exécution de la décision attaquée si son exécution risquait d'entraîner des conséquences difficilement réparables et si les moyens énoncés dans la requête paraissaient sérieux et de nature à justifier l'annulation de la décision attaquée ;

21. Considérant au contraire, que la cour d'appel de Paris, substituée par la loi présentement examinée au Conseil d'État, saisie d'un recours contre une décision du conseil de la concurrence, ne pourrait prononcer aucune mesure de sursis à exécution ; qu'en effet, la loi a laissé subsister dans son intégralité le troisième alinéa de l'article 15 de l'ordonnance du 1er décembre 1986 et n'a pas donné à la cour d'appel le pouvoir de différer l'exécution d'une décision de caractère non juridictionnel frappée d'un recours auquel est dénié tout effet suspensif, et ceci quelle que soit la gravité des conséquences de l'exécution de la décision et le sérieux des moyens invoqués contre celle-ci ;

22. Considérant que, compte tenu de la nature non juridictionnelle du conseil de la concurrence, de l'étendue des injonctions et de la gravité des sanctions pécuniaires qu'il peut prononcer, le droit pour le justiciable formant un recours contre une décision de cet organisme de demander et d'obtenir, le cas échéant, un sursis à l'exécution de la décision attaquée constitue une garantie essentielle des droits de la défense ;
23. Considérant dès lors que les dispositions de l'article 2 de la loi présentement examinée ne sont pas conformes à la Constitution ; que, les dispositions de l'article 1er n'en étant pas séparables, la loi doit, dans son ensemble, être regardée comme non conforme à la Constitution ; (...) »

Faits

Saisi par les députés de l'opposition sur le fondement de l'article 61 de la Constitution, le Conseil constitutionnel doit se prononcer sur une disposition législative qui transfère à une juridiction de l'ordre judiciaire la mission de statuer sur les recours formés contre les décisions du Conseil de la concurrence.

Portée

La répartition des compétences entre les juridictions judiciaires et administratives n'est pas clairement établie par le texte de la Constitution. Il est donc revenu au Conseil constitutionnel de construire un régime jurisprudentiel en la matière. L'indépendance des juridictions avait déjà été affirmée dans une décision du 22 juillet 1980 (*n° 80-119 DC*). Dans la décision commentée du 23 janvier 1987, il affirme que « les dispositions des articles 10 et 13 de la loi des 16 et 24 août 1790 et du décret du 16 fructidor, an III qui ont posé dans sa généralité le principe de la séparation des autorités administratives et judiciaires *n'ont pas en elles-mêmes valeur constitutionnelle* » ; en revanche « figure au nombre des principes fondamentaux reconnus par les lois de la République » celui de l'existence d'une juridiction administrative disposant d'une compétence réservée.

L'argumentation du Conseil est à la fois juste et surprenante. Juste dans la mesure où le principe de la séparation des pouvoirs ne pouvait être invoqué : la logique et le droit comparé montrent qu'il ne justifie nullement l'interdiction pour les tribunaux judiciaires de juger les actes de l'administration. Surprenante dans la mesure où le Conseil classe le principe constitutionnel de la répartition des compétences entre la juridiction judiciaire et la juridiction administrative parmi les PFRLR ; quelles lois de la République ? Celle du 24 mai 1872 qui substitue la justice déléguée à la justice retenue et donne compétence au Conseil d'État pour le contentieux de l'excès de pouvoir ? Citée dans la décision de 1980, elle disparaît dans celle de 1987, peut-être parce qu'elle fut votée à un moment où la République n'existait pas encore formellement. Celle du 3 mars 1849 qui établit, pour la première fois, la justice déléguée que le Second Empire supprimera en 1852 ? L'ordonnance du 31 juillet 1945 qui n'est, pour l'essentiel, qu'une codification des règles anciennes ?

Le Conseil ne fait référence à aucune loi précise, car le véritable fondement de sa décision est, comme il l'énonce lui-même et de manière explicite, « la conception française de la séparation des pouvoirs ». En d'autres termes, c'est à partir de l'histoire politique particulière de la France, faite, en souvenir des Parlements de l'Ancien Régime, de défiance envers le corps judiciaire, et devenue, avec le temps, la « tradition juridique ou républicaine française », et non sur la base de telle ou telle loi particulière, que le Conseil a dégagé, a construit, a créé le principe constitutionnel de l'existence et d'une compétence propre à la juridiction administrative.

La sphère de compétences propres de la juridiction administrative, celle qui reçoit valeur constitutionnelle, est très précisément définie par le Conseil dans la décision du 23 janvier 1987 : « l'annulation ou la réformation des décisions prises, dans l'exercice de prérogatives de puissance publique, par les autorités exerçant le pouvoir exécutif, leurs agents, les collectivités territoriales de la République ou les organismes publics placés sous leur autorité ou leur contrôle ». Tel est ce qui appartient en propre à la juridiction administrative et qui est constitutionnellement protégé. La formulation du considérant, soigneusement pensée et pesée, où se reconnaît l'influence du doyen Georges Vedel, laisse cependant en dehors de cette protection de nombreux domaines relevant actuellement de la compétence du Conseil d'État. Sont ainsi exclus du « noyau dur » constitutionnel, les contrats, les actes administratifs pris par des personnes privées, ceux pris par des personnes publiques qui ne mettent pas en œuvre des prérogatives de puissance publique, le contentieux de la responsabilité... Pour ce vaste domaine, aucun principe constitutionnel n'est opposable au législateur qui reste en conséquence libre de le partager entre les juridictions administrative et judiciaire comme d'en attribuer des parties entières au juge judiciaire. En somme, le principe constitutionnel de compétence propre de la juridiction administrative se réduit à la protection du contentieux, sans doute important, de l'excès de pouvoir, du contentieux de l'annulation des actes de puissance publique.

Ainsi circonscrit, ce principe n'est, par ailleurs, pas absolu. Le Conseil admet, en effet, dans cette décision du 23 janvier 1987, qu'il puisse être écarté : « lorsque l'application d'une législation ou d'une réglementation spécifique pourrait engendrer des contestations contentieuses diverses qui se répartiraient, selon les règles habituelles de compétence, entre la juridiction administrative et la juridiction judiciaire, il est loisible au législateur, dans l'intérêt d'une bonne administration de la justice, d'unifier les règles de compétence juridictionnelle au sein de l'ordre juridictionnel principalement intéressé ».

Concrètement, pour éviter aux justiciables les recherches préalables, longues et hasardeuses du juge compétent, le Parlement peut, pour les matières mêmes du domaine de compétence administratif constitutionnellement protégé, constituer un bloc de compétence au profit d'un seul ordre de juridiction. Après avoir invité le législateur à respecter le principe constitutionnel de répartition des compétences, le Conseil l'invite cependant à simplifier ces mêmes règles de répartition des compétences au nom de la bonne administration de la justice ! Un pas en avant, un pas en arrière, et bientôt un nouveau pas en avant ! Car, conscient sans doute du risque de paralysie totale du principe constitutionnel justement reconnu – quand la bonne administration de la justice n'exigerait-elle pas l'unité de compétence juridictionnelle ? –, le Conseil pose des conditions aux dérogations, aux exceptions que peut supporter ce principe : il faut que son application soit susceptible d'engendrer réellement un éclatement complexe et hasardeux des contentieux ; que l'« aménagement » du principe décidé par le législateur soit « précis et limité » ; que l'ordre de juridiction évincé, et qui aurait été, en application du principe, compétent pour connaître certaines contestations, ne soit pas « l'ordre principalement intéressé ».

Ces trois conditions ne réduisent pas en elles-mêmes le champ des dérogations possibles ou la liberté d'action du législateur ; elles sont seulement des instruments utiles pour le Conseil, en ce qu'elles lui permettent, en jouant sur leur flou, de rester maître du terrain, de gérer la politique d'aménagement législatif des règles de répartition des compétences avec prudence, c'est-à-dire sans provoquer de réaction du juge administratif.

Ainsi, en 1987, pour le droit de la concurrence, le Conseil considère que les juges pénal, civil et commercial détiennent toujours, malgré le pouvoir du Conseil de la concurrence, organisme administratif, une position dominante dans l'application de ce droit, qui légitime l'unification, au profit de l'ordre judiciaire, de l'ensemble du contentieux de la concurrence. En revanche, la loi est censurée en raison d'une violation des droits de la défense.

Pour aller plus loin

- **Cons. const., 28 juillet 1989, n° 89-261 DC** : le législateur a méconnu le principe constitutionnel de la compétence propre du juge administratif en attribuant au juge judiciaire le pouvoir d'apprécier le bien-fondé des décisions administratives de reconduite à la frontière des étrangers.
- **Cons. const., 26 novembre 2010, n° 2010-71 QPC** : le Conseil constitutionnel accepte que les juridictions judiciaires ne soient pas compétentes pour apprécier la régularité de la procédure et de la décision administratives qui ont conduit à une mesure d'hospitalisation sans consentement ; cependant, en raison de la privation de liberté individuelle prononcée dans le cadre de ce mécanisme, une réserve d'interprétation impose au juge judiciaire « de statuer sur la demande de sortie immédiate dans les plus brefs délais ».
- **Cons. const., 22 décembre 2015, n° 2015-527 QPC** : le Conseil constitutionnel confirme l'approche restrictive de la notion de liberté individuelle qui relève de la compétence judiciaire. Ainsi l'assignation à résidence dans le cadre de l'état d'urgence n'est pas qualifiée de privation de la liberté individuelle au sens de l'article 66 de la Constitution, en raison de la limite de douze heures par vingt-quatre heures instaurée par la loi.

3 Cons. const., 17 janv. 1989, n° 88-248 DC, *Loi modifiant la loi n° 86-1067 du 30 septembre 1986 relative à la liberté de communication*

« En ce qui concerne l'attribution de compétences réglementaires au Conseil supérieur de l'audiovisuel :

14. Considérant que les deux premiers alinéas de l'article 21 de la Constitution sont ainsi conçus : "Le Premier ministre dirige l'action du Gouvernement. Il est responsable de la défense nationale. Il assure l'exécution des lois. -Sous réserve des dispositions de l'article 13, il exerce le pouvoir réglementaire et nomme aux emplois civils et militaires. Il peut déléguer certains de ses pouvoirs aux ministres" ;

15. Considérant que ces dispositions confèrent au Premier ministre, sous réserve des pouvoirs reconnus au président de la République, l'exercice du pouvoir réglementaire à l'échelon national ; que si elles ne font pas obstacle à ce que le législateur confie à une autorité de l'État autre que le Premier ministre le soin de fixer des normes permettant de mettre en œuvre une loi, c'est à la condition que cette habilitation ne concerne que des mesures de portée limitée tant par leur champ d'application que par leur contenu ;

16. Considérant que la loi habilite le Conseil supérieur de l'audiovisuel à fixer seul par voie réglementaire non seulement les règles déontologiques concernant la publicité mais également l'ensemble des règles relatives à la communication institutionnelle, au parrainage et aux pratiques analogues à celui-ci ; qu'en raison de sa portée trop étendue cette habilitation méconnaît les dispositions de l'article 21 de la Constitution ; qu'il suit de là que doivent être déclarées contraires à celle-ci les dispositions du troisième alinéa de l'article 27 de la loi du 30 septembre 1986, dans leur rédaction issue de l'article 11 de la loi déférée ; que sont inséparables du troisième alinéa de l'article 27 de la loi de 1986, les mots : "sous réserve des dispositions du dernier alinéa du présent article" qui figurent au 1° du premier alinéa dudit article ;

. En ce qui concerne le principe même de l'institution de sanctions administratives :

24. Considérant que les auteurs de la saisine font valoir tout d'abord que les articles 42-1 et 42-2 ajoutés à la loi du 30 septembre 1986, en ce qu'ils confèrent à une autorité administrative et non à une autorité juridictionnelle le pouvoir d'infliger des sanctions, méconnaissent le principe de la séparation des pouvoirs affirmé par l'article 16 de la Déclaration des Droits de l'Homme ; que le respect de ce principe s'impose d'autant plus qu'est en cause la libre communication des pensées et des opinions garantie par l'article 11 de la Déclaration de 1789 ;

25. Considérant qu'aux termes de l'article 11 de la Déclaration des Droits de l'Homme et du Citoyen : "La libre communication des pensées et des opinions est un des droits les plus précieux de l'homme ; tout citoyen peut donc parler, écrire, imprimer librement, sauf à répondre de l'abus de cette liberté, dans les cas déterminés par la loi" ;

26. Considérant qu'il appartient au législateur, compétent en vertu de l'article 34 de la Constitution pour fixer les règles concernant les garanties fondamentales accordées aux citoyens pour l'exercice des libertés publiques, de concilier, en l'état actuel des techniques et de leur maîtrise, l'exercice de la liberté de communication telle qu'elle résulte de l'article 11 de la Déclaration des Droits de l'Homme, avec, d'une part, les contraintes techniques inhérentes aux moyens de la communication audiovisuelle et, d'autre part, les objectifs de valeur constitutionnelle que sont la sauvegarde de l'ordre public, le respect de la liberté d'autrui et la préservation du caractère pluraliste des courants d'expression socioculturels auxquels ces modes de communication, par leur influence considérable, sont susceptibles de porter atteinte ;

27. Considérant que, pour la réalisation de ces objectifs de valeur constitutionnelle, il est loisible au législateur de soumettre les différentes catégories de services de communication audiovisuelle à un régime d'autorisation administrative ; qu'il lui est loisible également de charger une autorité administrative indépendante de veiller au respect des principes constitutionnels en matière de communication audiovisuelle ; que la loi peut, de même, sans qu'il soit porté atteinte au principe de la séparation des pouvoirs, doter l'autorité indépendante chargée de garantir l'exercice de la liberté de communication audiovisuelle de pouvoirs de sanction dans la limite nécessaire à l'accomplissement de sa mission ;

28. Considérant qu'il appartient au législateur d'assortir l'exercice de ces pouvoirs de mesures destinées à sauvegarder les droits et libertés constitutionnellement garantis ; (...)

. En ce qui concerne les moyens tirés de la violation de l'article 8 de la Déclaration des Droits de 1789 et de l'article 34 de la Constitution :

33. Considérant que selon les auteurs de la saisine, même si le principe des sanctions administratives est admis, les articles 42-1 et 42-2 n'en sont pas moins contraires à l'article 8 de la Déclaration de 1789 qui impose que nul ne peut être puni qu'en vertu d'une loi établie et légalement appliquée ainsi qu'à l'article 34 de la Constitution qui réserve à la loi le soin de fixer les garanties fondamentales accordées aux citoyens pour l'exercice des libertés publiques ; qu'en effet, la loi a fixé au cas présent des limites financières maximales sans définir de manière précise les infractions pouvant donner lieu à de telles sanctions ;

34. Considérant que l'article 8 de la Déclaration des Droits de l'Homme et du Citoyen dispose que "la loi ne doit établir que des peines strictement et évidemment nécessaires, et nul ne peut être puni qu'en vertu d'une loi établie et promulguée antérieurement au délit, et légalement appliquée" ;

35. Considérant qu'il résulte de ces dispositions, comme des principes fondamentaux reconnus par les lois de la République, qu'une peine ne peut être infligée qu'à la condition que soient respectés le principe de légalité des délits et des peines, le principe de nécessité des peines, le principe de non-rétroactivité de la loi pénale d'incrimination plus sévère ainsi que le principe du respect des droits de la défense ;

36. Considérant que ces exigences ne concernent pas seulement les peines prononcées par les juridictions répressives mais s'étendent à toute sanction ayant le caractère d'une punition même si le législateur a laissé le soin de la prononcer à une autorité de nature non judiciaire ;

37. Considérant toutefois, qu'appliquée en dehors du droit pénal, l'exigence d'une définition des infractions sanctionnées se trouve satisfaite, en matière administrative, par la référence aux obligations auxquelles le titulaire d'une autorisation administrative est soumis en vertu des lois et règlements ; (...) »

■ Faits

Après que le Parlement ait voté une réforme de la loi du 30 septembre 1986, en remplaçant notamment la Commission nationale de la communication et des libertés par le Conseil supérieur de l'audiovisuel, 60 députés saisissent le Conseil constitutionnel.

■ Portée

Le Premier ministre dispose-t-il du monopole de l'exercice du pouvoir réglementaire, ou peut-il être amené à le partager avec d'autres autorités non étatiques ? Cette question classique et ancienne, longtemps débattue dans la doctrine, a été tranchée par le Conseil dans deux affaires relatives aux autorités administratives indépendantes.

Le législateur de 1986 ayant attribué à la Commission nationale de la communication et des libertés un pouvoir réglementaire, les députés saisirent le Conseil au motif notamment que cette compétence donnée à une autorité administrative indépendante méconnaissait les dispositions de l'article 21 qui réservent au seul Premier ministre le pouvoir réglementaire. Dans sa décision du 18 septembre 1986 (*n° 86-217 DC*), le Conseil considère que « ces dispositions ne font pas obstacle à ce que le législateur confie à une autorité de l'État autre que le Premier ministre le soin de fixer des normes permettant de mettre en œuvre la loi ». Ce considérant est repris dans la décision commentée du 17 janvier 1989, pour déclarer conforme à la Constitution l'attribution d'un pouvoir réglementaire au successeur de la CNCL, le Conseil supérieur de l'audiovisuel. Le principe de la reconnaissance d'un pouvoir réglementaire au profit des autorités administratives indépendantes est donc clairement affirmé. Et il n'est plus limité à cette seule catégorie : le Conseil a étendu la portée de sa jurisprudence en jugeant, dans sa décision du 22 janvier 1990 (*n° 89-269 DC*), que le législateur pouvait également confier à des organismes professionnels le soin de préciser par une convention les modalités concrètes de mise en œuvre des normes qu'il édicte.

Cependant, le Conseil subordonne la constitutionnalité de cette dévolution de compétence au respect de trois conditions :

- il faut d'abord que cette habilitation ne concerne qu'« un domaine déterminé » – décision de 1986 – ou « que des mesures de portée limitée par leur champ d'application » – décision de 1989 ;
- il faut ensuite que cette habilitation respecte « le cadre défini par les lois et les règlements ». Condition importante, dans la mesure où le Conseil signifie que le pouvoir réglementaire des autorités administratives indépendantes est subordonné à celui du Premier ministre. C'est pourquoi, dans la décision de 1986, il censure une disposition législative qui prévoyait que les normes édictées par le gouvernement pour fixer le cahier des charges servant de base à la cession de TF1 seraient subordonnées aux règles générales établies par la CNCL. C'est pourquoi aussi, dans la décision de 1990, il admet la constitutionnalité du renvoi à une convention, « l'entrée en vigueur de cette dernière étant subordonnée à son approbation par l'autorité ministérielle qui a pour effet de conférer un caractère réglementaire aux stipulations de la convention » ;
- il faut enfin que l'habilitation « ne concerne que des mesures de portée limitée par leur contenu » : dans la décision du 17 janvier 1989, le Conseil considère ainsi « trop étendue », et par conséquent contraire à la Constitution, l'habilitation donnée au CSA « de fixer seul par voie réglementaire non seulement les règles déontologiques concernant la publicité mais également l'ensemble des règles relatives à la communication institutionnelle » ; dans la décision du 15 janvier 1992 (*n° 91-304 DC*), il préfère circonscrire, lui-même, au moyen d'une interprétation constructive de la loi, l'exercice des compétences réglementaires données au Conseil supérieur de l'audiovisuel pour juger que « sous ces réserves, les dispositions de la loi ne sont pas contraires à l'article 21 de la Constitution » ; dans la décision du 1er juillet 2004 (*n° 2004-497 DC*), il admet que le législateur pouvait transférer à l'Autorité de régulation des télécommunications les pouvoirs relatifs aux tarifs du service universel qui étaient jusqu'alors exercés par le ministre de l'Économie et des Télécommunications.

De même, le fait pour le législateur de prévoir qu'un décret en Conseil d'État ne pourra être pris qu'après avis conforme de la Commission nationale de l'informatique est contraire à l'article 21 de la Constitution, dit le Conseil dans la décision du 4 décembre 2006 (*n° 2006-544 DC*), en ce que l'exercice par le Premier ministre de sa compétence réglementaire ne peut être lié par l'avis conforme d'une autorité administrative indépendante.

L'autre question abordée par le Conseil constitutionnel dans cette décision concerne le pouvoir de sanction des autorités administratives indépendantes. En vertu de l'article 8 de la Déclaration de 1789 « la loi ne doit établir que des peines strictement et évidemment nécessaires, et nul ne peut être puni qu'en vertu d'une loi établie et promulguée antérieurement au délit, et légalement appliquée ». Sur le fondement de cette pierre angulaire du droit pénal, le Conseil constitutionnel a construit une jurisprudence ambitieuse en choisissant d'étendre l'applicabilité de l'article 8 à toute sanction ayant le caractère de punition, et pas seulement au droit pénal au sens strict. Défiant le dogme du formalisme et des frontières académiques, le Conseil constitutionnel ne connaît ni code ni matières, pas plus qu'il ne se fie à la nature de l'organe habilité à prononcer une sanction. Quel que soit l'objet de la loi, le Conseil constitutionnel se fonde seulement sur la présence d'une peine ou d'une sanction ayant le caractère de punition pour décider de l'applicabilité de l'article 8 de la Déclaration de 1789. Si la notion de « peine » renvoie au droit pénal au sens strict, celle de « sanction ayant le caractère de punition » inclut le droit pénal mais également toutes les branches du droit. Parmi une jurisprudence abondante, ont été reconnues comme relevant du champ de l'article 8 les amendes ou pénalités fiscales, les sanctions administratives quel que soit le domaine. En droit des étrangers, la déchéance de nationalité d'une personne condamnée pour des actes de terrorisme est également une sanction punitive, précise le Conseil constitutionnel le 23 janvier 2015 (*n° 2014-439 QPC*). En outre, pour parvenir à la qualification de peine ou sanction punitive, le Conseil constitutionnel ne dogmatise pas la nature juridique de l'auteur de la sanction. Sauf en matière de peine et d'exécution de peine qui relève d'une juridiction de jugement, des sanctions punitives peuvent par exemple être prononcées par des autorités administratives indépendantes, comme en l'espèce, par le Président du Conseil général à propos de la suspension de certaines prestations familiales en cas de carence parentale (*n° 2006-535 DC, 30 mars 2006*) ou par une juridiction civile ou commerciale dans la décision du 13 janvier 2011 (*n° 2010-85 QPC*).

Bien que le principe de légalité soit applicable à toute sanction ayant le caractère de punition, le Conseil constitutionnel est globalement compréhensif et module l'intensité de son contrôle à l'égard des textes intervenant en dehors du droit pénal. Le principe de clarté et de précision de la loi punitive est ainsi redéfini en matière disciplinaire et administrative, le Conseil estimant, à la suite de la présente décision, que « l'exigence d'une définition des manquements sanctionnés » se trouve satisfaite « dès lors que les textes applicables font référence aux obligations auxquelles les intéressés sont soumis en raison de l'activité qu'ils exercent, de la profession à laquelle ils appartiennent ou de l'institution dont ils relèvent » (*Cons. const., 25 novembre 2011, n° 2011-199 QPC*).

Pour aller plus loin

- **Cons. const., 9 décembre 2004, n° 2004-507 DC :** dès lors que le législateur a défini les normes générales des conditions de travail et de rémunération des sportifs professionnels, il pouvait « laisser aux employeurs et aux salariés, ou à leurs organisations représentatives, le soin de préciser, notamment par la voie de la négociation collective, les modalités concrètes d'application des normes qu'il édicte en matière de droit du travail ».
- **Cons. const., 28 mars 2014, n° 2014-385 QPC :** le Conseil constitutionnel affirme solennellement que les principes de l'article 8 ne concernent pas seulement les peines prononcées par les juridictions pénales mais s'étendent à toute sanction ayant le caractère d'une punition et « que tel est le cas des peines disciplinaires ».
- **Cons. const., 5 août 2015, n° 2015-715 DC :** lors de l'examen de la « loi Macron », le Conseil constitutionnel confirme sa jurisprudence en s'assurant que les avis de l'Autorité de la concurrence relatifs à l'implantation des professions réglementées et de création d'office ne s'imposent pas au pouvoir exécutif.

Le contrôle de la séparation verticale des pouvoirs

Chapitre 7

À l'image des cours constitutionnelles étrangères, le Conseil constitutionnel se prononce régulièrement sur l'articulation des compétences entre le niveau central et le niveau local. Ainsi, la libre administration des collectivités locales (*n° 82-137 DC, 25 février 1982*), l'indivisibilité du peuple français (*n° 91-290 DC, 9 mai 1991*) et le statut constitutionnel spécifique de la Nouvelle-Calédonie (*n° 99-410 DC, 15 mars 1999*) sont au cœur de la jurisprudence constitutionnelle.

1 Cons. const., 25 févr. 1982, n° 82-137 DC, *Loi relative aux droits et libertés des communes, des départements et des régions*

« 1. Considérant que, pour contester la conformité à la Constitution de la loi soumise à l'examen du Conseil constitutionnel, les auteurs des saisines soutiennent que ses articles 2, 3 et 4 relatifs aux communes, 45, 46 et 47 relatifs aux départements, et 70 relatifs aux régions seraient contraires à l'article 72, alinéas 2 et 3, de la Constitution, en ce qu'ils ne confèrent au délégué du Gouvernement dans les départements et régions, à l'égard des délibérations et des actes illégaux des autorités territoriales, d'autre pouvoir que celui de les déférer au tribunal administratif, au terme d'un délai d'attente, sans que ce recours ait de plein droit effet suspensif et qu'ainsi le délégué du Gouvernement ne pourrait plus exercer le contrôle administratif, assurer le respect de la loi et préserver la liberté des citoyens ;
2. Considérant qu'aux termes de l'article 72, alinéa 2 de la Constitution, les collectivités territoriales "s'administrent librement par des conseils élus et dans les conditions prévues par la loi" ; que l'alinéa 3 du même article précise que "dans les départements et territoires, le délégué du Gouvernement a la charge des intérêts nationaux, du contrôle administratif et du respect des lois" ;
3. Considérant que le principe de légalité exige à la fois le respect des attributions du législateur et celui des règles supérieures de droit par lesquelles la Constitution adoptée par le peuple français a proclamé l'indivisibilité de la République, affirmé l'intégrité du territoire et fixé l'organisation des pouvoirs publics ;
4. Considérant qu'il résulte des dispositions précitées de l'article 72 de la Constitution que si la loi peut fixer les conditions de la libre administration des collectivités territoriales, c'est sous la réserve qu'elle respecte les prérogatives de l'État énoncées à l'article 3 de cet article ; que ces prérogatives ne peuvent être ni restreintes ni privées d'effet, même temporairement ; que l'intervention du législateur est donc subordonnée à la condition que le contrôle administratif prévu par l'article 72, alinéa 3, permette d'assurer le respect des lois et, plus généralement, la sauvegarde des intérêts nationaux auxquels, de surcroît, se rattache l'application des engagements internationaux contractés à cette fin ;
5. Considérant que les articles 3, 46 et 69 de la loi soumise à l'examen du Conseil constitutionnel prévoient que le représentant de l'État défère au tribunal administratif les délibérations, arrêtés, actes et conventions pris ou passées par les autorités communales, départementales et régionales qu'il estime contraires à la légalité ; que ce contrôle vise l'intégralité des objectifs fixés à l'article 72 (alinéa 3) de la Constitution, comme le précisent les articles 34, paragraphe I (alinéa 4), et 79 (alinéa 5) de la loi et comme l'impliquent ses articles 5 (alinéas 1er et 2), 48 (alinéas 1er et 2) et 59 (alinéa 6) ; que, dès lors, en donnant au représentant de l'État la faculté de soumettre au contrôle juridictionnel tous les actes dont il s'agit, les articles 3, 46 et 69 de la loi n'ont pas restreint la portée de l'article 72 (alinéa 3) de la Constitution ;
6. Considérant cependant qu'en déclarant ces actes exécutoires de plein droit avant même leur transmission au représentant de l'État, c'est-à-dire alors qu'il n'en connaît pas la teneur et n'est donc pas en mesure de saisir la juridiction administrative d'un recours assorti d'une demande éventuelle de sursis à exécution, les articles 2 (alinéa 1er), 45 et 69, paragraphe I (alinéa 1er), de la loi privent l'État, fût-ce temporairement, du moyen d'exercer les prérogatives qui lui sont réservées par l'article 72 (alinéa 3) de la Constitution ; qu'il en est de même des dispositions des articles 3 (alinéa 2), 46 (alinéa 2) et 69, paragraphe I (alinéa 3), qui frappent d'irrecevabilité le recours introduit avant l'expiration du préavis de vingt jours auquel est astreint le représentant de l'État, alors que, pendant ce délai, l'acte dont il s'agit conserve son caractère exécutoire ; que cette impossibilité temporaire d'agir qui, dans les dispositions précitées de la loi, frappe le représentant de l'État, même à l'égard d'un acte manifestement illégal, demeure, en dépit de ses articles 3 (alinéa 5), 46 (alinéa 5) et 69, paragraphe I (alinéa 6), pour tous les cas où la protection du respect des lois ou des intérêts nationaux n'est pas liée à la sauvegarde d'une liberté publique ou individuelle ;

7. Considérant, en conséquence, que les articles 2 (alinéa 1), 3 (alinéas 2 et 5), 45, 46 (alinéas 2 et 5) et 69, paragraphe I (alinéas 1, 3 et 6) de la loi soumise à l'examen du Conseil constitutionnel doivent être regardés comme non conformes à la Constitution, pour autant qu'ils font obstacle à ce que le représentant de l'État soit en mesure de connaître la teneur des actes visés par eux au moment où ils sont rendus exécutoires et puisse, s'il y a lieu, saisir sans délai la juridiction administrative ;

■ Faits

Dans la foulée de l'élection présidentielle de 1981, le Parlement adopte une importante réforme de décentralisation prévoyant notamment la suppression de la tutelle administrative et financière *a priori* exercée par le préfet. Les députés et sénateurs de l'opposition de droite, une première sous la Ve République, saisissent le Conseil constitutionnel.

■ Portée

Dès qu'il en a eu l'occasion, le Conseil a considéré que le pouvoir attribué au Parlement, par l'article 34 de la Constitution, de déterminer les principes fondamentaux de la libre administration des collectivités territoriales, ne saurait lui permettre de tout faire, et notamment de poser des conditions ou définir un régime législatif qui restreigne l'autonomie locale au point de porter atteinte au principe de libre administration ; en d'autres termes, le législateur a compétence pour mettre en œuvre ce principe, non pour le mettre en cause. Et, au fil de ses décisions, le Conseil a précisé le sens et le contenu du principe de décentralisation.

Cependant, s'il a ainsi favorisé le développement du principe de la libre administration, le Conseil a aussi considéré que le texte constitutionnel de 1958 lui imposait de rappeler au législateur, lorsqu'il voulait aller « trop loin » dans sa politique de décentralisation, le nécessaire respect du principe de l'unité de l'État : « si la loi peut fixer les conditions de la libre administration des collectivités territoriales, *c'est sous la réserve qu'elle respecte les prérogatives de l'État* », affirme le Conseil constitutionnel dans la décision commentée du 25 février 1982. La loi Defferre, par la modification du régime de la tutelle des actes des collectivités territoriales qu'elle comportait, posait, de manière aiguë, le problème de la préservation ou de la mise en cause du caractère unitaire de l'État. En enlevant au préfet – représentant de l'État – le pouvoir de contrôler lui-même et éventuellement d'annuler les délibérations des assemblées locales pour ne lui laisser que la possibilité de saisir la juridiction administrative, la loi portait-elle atteinte aux prérogatives de l'État qui sont, selon l'article 72 de la Constitution, de faire assurer sur tout le territoire le respect des lois et la sauvegarde des intérêts nationaux ? Le Conseil a considéré que, dans son principe, le remplacement du contrôle administratif par le contrôle juridictionnel n'allait pas au-delà de ce que la structure unitaire de l'État peut admettre. En revanche, il a jugé que, dans la mise en œuvre du nouveau contrôle de légalité, le législateur avait dépassé les limites acceptables à deux reprises : en décidant que les actes des collectivités locales seraient exécutoires de plein droit avant même leur transmission aux représentants de l'État ; en interdisant au Préfet d'introduire un recours avant l'expiration d'un préavis de vingt jours alors que, pendant ce délai, l'acte reste exécutoire. Les deux dispositions sont donc invalidées par le Conseil au motif qu'en ne permettant pas au représentant de l'État de connaître le contenu des actes des collectivités locales, elles privent l'État, même si cette privation est temporaire, du moyen d'exercer ses prérogatives constitutionnelles.

La révision du 28 mars 2003 a changé la donne constitutionnelle. Autonomie financière locale reconnue, expérimentation législative et réglementaire locale autorisée, référendums décisionnels locaux possibles, la révision du 28 mars 2003 a profondément modifié le droit des collectivités locales et il était permis d'attendre du Conseil, au regard de ses décisions antérieures, qu'il s'appuie sur ces nouvelles bases constitutionnelles pour continuer sa politique jurisprudentielle. Sans doute n'a-t-il pas freiné la nouvelle logique décentralisatrice, mais il s'est montré vigilant lorsqu'il a dû contrôler les lois organiques la mettant en œuvre. Tout semble se passer comme si, soucieux du principe de décentralisation au temps de la République unitaire, le Conseil devenait soucieux du principe unitaire au temps de la République décentralisée.

En QPC, le Conseil a globalement poursuivi les lignes jurisprudentielles dégagées dans le contrôle *a priori*. Il a d'abord accepté de considérer que la libre administration locale et le principe d'autonomie financière garanti par l'article 72-2 de la Constitution figuraient parmi les droits et libertés pouvant être invoqués à l'appui d'une QPC. Alors que l'accès à la Cour européenne des droits de l'Homme leur est fermé, les collectivités locales mais également les établissements publics de coopération intercommunale peuvent soulever une QPC et ainsi espérer obtenir l'abrogation d'une loi. Théoriquement, un justiciable peut invoquer la violation de la libre administration des collectivités territoriales et les exigences qui en découlent : en vertu du caractère objectif du contentieux QPC, nul besoin d'invoquer la violation d'un droit ou liberté constitutionnel dont le demandeur est directement victime ou même titulaire.

Au titre de la garantie de la libre administration locale, le Conseil constitutionnel protège plusieurs aspects.

Respecter la libre administration locale signifie d'abord, selon le Conseil, que toute collectivité « doit disposer d'un Conseil élu » (*Cons. const., 8 août 1985, n° 85-196 DC*), et, qu'en conséquence, « les électeurs doivent être appelés à exercer leur droit de suffrage pour la désignation des membres des conseils élus des collectivités territoriales selon une périodicité raisonnable » (*Cons. const., 6 décembre 1990, n° 90-280 DC*). Alors que les établissements publics de coopération intercommunale ne sont pas des collectivités territoriales, le Conseil, dans sa décision du 26 janvier 1995 (*Cons. const., 26 janvier 1995, n° 94-358 DC*), leur applique cependant l'article 72 de la Constitution en jugeant que leurs organes délibérants « doivent être élus sur des bases essentiellement démographiques et, dans une mesure limitée, d'autres considérations d'intérêt général ».

Respecter la libre administration locale signifie encore, pour le Conseil, que toute collectivité soit dotée « d'attributions effectives » (*Cons. const., 28 décembre 1982, n° 82-149 DC*). Ainsi, dans la décision du 23 juillet 1984 (*n° 84-174 DC*), il censure les dispositions législatives qui donnaient aux régions d'outre-mer l'ensemble des compétences en matière d'habitat et de transport au motif que les départements se trouvent dessaisis « de la plus grande partie de leurs attributions » ; en revanche, il a jugé, le 9 mai 1991 (*n° 91-290 DC*), que l'attribution à la nouvelle collectivité territoriale Corse de compétences en matière d'enseignement, de transport et d'habitat « n'a pas pour conséquence d'affecter de façon substantielle les attributions des deux départements de Corse ». Nuances, nuances...

Respecter la libre administration locale signifie aussi, selon le Conseil, que les autorités territoriales doivent disposer d'une liberté de décision pour le recrutement de leurs agents, et plus largement pour la gestion du personnel des collectivités territoriales. En somme, pour s'administrer librement, les collectivités doivent pouvoir choisir librement leurs administrateurs, et le législateur ne peut en conséquence établir un mécanisme leur imposant une politique de nomination.

Lorsqu'il apprécie le respect par la loi du principe de la libre administration, le Conseil constitutionnel opère en deux temps :

- d'une part, il vérifie la présence d'un motif d'intérêt général justifiant les limitations apportées à cette liberté. Selon une jurisprudence constante, il estime en effet que « si le législateur peut, sur le fondement des articles 34 et 72 de la Constitution, assujettir les collectivités territoriales ou leurs groupements à des obligations ou les soumettre à des interdictions, c'est à la condition, notamment, que les unes et les autres répondent à des fins d'intérêt général » ;
- d'autre part, il examine aux termes d'un contrôle restreint les modalités retenues par le législateur pour concourir à la réalisation de cet objectif. Il s'assure ainsi que les dispositions législatives contrôlées ne portent pas une atteinte manifestement disproportionnée à la libre administration des collectivités territoriales. En effet, selon l'article 34 de la

Constitution, il revient au législateur de déterminer les principes fondamentaux de « la libre administration des collectivités territoriales, de leurs compétences et de leurs ressources ».

Dès lors, les collectivités territoriales ne bénéficient pas d'une liberté totale d'organisation, elles s'administrent librement dans les limites posées par la loi. Ainsi, par exemple, le Conseil constitutionnel considère, s'agissant de la révocation d'un maire, que « l'institution de sanctions réprimant les manquements des maires aux obligations qui s'attachent à leurs fonctions ne méconnaît pas, en elle-même, la libre administration des collectivités territoriales » (*Cons. const., 13 janvier 2012, n° 2011-210 QPC*).

Pour aller plus loin

- **Cons. const., 30 novembre 2006, n° 2006-543 DC** : la libre administration locale signifie que les collectivités territoriales bénéficient de la liberté contractuelle. Est validée l'obligation faite aux collectivités territoriales de renouveler leur concession de distribution de gaz naturel à Gaz de France, obligation jugée, en l'espèce, justifiée par « la nécessité d'assurer la cohérence du réseau des concessions gérées par GDF ».
- **Cons. const., 12 août 2004, n° 2004-503 DC** : le Conseil constitutionnel admet la constitutionnalité du transfert, à titre expérimental, de compétences étatiques aux collectivités locales, mais il exige du législateur qu'il définisse de manière suffisamment précise l'objet et les conditions des expérimentations, qu'aucun principe constitutionnel autre que le principe d'égalité ne soit méconnu et que même les atteintes à ce dernier soient circonscrites au besoin de l'expérimentation.
- **Cons. const., 8 juillet 2011, n° 2011-146 QPC, *Département des Landes*** : le Conseil censure pour violation de la libre administration, les dispositions interdisant la modulation des aides publiques en matière d'eau potable en fonction du mode de gestion choisi par les communes.

2 Cons. const., 9 mai 1991, n° 91-290 DC, *Loi portant statut de la collectivité territoriale de Corse*

« 7. Considérant que les auteurs de la première saisine comme ceux de la troisième saisine demandent au Conseil constitutionnel de déclarer non conformes à la Constitution les dispositions de l'article 1er de la loi en ce qu'elles comportent la reconnaissance du "peuple corse" ; que, selon les auteurs de la première saisine, l'inconstitutionnalité de l'article 1er entraîne, par voie de conséquence, celle de l'intégralité du texte de la loi dans la mesure où l'article 1er fonde la spécificité du statut de la collectivité territoriale de Corse ; que les première et troisième saisines critiquent les dispositions de la loi qui dotent la collectivité territoriale de Corse d'une "organisation particulière" ainsi que le texte de l'article 85 relatif à la refonte de la liste électorale de chaque commune de Corse ;

8. Considérant que les auteurs de la première saisine font valoir, en outre, que sont contraires à la Constitution les modalités retenues par les articles 10 à 14 de la loi en vue d'assurer la représentation au Sénat de la collectivité territoriale de Corse ; qu'il en va de même des dispositions qui définissent les attributions de cette collectivité car elles ont pour effet de priver les deux départements de Corse de compétences substantielles ;

9. Considérant que les auteurs de la troisième saisine contestent également les dispositions de l'article 7 en tant qu'elles édictent une incompatibilité spécifique aux élus de Corse ainsi que celles de l'article 53 en ce qu'elles prévoient l'insertion de l'enseignement de la langue et de la culture corses dans le temps scolaire des établissements situés dans la collectivité territoriale de Corse ;

En ce qui concerne l'article 1er :

10. Considérant que l'article 1er de la loi est ainsi rédigé : "La République française garantit à la communauté historique et culturelle vivante que constitue le peuple corse, composante du peuple français, les droits à la préservation de son identité culturelle et à la défense de ses intérêts économiques et sociaux spécifiques. Ces droits liés à l'insularité s'exercent dans le respect de l'unité nationale, dans le cadre de la Constitution, des lois de la République et du présent statut. " ;

11. Considérant que cet article est critiqué en ce qu'il consacre juridiquement l'existence au sein du peuple français d'une composante "le peuple corse" ; qu'il est soutenu par les auteurs de la première saisine que cette reconnaissance n'est conforme ni au préambule de la Constitution de 1958 qui postule l'unicité du "peuple français", ni à son article 2 qui consacre l'indivisibilité de la République, ni à son article 3 qui désigne le peuple comme seul détenteur de la souveraineté nationale ; qu'au demeurant, l'article 53 de la Constitution se réfère aux "populations intéressées" d'un territoire et non pas au concept de peuple ; que les sénateurs auteurs de la troisième saisine font valoir qu'il résulte des dispositions de la Déclaration des droits de 1789, de plusieurs alinéas du préambule de la Constitution de 1946, de la loi constitutionnelle du 3 juin 1958, du préambule de la Constitution de 1958 comme de ses articles 2, 3 et 91, que l'expression "le peuple", lorsqu'elle s'applique au peuple français, doit être considérée comme une catégorie unitaire insusceptible de toute subdivision en vertu de la loi ;

12. Considérant qu'aux termes du premier alinéa du préambule de la Constitution de 1958 "le peuple français proclame solennellement son attachement aux droits de l'homme et aux principes de la souveraineté nationale tels qu'ils ont été définis par la Déclaration de 1789, confirmée et complétée par le préambule de la Constitution de 1946" ; que la Déclaration des droits de l'homme et du citoyen à laquelle il est ainsi fait référence émanait des représentants "du peuple français" ; que le préambule de la Constitution de 1946, réaffirmé par le préambule de la Constitution de 1958, énonce que "le peuple français proclame à nouveau que tout être humain, sans distinction de race, de religion ni de croyance, possède des droits inaliénables et sacrés" ; que la Constitution de 1958 distingue le peuple français des peuples d'outre-mer auxquels est reconnu le droit à la libre détermination ; que la référence faite au "peuple français" figure d'ailleurs depuis deux siècles dans de nombreux textes constitutionnels ; qu'ainsi le concept juridique de "peuple français" a valeur constitutionnelle ;

13. Considérant que la France est, ainsi que le proclame l'article 2 de la Constitution de 1958, une République indivisible, laïque, démocratique et sociale qui assure l'égalité devant la loi de tous les citoyens quelle que soit leur origine ; que dès lors la mention faite par le législateur du "peuple corse, composante du peuple français" est contraire à la Constitution, laquelle ne connaît que le peuple français, composé de tous les citoyens français sans distinction d'origine, de race ou de religion ;

14. Considérant en conséquence que l'article 1er de la loi n'est pas conforme à la Constitution ; que toutefois il ne ressort pas du texte de cet article, tel qu'il a été rédigé et adopté, que ses dispositions soient inséparables de l'ensemble du texte de la loi soumise au Conseil constitutionnel ; (...) »

Faits

Une fois passée la phase de vote au Parlement, la loi portant statut de la collectivité territoriale de Corse fait l'objet de trois saisines : une saisine par soixante députés, une saisine par soixante sénateurs mais également une saisine par le Président du Sénat. Les députés produisent également une saisine complémentaire afin de préciser l'un des moyens invoqués.

Portée

Dans sa décision du 9 mai 1991, le Conseil affirme clairement que « le concept juridique du « peuple français » a valeur constitutionnelle ». Pour fonder sa position, il s'appuie sur trois éléments : d'abord le Préambule de la Constitution de 1958 qui fait expressément référence au peuple français comme auteur collectif des droits qu'il proclame ; ensuite, la distinction opérée par la Constitution de 1958 entre le peuple français et « les peuples d'outre-mer auxquels est reconnu le droit à la libre détermination » ; enfin, « la référence faite au peuple français depuis deux siècles dans de nombreux textes constitutionnels ». Même si le Conseil ne donne aucun exemple, on peut citer les Constitutions de 1793, 1795, 1848 qui disposent toutes que « le peuple souverain est l'universalité des citoyens français ».

Puis, sur le fondement de ce concept, le Conseil déclare contraire à la Constitution la mention faite par le législateur « du peuple corse composante du peuple français » car ce dernier se compose « de tous les citoyens français sans distinction d'origine, de race ou de religion ». Cette censure s'explique par la relation établie par le Conseil entre le principe de l'indivisibilité de la souveraineté et le principe d'égalité. En effet la non-discrimination ou mieux l'interchangeabilité, selon le mot du doyen Boulouis (*AJDA 1983, p. 80*), est consubstantielle au concept juridique de citoyen. Déjà, en 1982, le Conseil avait jugé que la qualité de citoyen interdit toute division par catégories des électeurs et des éligibles (*18 novembre 1982, n° 82-146 DC*). En 1991, il pose que, collectivement, le peuple français est souverain ; or, comme la souveraineté est indivisible, il faut nécessairement que ceux qui l'incarnent ne soient pas définis par ce qui les différencie – sexe, origine, métier... – sous peine de faire éclater l'indivisibilité, mais par ce qui les rassemble. C'est précisément parce que, sous le rapport du droit, tous les citoyens se ressemblent qu'ils sont interchangeables, qu'aucune discrimination ne peut être faite à l'intérieur du peuple français entre les citoyens qui le composent et qu'ainsi l'indivisibilité de la souveraineté est garantie.

C'est donc sans surprise que le Conseil, dans sa décision du 15 juin 1999 (*n° 99-412 DC*), déclare contraire à la Constitution la Charte européenne des langues régionales ou minoritaires : les principes d'indivisibilité de la République, d'égalité devant la loi et d'unicité du peuple français sont qualifiés de « principes fondamentaux qui s'opposent à ce que soient reconnus des droits collectifs à quelque groupe que ce soit, défini par une communauté d'origine, de culture, de langue ou de croyance ».

Pour adoucir cette jurisprudence, sans toutefois la condamner, le constituant a adopté en 2008 un nouvel article 75-1 qui consacre les langues régionales comme « patrimoine de la France ». Cette formule s'inspire plus ou moins des textes onusiens et des déclarations internationales pour la protection des biens culturels – patrimoine mondial, patrimoine de l'humanité, « *world heritage* »... Elle soulève bien des questions (quel est donc ce « patrimoine » de la France ?) et semble consacrer un principe sans réelle obligation. Fruit d'un amendement de la commission des lois, la nouvelle disposition est d'ailleurs rapidement tempérée, avant même d'être adoptée, lors des débats en 2008. Alors que le député Noël Mamère souhaite une réforme « afin que le Conseil constitutionnel ne puisse plus opposer la Constitution à l'application de la Charte européenne des langues régionales », le rapporteur Jean-Luc Warsmann lui répond que la nouvelle disposition doit simplement « donner un ancrage à la richesse linguistique régionale de notre pays ». De même, alors que le député François Bayrou suggère de préciser, dans la nouvelle disposition, que la République « protège les langues régionales », le rapporteur refuse en jugeant cette indication « superflue ».

De l'indivisibilité, érigée en principe constitutionnel, le Conseil fait aussi l'instrument de mesure de la politique décentralisatrice du législateur et de la qualité de la représentation politique. Dans ce domaine, le Conseil a fait référence au principe de l'indivisibilité dans deux circonstances particulières. Il a d'abord considéré, dans les décisions du 30 août 1984 (*Cons. const., n° 84-177 DC et 84-178 DC*), que l'incompatibilité instituée entre les fonctions de membres du gouvernement des territoires de la Nouvelle-Calédonie et de Polynésie et le mandat de député européen, était contraire à l'indivisibilité de la République, en ce qu'elle touchait « certains citoyens en fonction de leurs attaches avec une partie déterminée du territoire de la France ». Au-delà de ces cas d'espèce, le Conseil a dégagé là une règle qui, de manière générale, « intéresse l'exercice des droits civiques ».

Plus problématique est, à nouveau, la décision du 30 décembre 1976 par laquelle le Conseil affirme que les modalités de l'élection des députés européens, et en particulier la procédure électorale uniforme prévue par le Conseil de la Communauté, ne doivent pas être de nature à mettre en cause, à porter atteinte à l'indivisibilité de la République. Une partie de la doctrine avait déduit de ce considérant que, pour les élections européennes, le seul mode de scrutin compatible avec l'indivisibilité de la République serait la représentation proportionnelle avec pour circonscription unique l'ensemble du territoire national ; serait donc contraire à la Constitution l'élection des députés européens dans le cadre de circonscriptions régionales. Ainsi, en 2003, les requérants contestaient devant le Conseil la création de huit circonscriptions pour les élections européennes au motif que « seul un ressort unique s'étendant à l'ensemble du territoire national respecterait le principe d'indivisibilité et d'unité du peuple français ». Or, dans sa décision du 3 avril 2003 (*n° 2003-468 DC*), le Conseil juge ces moyens « inopérants », et, pour valider la division du territoire en huit circonscriptions, se fonde sur le principe, découlant des traités de Maastricht et d'Amsterdam, selon lequel les députés européens ne représentent pas le peuple français mais « les citoyens de l'Union européenne résidant en France ».

En revanche, le Conseil constitutionnel refuse de consacrer le principe d'indivisibilité de la République en tant que norme supra constitutionnelle. En 2003, des sénateurs saisissent en effet le Conseil constitutionnel d'une loi constitutionnelle modifiant l'article 1er de la Constitution de 1958 : en décidant que « l'organisation de la République est décentralisée », les constituants avaient, selon les requérants, mis en cause le principe d'indivisibilité de la République et, par conséquent, la forme républicaine du gouvernement dont il est un élément fondamental. Au-dessus de la Constitution, et donc du pouvoir constituant, la République s'imposerait non seulement comme forme interdisant le rétablissement de la monarchie mais encore comme principe interdisant la révision de ses éléments constitutifs, la liberté, l'égalité, la laïcité et l'indivisibilité. Question évidemment redoutable pour le Conseil qui, dans ses décisions sur la Charte européenne des langues minoritaires et sur la Corse, avait défendu une conception exigeante du principe d'indivisibilité et était ici invité à se prononcer sur la signification et la portée de l'alinéa 5 de l'article 89 de la Constitution. Trop redoutable sans doute, car, saisi le 19 mars 2003, il rend sa décision huit jours plus tard, le 26 mars 2003 (2003-469 DC) et déclare qu'il « ne tient ni de l'article 61, ni de l'article 89, ni d'aucune autre disposition de la Constitution le pouvoir de statuer sur une révision constitutionnelle ».

Pour aller plus loin

- **Cons. const., 20 juillet 1993, n° 93-321 DC** : sur le fondement du principe d'indivisibilité de la République, le Conseil constitutionnel émet une réserve d'interprétation à propos d'une loi relative à l'attribution de la nationalité française découlant de la naissance sur les anciennes colonies ou sur le territoire d'outre-mer qui ont accédé ultérieurement à l'indépendance.
- **Cons. const., 4 mai 2000, n° 2000-428 DC** : alors que la saisine invoquait la reconnaissance implicite d'un peuple mahorais, au regard de l'organisation par la loi d'une consultation de la population de Mayotte, le grief fondé sur la violation des principes d'indivisibilité de la République et d'unicité du peuple français est inopérant car la Constitution distingue le peuple français des peuples des territoires d'outre-mer, auxquels est reconnu le droit à la libre détermination et à la libre expression de leur volonté.
- **Cons. const., 20 mai 2011, n° 2011- 130 QPC** : l'article 75-1 de la Constitution, selon lequel « *Les langues régionales appartiennent au patrimoine de la France* » n'institue pas un droit ou une liberté constitutionnel invocable en QPC.

3 Cons. const., 15 mars 1999, n° 99-410 DC, *Loi organique relative à la Nouvelle-Calédonie*

« 3. Considérant, en premier lieu, que rien ne s'oppose, sous réserve des prescriptions des articles 7, 16 et 89 de la Constitution, à ce que le pouvoir constituant introduise dans le texte de la Constitution des dispositions nouvelles qui, dans les cas qu'elles visent, dérogent à des règles ou principes de valeur constitutionnelle, ces dérogations pouvant n'être qu'implicites ; que tel est le cas en l'espèce ; qu'il résulte en effet des dispositions du premier alinéa de l'article 77 de la Constitution que le contrôle du Conseil constitutionnel sur la loi organique doit s'exercer non seulement au regard de la Constitution, mais également au regard des orientations définies par l'accord de Nouméa, lequel déroge à un certain nombre de règles ou principes de valeur constitutionnelle ; que, toutefois, de telles dérogations ne sauraient intervenir que dans la mesure strictement nécessaire à la mise en œuvre de l'accord ; (...)

- Sur le titre Ier :

11. Considérant que ce titre, qui comprend les articles 7 à 19, est relatif au statut civil coutumier et à la propriété coutumière ; qu'il met en œuvre, conformément à l'article 77 de la Constitution, les stipulations des points 1.1 et 1.4 de l'accord de Nouméa ;

12. Considérant que les articles 10 à 13 déterminent les modes d'acquisition du statut civil coutumier ; qu'en particulier, aux termes de l'article 10 : "L'enfant légitime, naturel ou adopté dont le père et la mère ont le statut civil coutumier, a le statut civil coutumier" ; que cette disposition doit être entendue comme conférant également le statut civil coutumier à l'enfant dont la filiation n'est établie qu'à l'égard d'un seul parent de ce même statut ; que, si la filiation de cet enfant venait à être établie à l'égard de l'autre parent, il ne saurait conserver le statut civil coutumier que si ce parent a lui-même le statut civil coutumier ;

13. Considérant que, sous cette réserve, l'article 10 n'encourt aucune critique d'inconstitutionnalité ; qu'il en va de même des autres dispositions du titre Ier ;

- Sur le titre II :

14. Considérant que ce titre est relatif aux compétences ; qu'il comprend les articles 20 à 61 ;

15. Considérant que l'article 24 est ainsi rédigé :

"Dans le but de soutenir ou de promouvoir l'emploi local, la Nouvelle-Calédonie prend au bénéfice des citoyens de la Nouvelle-Calédonie et des personnes qui justifient d'une durée suffisante de résidence des mesures visant à favoriser l'exercice d'un emploi salarié, sous réserve qu'elles ne portent pas atteinte aux avantages individuels et collectifs dont bénéficient à la date de leur publication les autres salariés.

De telles mesures sont appliquées dans les mêmes conditions à la fonction publique de la Nouvelle-Calédonie et à la fonction publique communale. La Nouvelle-Calédonie peut également prendre des mesures visant à restreindre l'accession à l'exercice d'une profession libérale à des personnes qui ne justifient pas d'une durée suffisante de résidence.

La durée et les modalités de ces mesures sont définies par des lois du pays" ;

16. Considérant, en premier lieu, que le principe de mesures favorisant les personnes durablement établies en Nouvelle-Calédonie, pour l'accès à un emploi salarié ou à une profession indépendante, ou pour l'exercice d'un emploi dans la fonction publique de la Nouvelle-Calédonie ou dans la fonction publique communale, trouve son fondement constitutionnel dans l'accord de Nouméa ; que celui-ci stipule en effet, dans son préambule, qu'"afin de tenir compte de l'étroitesse du marché du travail, des dispositions seront définies pour favoriser l'accès à l'emploi local des personnes durablement établies en Nouvelle-Calédonie" ; (...)

17. Considérant, en second lieu, que les modalités retenues par l'article 24 pour favoriser l'emploi local respectent également l'habilitation donnée à la loi organique par l'article 77 de la Constitution ; qu'il appartiendra aux "lois du pays" prises en application de l'article 24, et susceptibles d'être soumises au contrôle du Conseil constitutionnel, de fixer, pour chaque type d'activité professionnelle et chaque secteur d'activité, la "durée suffisante de résidence" mentionnée aux premier et

deuxième alinéas de cet article en se fondant sur des critères objectifs et rationnels en relation directe avec la promotion de l'emploi local, sans imposer de restrictions autres que celles strictement nécessaires à la mise en œuvre de l'accord de Nouméa ; qu'en tout état de cause, cette durée ne saurait excéder celle fixée par les dispositions combinées des articles 4 et 188 pour acquérir la citoyenneté de la Nouvelle-Calédonie ;
18. Considérant que, sous cette réserve, l'article 24 n'est pas contraire à la Constitution ; qu'il en va de même des autres dispositions du titre II ; (...) »

■ Faits

Le 5 mai 1998 a été signé à Nouméa, entre le Gouvernement de la République française et les représentants des principales formations politiques de Nouvelle-Calédonie, un « accord sur la Nouvelle-Calédonie ». Le Parlement adopte, le 16 février 1999, la loi organique relative à la Nouvelle-Calédonie visant à préciser les modalités d'application de l'accord ainsi signé. Le projet de loi organique est automatiquement transmis au Conseil constitutionnel.

■ Portée

À la lecture de la décision du 15 mars 1999, la question d'une constitution particulière pour la Nouvelle-Calédonie, c'est-à-dire différente de celle applicable aux autres parties du territoire de la République, peut légitimement être posée. En effet, dans le considérant relatif aux normes de référence applicables à la loi organique relative à la Nouvelle-Calédonie, le Conseil déclare « qu'il résulte des dispositions du premier alinéa de l'article 77 de la Constitution que le contrôle du Conseil constitutionnel sur ladite loi organique doit s'exercer non seulement au regard de la Constitution, mais également au regard des orientations définies par l'accord de Nouméa ». Il est donc clair que cet accord politique, négocié et signé par le FLNKS, le RPCR et le gouvernement français, publié au *Journal officiel* du 27 mai 1998 et qui, reconnaît le Conseil, « déroge à un certain nombre de règles ou principes de valeur constitutionnelle », fait partie du droit constitutionnel propre à la Nouvelle-Calédonie. Sans doute le Conseil précise-t-il que « de telles dérogations ne sauraient intervenir que dans la mesure strictement nécessaire à la mise en œuvre de l'accord ». Mais, confronté à la disposition organique établissant la préférence calédonienne pour l'accès à l'emploi local, il est obligé de constater qu'elle « trouve son fondement constitutionnel dans l'accord de Nouméa » et qu'elle est, en conséquence, valide alors qu'il l'aurait censurée s'il avait apprécié sa conformité au regard du bloc constitutionnel « français ».

À la décharge du Conseil, il convient de reconnaître que sa liberté de jugement était limitée puisque le constituant avait décidé, par la loi constitutionnelle du 20 juillet 1998, que le juge n'avait pas, pour la Nouvelle-Calédonie, à faire respecter la totalité des principes propres à l'identité française, et en particulier ceux de 1789 et de 1946, mais les principes propres à l'identité Kanak – la terre, la coutume, les langues... – que l'accord de Nouméa énonçait et qui devaient, ici, servir de normes de référence. Sauf à modifier sa jurisprudence en décidant d'examiner la « constitutionnalité » des lois constitutionnelles, le Conseil ne pouvait qu'adapter son contrôle au choix politique du souverain en cherchant à en limiter la portée.

Ainsi, le Conseil juge que la disposition « la Nouvelle-Calédonie est représentée au Parlement » n'est pas contraire à la Constitution sous réserve qu'elle soit entendue « comme se bornant à rappeler que des élections législatives et sénatoriales se tiennent en Nouvelle-Calédonie, députés et sénateurs représentant au Parlement la nation toute entière et non la population de la circonscription d'élection ». De même, obligé de reconnaître que la préférence calédonienne à l'embauche « trouve son fondement constitutionnel dans l'accord de Nouméa », il avertit cependant, par une réserve doublement explicite, que la constitutionnalité des lois de pays qui la mettront en œuvre – et dont, rappelle-t-il, il pourra assurer le contrôle – est soumise à la condition de ne pas « imposer de restrictions autres que celles strictement nécessaires à la mise en œuvre de l'accord de Nouméa ». Ou encore, sur la question capitale du corps électoral calédonien, il juge, en se référant aux travaux parlementaires, que la disposition prévoyant une obligation de domicile de dix ans en Nouvelle-Calédonie à la date de l'élection doit se comprendre comme accordant la qualité d'électeur à tout citoyen qui, à la date de l'élection au congrès et aux assemblées de province, justifie de dix années de domicile en Nouvelle-Calédonie, « quelle que soit la date de son établissement en Nouvelle-Calédonie », même postérieure au 8 novembre 1998, date du référendum approuvant l'accord de Nouméa. Ces réserves ne sont pas anodines, en particulier la dernière qui a été reçue par les indépendantistes comme une véritable censure et remise en cause de l'accord de Nouméa, les conduisant à exiger du gouvernement le vote par le Congrès, lors de la prochaine révision constitutionnelle relative à la Polynésie française, d'une disposition levant la réserve et bloquant le corps électoral calédonien à l'année 1998.

Autre innovation majeure, le régime contentieux des « lois du pays ». Pour ces lois, il est prévu qu'elles puissent être déférées au Conseil par le haut-commissaire, le gouvernement, le président du congrès, le président d'une assemblée de province ou dix-huit membres du congrès « dans les dix jours suivant la nouvelle délibération ». La recevabilité du recours est, en effet, subordonnée, rappelle le Conseil, « à la condition que les dispositions contestées d'une loi de pays aient fait l'objet d'une nouvelle délibération », par les mêmes autorités que celles titulaires du droit de saisine.

La soumission de certaines délibérations du territoire au contrôle du Conseil constitutionnel réalise une rupture avec la pratique habituelle d'en donner la connaissance au Conseil d'État. Symboliquement, elle signifie que la France n'est plus composée de collectivités seulement « administratives » mais aussi d'une collectivité « politique », la Nouvelle-Calédonie, qui exprime sa volonté politique par des actes politiques, les lois du pays, et non par des actes administratifs ; par ricochet, le Conseil constitutionnel devient un marqueur inattendu du caractère politique ou non d'une collectivité et d'un acte.

Clairement d'inspiration fédérale, ce mécanisme est atténué par certaines dispositions « rassurantes ». Ainsi, la loi organique maintient, et le Conseil le rappelle, la compétence de la juridiction administrative pour connaître des recours contre l'intervention des lois du pays en dehors des matières mentionnées à l'article 99 de ladite loi ; le même acte relève donc, selon l'objet du recours, de deux juridictions différentes. Au risque de difficultés contentieuses. De même, la loi organique exige, outre la condition d'une nouvelle délibération préalable à la saisine, que celle-ci contienne « un exposé des moyens de fait et de droit qui la fondent ». Dans le contrôle *a priori*, l'office du Conseil porte sur la conformité à la Constitution des lois du pays, mais aussi au regard des orientations définies par l'accord de Nouméa du 5 mai 1998 et des dispositions organiques prises pour leur application. Au regard du caractère dérogatoire de ces normes de références, la décision du 21 novembre 2014 (*n° 2014-4 LP*) se fonde sur le principe de « la préférence locale pour l'accès à l'emploi » imposé par l'accord de Nouméa pour censurer une loi du pays qui ne reconnaissait aucune préférence locale. Cohérente en droit, la solution étonne dans son principe : la censure d'une dérogation à une règle dérogatoire justifie une discrimination !

Signe que la Nouvelle-Calédonie est objet ou occasion de nombreuses innovations contentieuses, la décision du 10 mai 2016 (*n° 2016-539 QPC*) inaugure le nouveau mode de rédaction des décisions du Conseil constitutionnel tout en censurant une disposition d'une loi du pays. En raison d'une violation du principe d'égalité, le Conseil abroge une disposition du Code des impôts de la Nouvelle-Calédonie qui soumettait l'imposition commune des époux à la condition qu'ils soient fiscalement domiciliés en Nouvelle-Calédonie.

En ce qui concerne le régime d'applicabilité des normes, le Conseil constitutionnel a levé une ambiguïté. Depuis la révision constitutionnelle du 28 mars 2003, le législateur organique est compétent pour fixer le régime de « l'applicabilité » des normes dans les collectivités d'outre-mer mentionnées à l'article 74 de la Constitution. La Nouvelle-Calédonie étant régie par l'article 77 de la Constitution, se posait la question de savoir si la loi organique du 3 août 2009 relative à la Nouvelle-Calédonie pouvait tout de même prévoir les modalités d'application des normes dans le territoire de cette collectivité. Une alternative s'offrait alors au Conseil. Soit interpréter extensivement les dispositions de l'article 74 de la

Constitution et inclure la Nouvelle-Calédonie dans la « liste » des collectivités visées. Soit trouver un autre fondement constitutionnel susceptible de légitimer l'intervention du législateur organique, au risque de faire œuvre créatrice en lieu et place du constituant. Dans sa décision 2009-587 DC du 30 juillet 2009, le Conseil préfère la seconde solution en décidant que « l'article 77 a nécessairement renvoyé à la loi organique le soin de fixer les conditions dans lesquelles les lois et règlements » sont applicables à la Nouvelle-Calédonie. Autrement dit, malgré le silence de la Constitution, le Conseil admet une compétence qui, dit-il, découle « nécessairement ». Application tout en finesse du « qui ne dit mot consent » !

Pour aller plus loin

- **Cons. const., 30 juillet 2009, n° 2009-587 DC** : en dépit de la révision constitutionnelle du 28 mars 2003 prévoyant la compétence du législateur organique pour fixer le régime de « l'applicabilité » des normes dans les collectivités d'outre-mer, le Conseil constitutionnel préserve le régime spécifique d'applicabilité des normes en Nouvelle-Calédonie prévu par l'article 77 de la Constitution.
- **Cons. const., 9 décembre 2011, n° 2011-205 QPC** : une loi de pays est censurée en raison du défaut de mise en œuvre du droit à participation et de la liberté syndicale de certains agents publics.
- **Cons. const., 1er octobre 2013, n° 2013-3 LP** : la loi du pays relative à la concurrence en Nouvelle-Calédonie est validée « eu égard aux particularités économiques de la Nouvelle-Calédonie », en dépit de dérogations importantes à la liberté d'entreprendre et au principe d'égalité.

Les rapports de systèmes juridiques

Chapitre 8

Si le Conseil constitutionnel refuse de faire des traités et accords internationaux, y compris européens, des normes de référence pour son contrôle des lois (voir Chapitre 1), en revanche il contrôle, lorsqu'il est saisi, la conformité à la Constitution des traités internationaux et européens. Leur ratification n'est possible que si le Conseil juge qu'aucune de leurs stipulations n'est contraire à un article de la Constitution ou aux conditions essentielles d'exercice de la souveraineté nationale sauf si, après la décision d'incompatibilité, le constituant révise la Constitution pour lever les obstacles.

À l'égard du droit européen originaire et dérivé, le Conseil accorde le bénéfice de la constitutionnalité sous réserve qu'il ne porte pas une atteinte manifeste aux règles et principes inhérents à l'identité constitutionnelle de la France. Et depuis 2013, le Conseil s'est reconnu le pouvoir de poser une question préjudicielle à la Cour de justice de l'Union européenne.

1 Cons. const., 9 avril 1992, n° 92-308 DC, *Traité de Maastricht*

« 7. Considérant que le quatorzième alinéa du préambule de la Constitution de 1946, auquel se réfère le préambule de la Constitution de 1958, proclame que la République française "se conforme aux règles du droit public international" ; qu'au nombre de celles-ci figure la règle Pacta sunt servanda qui implique que tout traité en vigueur lie les parties et doit être exécuté par elles de bonne foi ; que l'article 55 de la Constitution de 1958 dispose, en outre, que "les traités ou accords régulièrement ratifiés ou approuvés ont, dès leur publication, une autorité supérieure à celle des lois, sous réserve, pour chaque accord ou traité, de son application par l'autre partie" ;

8. Considérant qu'il appartient au Conseil constitutionnel, saisi, au titre de la procédure instituée par l'article 54 de la Constitution, d'un traité qui modifie ou complète un ou plusieurs engagements internationaux déjà introduits dans l'ordre juridique interne de déterminer la portée du traité soumis à son examen en fonction des engagements internationaux que ce traité a pour objet de modifier ou compléter ;

- Sur les normes de référence du contrôle institué par l'article 54 de la Constitution :

9. Considérant que le peuple français a, par le préambule de la Constitution de 1958, proclamé solennellement "son attachement aux droits de l'homme et aux principes de la souveraineté nationale tels qu'ils ont été définis par la Déclaration de 1789, confirmée et complétée par le préambule de la Constitution de 1946" ;

10. Considérant que dans son article 3 la Déclaration des droits de l'homme et du citoyen énonce que "le principe de toute souveraineté réside essentiellement dans la nation" ; que l'article 3 de la Constitution de 1958 dispose, dans son premier alinéa, que "la souveraineté nationale appartient au peuple qui l'exerce par ses représentants et par la voie du référendum" ;

11. Considérant que le préambule de la Constitution de 1946 proclame, dans son quatorzième alinéa, que la République française se "conforme aux règles du droit public international" et, dans son quinzième alinéa, que "sous réserve de réciprocité, la France consent aux limitations de souveraineté nécessaires à l'organisation et à la défense de la paix" ;

12. Considérant que, dans son article 53, la Constitution de 1958 consacre, comme le faisait l'article 27 de la Constitution de 1946, l'existence de "traités ou accords relatifs à l'organisation internationale" ; que ces traités ou accords ne peuvent être ratifiés ou approuvés par le président de la République qu'en vertu d'une loi ;

13. Considérant qu'il résulte de ces textes de valeur constitutionnelle que le respect de la souveraineté nationale ne fait pas obstacle à ce que, sur le fondement des dispositions précitées du préambule de la Constitution de 1946, la France puisse conclure, sous réserve de réciprocité, des engagements internationaux en vue de participer à la création ou au développement d'une organisation internationale permanente, dotée de la personnalité juridique et investie de pouvoirs de décision par l'effet de transferts de compétences consentis par les États membres ;

14. Considérant toutefois qu'au cas où des engagements internationaux souscrits à cette fin contiennent une clause contraire à la Constitution ou portent atteinte aux conditions essentielles d'exercice de la souveraineté nationale, l'autorisation de les ratifier appelle une révision constitutionnelle ;

15. Considérant que c'est au regard de ces principes qu'il revient au Conseil constitutionnel de procéder à l'examen du traité sur l'Union européenne ; (...) »

Faits

Le Conseil constitutionnel a été saisi, le 11 mars 1992, par le président de la République, conformément à l'article 54 de la Constitution, de la question de savoir si, compte tenu des engagements souscrits par la France et des modalités de leur entrée en vigueur, l'autorisation de ratifier le traité sur l'Union européenne signé à Maastricht le 7 février 1992 est conforme à la Constitution et doit, le cas échéant, être précédée d'une révision de la Constitution.

Portée

Chaque fois que le Conseil est saisi d'un engagement international, la question de sa compatibilité avec le principe de la souveraineté nationale a dominé les débats ; et toujours, il doit donner sa réponse dans un climat politique d'une intense gravité dramatique. L'élection du Parlement européen au suffrage universel direct, les accords de Schengen, le Traité de Maastricht, le Traité établissant une constitution pour l'Europe, le Traité de Lisbonne sont considérés comme des mises en cause de l'existence même de la Nation ; et par conséquent, de la décision des juges constitutionnels dépend l'avenir de l'identité nationale. Il est compréhensible que, soumis à une telle pression, le Conseil ait desserré les contraintes politiques progressivement, en élaborant sa doctrine en trois étapes principales.

La première décision importante est celle du 30 décembre 1976. Le Conseil y oppose nettement les *limitations de souveraineté* permises par la Constitution sous réserve de réciprocité, et les *transferts de souveraineté* qui ne sont pas autorisés par la Constitution. Ainsi, il considère que l'élection du Parlement européen au suffrage universel direct ne peut s'analyser comme un transfert de souveraineté pour trois raisons principales : elle ne modifie pas les compétences et les pouvoirs des institutions européennes ; elle ne modifie pas la nature de l'Assemblée européenne qui reste consultative et composée non de députés européens mais de représentants français, allemands... ; elle n'a pas pour effet de créer une souveraineté européenne ni de diminuer les pouvoirs des institutions de la République française.

La doctrine jurisprudentielle paraît donc, en 1976, parfaitement conçue et cohérente : pour éviter toute dérive supranationale, elle pose un principe clair, la distinction entre limitation et transfert de souveraineté, et, pour assurer le respect de ce principe, elle rappelle et ouvre largement aux parlementaires la possibilité de saisir le Conseil d'une modification des traités. Pourtant, cette doctrine peut ne pas emporter la conviction, en particulier l'opposition entre limitation et transfert de souveraineté. Limiter la souveraineté d'un État n'est pas autre chose que restreindre le domaine de ses compétences, de ses attributions ; or, cette restriction ne peut s'analyser que comme la conséquence d'un transfert des compétences de l'État à une autorité internationale. Ainsi, en a jugé la Cour de justice des Communautés européennes lorsqu'elle a considéré qu'en transférant des attributions à la Communauté, les États « ont limité leurs droits souverains ».

Dans un second temps, le Conseil – peut-être conscient de la fragilité de sa construction – prend ses distances avec sa jurisprudence de 1976. Il ne se réfère plus à la distinction limitation-transfert, mais, dans la décision du 22 mai 1985, au respect ou non « des conditions essentielles d'exercice de la souveraineté nationale » que sont « le devoir pour l'État d'assurer le respect des institutions de la République, la continuité de la vie de la Nation et la garantie des droits et libertés des citoyens » ; et, en l'espèce, il juge qu'aucune de ces trois conditions n'est mise en cause par le protocole additionnel à la Convention européenne des droits de l'Homme concernant l'abolition de la peine de mort.

La troisième étape est clairement définie et exposée dans cette décision du 9 avril 1992 : *le respect de la souveraineté nationale ne fait pas obstacle à ce que la France consente des transferts de compétence.* Pour opérer ce revirement de jurisprudence par rapport à la décision du 30 décembre 1976, le Conseil s'appuie essentiellement sur le Préambule de 1946 qui dispose, dans ses quatorzième et quinzième alinéas, que la France se conforme aux règles du droit public international, et, sous réserve de réciprocité, consent aux limitations de souveraineté nécessaires à l'organisation et à la défense de la paix. Ces principes légitiment, selon le Conseil, que la France « puisse conclure, sous réserve de réciprocité, des engagements internationaux en vue de participer à la création ou au développement d'une organisation internationale permanente, dotée de la personnalité juridique et investie de pouvoirs de décision », et par conséquent qu'elle accepte, comme les autres États membres, des transferts de compétence. Il faut observer qu'à la formule « limitations de souveraineté » expressément contenue dans le quinzième alinéa du Préambule de 1946, le Conseil préfère celle de « transferts de compétences » qui a le double avantage d'être politiquement plus neutre et juridiquement en congruence avec l'arrêt de la Cour de justice des Communautés européennes, *Costa/ENEL*.

Cette nouvelle doctrine ne signifie pas pour autant que tout transfert de compétence soit conforme à la Constitution. Le Conseil distingue en effet deux hypothèses d'inconstitutionnalité : lorsque les engagements internationaux contiennent une clause contraire à la Constitution et lorsqu'ils « portent atteinte aux conditions essentielles d'exercice de la souveraineté nationale ». Dans ces deux cas, déclare le Conseil, l'autorisation de ratifier les engagements « appelle une révision constitutionnelle ».

Sous le rapport d'une contrariété directe avec la Constitution, il juge, dans sa décision du 9 avril 1992, que le droit de vote et d'éligibilité des ressortissants européens aux élections municipales était contraire aux articles 3, 24 et 72 de la Constitution. Dans la décision du 22 janvier 1999, le Conseil juge que les stipulations de l'article 27 du Traité sur la Cour pénale prévoyant que la responsabilité pénale s'applique à tous de manière égale, sans aucune distinction fondée sur la qualité officielle sont contraires aux articles 26, 68 et 68-1 de la Constitution définissant au profit du chef de l'État, des ministres et des parlementaires un régime particulier de responsabilité.

Sous le rapport des conditions essentielles d'exercice de la souveraineté nationale, le Conseil juge que deux stipulations du Traité de Maastricht y portent atteinte. D'abord, l'Union économique et monétaire dont la réalisation se traduira, selon le Conseil, « par la mise en œuvre d'une politique monétaire et d'une politique de change unique suivant des modalités telles qu'un État membre sera privé de compétences propres dans un domaine où seront en cause les conditions essentielles d'exercice de la souveraineté nationale ». Une déception pédagogique : le Conseil ne dit pas en quoi les modalités prévues par le traité ont cet effet. Il se contente, dans de longs considérants, d'exposer, en citant directement les articles du traité, les trois phases du processus de réalisation de la monnaie unique, comme si le simple énoncé de ces modalités suffisait à lui-seul à prouver évidemment leur caractère attentatoire aux conditions essentielles d'exercice de la souveraineté nationale. Ensuite sont jugées affecter les conditions essentielles d'exercice de la souveraineté nationale les stipulations du Traité de Maastricht relatives à la politique commune en matière de visas à l'égard des pays tiers. Là, le Conseil explique son jugement. C'est l'*abandon de la règle de l'unanimité* pour décider de cette politique qui « pourrait conduire » à porter atteinte aux prérogatives de l'État. Il semble donc que le départ entre transferts inconstitutionnels et transferts constitutionnels dépend moins de l'objet des compétences transférées que des règles de prise des décisions communautaires, à la majorité ou à l'unanimité. Ainsi, dans la *décision du 31 décembre 1997*, le Conseil déclare l'inconstitutionnalité de dispositions du Traité d'Amsterdam relatives aux transferts de compétences en matière de visas, d'asiles, de libre circulation de personnes, d'immigration, et du franchissement des frontières intérieures et extérieures des États membres, toutes dispositions pour lesquelles le Traité prévoyait, après une période transitoire de cinq ans, le passage de la règle de l'unanimité à la règle de la majorité qualifiée et à la procédure de co-décision. Tant que « les décisions sont prises à l'unanimité, insiste le Conseil, les conditions essentielles d'exercice de la souveraineté ne sont pas affectées ». L'unanimité, en effet, par le jeu du droit de veto, préserve ces conditions ; la majorité qualifiée, non, puisque la France pourrait se retrouver, un jour, dans le camp de la minorité, obligée d'appliquer une décision contre laquelle elle aurait voté. D'où la censure prononcée par le Conseil en 2007 à l'encontre de plusieurs dispositions du Traité de Lisbonne permettant le passage de la règle de l'unanimité à un mode de décision majoritaire au sein du Conseil des ministres.

Dans le même esprit, le Conseil juge, dans sa décision du 13 octobre 2005 que les conditions essentielles d'exercice de la souveraineté nationale seraient affectées par le caractère *irrévocable* de l'adhésion de la France à un engagement international « touchant à un domaine inhérent à celle-ci ». Ce qui lui permet, en l'espèce, de distinguer le cas du protocole du Pacte international relatif aux droits civils et politiques de celui du protocole de la Convention européenne des droits de l'Homme, relatifs pourtant l'un et l'autre à l'abolition définitive de la peine de mort : le premier, juge le Conseil, porte atteinte aux conditions essentielles d'exercice de la souveraineté car il interdit toute dénonciation « y compris dans le cas où un danger public exceptionnel menace l'existence de la Nation » ; le second les respecte car il autorise sa dénonciation par les États-parties.

Pour aller plus loin

- Cons. const., 30 décembre 1976, n° 76-71 DC, R. p. 15.
- CJCE, 15 juillet 1964, *Costa/ENEL*, R. p. 1159.
- Cons. const., 13 octobre 2005, n° 2005-524/525 DC, R. p. 14.
- Cons. const., 31 décembre 1997, n° 97-394 DC, R. p. 34.
- Cons. const., 22 mai 1985, n° 85-188 DC, R. p. 15.

2 Cons. const., 27 juill. 2006, n° 2006-540 DC, *Loi relative au droit d'auteur et aux droits voisins dans la société de l'information*

« 17. Considérant qu'aux termes du premier alinéa de l'article 88-1 de la Constitution : " La République participe aux Communautés européennes et à l'Union européenne, constituées d'États qui ont choisi librement, en vertu des traités qui les ont instituées, d'exercer en commun certaines de leurs compétences " ; qu'ainsi, la transposition en droit interne d'une directive communautaire résulte d'une exigence constitutionnelle ;
18. Considérant qu'il appartient par suite au Conseil constitutionnel, saisi dans les conditions prévues par l'article 61 de la Constitution d'une loi ayant pour objet de transposer en droit interne une directive communautaire, de veiller au respect de cette exigence ; que, toutefois, le contrôle qu'il exerce à cet effet est soumis à une double limite ;
19. Considérant, en premier lieu, que la transposition d'une directive ne saurait aller à l'encontre d'une règle ou d'un principe inhérent à l'identité constitutionnelle de la France, sauf à ce que le constituant y ait consenti ;
20. Considérant, en second lieu, que, devant statuer avant la promulgation de la loi dans le délai prévu par l'article 61 de la Constitution, le Conseil constitutionnel ne peut saisir la Cour de justice des Communautés européennes de la question préjudicielle prévue par l'article 234 du traité instituant la Communauté européenne ; qu'il ne saurait en conséquence déclarer non conforme à l'article 88-1 de la Constitution qu'une disposition législative manifestement incompatible avec la directive qu'elle a pour objet de transposer ; qu'en tout état de cause, il revient aux autorités juridictionnelles nationales, le cas échéant, de saisir la Cour de justice des Communautés européennes à titre préjudiciel.

■ *Faits*

Suite au vote de la loi relative au droit d'auteur et aux droits voisins dans la société d'information, les requérants contestaient la constitutionnalité de plusieurs de ces dispositions ; et, comme certaines d'entre elles étaient la transposition de la directive européenne du 22 mai 2001, ils contestaient la constitutionnalité de cette directive.

Depuis l'arrêt *Costa c/ Enel* du 15 juillet 1964, la validité du droit communautaire dérivé se trouve dans le droit communautaire originaire qui fonde la validité de son intégration dans les ordres juridiques nationaux ; résultat nécessaire d'une exigence communautaire, aucun élément du droit national, y compris l'élément constitutionnel, ne peut mettre en échec le droit communautaire dérivé ; et cette exigence est « sécurisée » ou garantie par le pouvoir d'intenter devant la Cour de Luxembourg une action en manquement contre un État qui exciperait de son droit constitutionnel pour ne pas la respecter.

En d'autres termes, le « système » communautaire interdit, au nom de sa propre logique d'existence, toute possibilité de contrôle de constitutionnalité direct ou indirect du droit communautaire dérivé et « invite » les juges constitutionnels à se soumettre en se démettant de cette fonction sous peine de placer « leur » État en situation d'être condamné par la Cour de Luxembourg.

Quelle réponse le Conseil donne-t-il à cette situation ?

■ *Portée*

Sous l'apparence d'un maintien constitutionnel, il se soumet. La résistance apparente se lit dans la partie du considérant énonçant que « la transposition en droit interne d'une directive communautaire résulte d'une exigence constitutionnelle ». Affirmer, en effet, que le fondement de l'obligation de transposer dans la législation nationale les directives n'est pas le droit communautaire mais le droit constitutionnel permet de maintenir l'autonomie du second par rapport au premier. Mais cette affirmation ressemble fort à un tour de passe-passe dans la mesure où le fondement constitutionnel revendiqué par le Conseil, l'article 88-1 de la Constitution, est issu d'une révision constitutionnelle destinée, en 1992, à lever les obstacles constitutionnels à la pleine effectivité du droit communautaire originaire et dérivé. Autrement dit, « l'exigence constitutionnelle » sollicitée par le Conseil est transparente ; elle laisse voir le fondement communautaire de l'exigence de transposer dans les lois nationales les directives ; au mieux, il serait possible de soutenir que la transposition en droit interne d'une directive communautaire résulte d'une exigence communautaire constitutionnalisée par la révision de 1992.

Mais, au-delà de cette résistance apparente, le Conseil se soumet. Il accepte d'abord l'autorité du droit communautaire dérivé sur la législation nationale par... ce même membre de phrase car, si la transposition est une exigence constitutionnelle, il doit en assurer le respect et, pour ce faire, il doit vérifier que la loi de transposition n'est pas contraire à la directive qui devient ainsi, pour cette loi mais aussi et nécessairement pour n'importe quelle autre loi, une norme de référence possible pour le contrôle de constitutionnalité. Parce que le Conseil est le gardien de toutes les exigences constitutionnelles et que le constituant a fait du respect des traités européens une « exigence constitutionnelle », le droit communautaire originaire et dérivé se trouve intégré au bloc de constitutionnalité et le Conseil promu protecteur de ce droit communautaire constitutionnalisé contre le législateur national. Le Conseil refuse ce rôle et, par un « arrangement raisonnable », a abandonné aux juridictions administratives et judiciaires le contrôle du respect de cette exigence constitutionnelle : à elles le contentieux de la conformité des lois au droit de l'Union, au Conseil le contentieux de la conformité des lois à la Constitution. Cette répartition des territoires doit plus à des considérations institutionnelles, à la politique des « arrangements raisonnables » entre acteurs du champ juridictionnel qu'à la logique juridique pure.

Surtout, le Conseil se soumet en reconnaissant son incompétence de principe pour contrôler la constitutionnalité des directives : « il n'appartient qu'au juge communautaire, affirme clairement le Conseil, de contrôler le respect par une directive communautaire tant des compétences définies par les traités que des droits fondamentaux garantis par l'article 6 du traité sur l'Union européenne ». De cette formulation il résulte que ce qui « bloque » la compétence du juge constitutionnel, ce qui fait « écran » à son contrôle n'est pas la directive mais la compétence du juge communautaire pour connaître d'un éventuel excès de pouvoir et/ou manquement au respect des droits fondamentaux d'une directive, compétence que le juge constitutionnel reconnaît et devant laquelle il s'efface. Par le privilège de juridiction ainsi accordé à la directive, le Conseil ne règle pas seulement un problème de « territoire » entre lui et la Cour de Luxembourg ; il règle aussi, par ricochet, celui des rapports entre droit communautaire et Constitution au profit du premier puisque, du fait de l'incompétence de principe du Conseil, aucune disposition constitutionnelle ne peut être utilisée pour empêcher la transposition d'une directive.

Aucune ? Pas tout à fait car, par un sursaut d'institution, le Conseil réserve le cas de certaines dispositions constitutionnelles qui pourraient prévaloir sur une directive et pour le respect desquelles il retrouverait compétence : il ne pourrait être fait obstacle à la transposition en droit interne d'une directive, déclare en effet le Conseil, que si elle allait « à l'encontre d'une règle ou d'un principe inhérent à l'identité constitutionnelle de la France ». Une exception donc au principe d'incompétence dont l'étendue dépend de la compréhension des termes *a priori* énigmatiques « d'identité constitutionnelle ».

Cette nouvelle rédaction fait écho à l'article I.5 du traité établissant une Constitution pour l'Europe qui stipulait que « l'Union respecte l'identité nationale des États membres inhérente à leurs structures fondamentales politiques et constitutionnelles ». Mais elle reste toujours mystérieuse : quelles sont les règles et les principes qui font, au sens fort du terme, l'identité constitutionnelle de la France ? Il était permis de penser que les services publics constitutionnels, dits aussi, précisément, services publics « à la française », caractérisaient l'identité constitutionnelle de la France et pouvaient faire obstacle à la transposition d'une directive privatisant le secteur de l'énergie. Pourtant, au terme d'un raisonnement discutable, le Conseil, dans sa décision du 30 novembre 2006, a jugé qu'EDF n'entrait pas dans la catégorie des services publics constitutionnels.

Se référer à cette réserve de compétence pour affirmer que, par cette décision, le juge constitutionnel ne s'est pas soumis au droit communautaire et à ses propres procédures juridictionnelles de contrôle de ses éventuelles violations, paraît donc excessif pour deux raisons principales. Cette réserve est d'abord limitée. Sans en avoir fait le décompte exact, le nombre de droits fondamentaux communs au droit constitutionnel français et au droit européen est certainement très supérieur à celui des libertés qui ne seraient reconnues et protégées que par la Constitution nationale ; même le principe de laïcité, souvent présenté comme spécifique à la tradition constitutionnelle française, est reconnu par la Cour de Strasbourg comme un élément constitutif de la société démocratique européenne ; dès lors, la réserve de compétence risque de devenir un mécanisme procédural « rouillé » à force de n'être pas utilisée.

À supposer qu'elle le soit, cette réserve est surtout impossible ou fantasmatique, au sens où elle est une production de l'imagination du Conseil par laquelle il cherche à échapper à l'emprise de la réalité. Si, en effet, le Conseil, faisant jouer sa réserve de compétence, déclarait contraire à une disposition constitutionnelle propre à la France une directive et empêchait ainsi sa transposition en droit interne, cette transposition n'en resterait pas moins une obligation communautaire.

Et une action en manquement pourrait être diligentée contre la France devant la Cour de Luxembourg qui, appliquant sa jurisprudence traditionnelle selon laquelle « un État ne saurait exciper des dispositions de son ordre juridique national, y compris constitutionnel, pour justifier le non-respect des obligations résultant de directives communautaires », sanctionnerait certainement les autorités françaises. Qui devraient alors, soit transposer la directive malgré la censure du Conseil, soit faire procéder à une révision de la Constitution pour faire sauter l'obstacle stigmatisé par la décision du Conseil.

Pour le reste, il convient d'observer que le Conseil a décliné sa compétence à l'égard de dispositions législatives transposant une directive relative à l'accès aux réseaux de communications électroniques, une directive relative à la protection juridique des inventions biotechnologiques et une directive relative au traitement et à la libre circulation des données à caractère personnel.

Ultérieurement, plusieurs dispositions législatives ont échappé au contrôle de constitutionnalité en ce qu'elle transposait fidèlement, par exemple, des directives relatives à la dissémination volontaire d'OGM, au retour des ressortissants de pays tiers en séjour irrégulier ou au droit des consommateurs.

Sans doute ne faut-il pas tirer de conclusions hâtives de cette série jurisprudentielle mais, s'il est vrai que le nombre de lois de transposition s'accroît, un nombre toujours grandissant de dispositions législatives échappera, mécaniquement, au contrôle de constitutionnalité en application de la décision du 27 juillet 2006. D'où l'importance stratégique pour le

Conseil de compenser ce déclin programmé par l'attrait du droit communautaire dérivé dans ses normes de référence afin de s'ouvrir un espace de contrôle de « l'exigence constitutionnelle » du respect des directives non seulement par les lois de transpositions mais aussi par toute loi.

Pour aller plus loin

- L. Burgorgue-Larsen (dir.), *L'identité constitutionnelle saisie par les juges en Europe*, Pedone, 2011.
- F.-X. Millet, *L'Union européenne et l'identité constitutionnelle des États membres*, LGDJ, 2013.
- **Cons. const., 30 novembre 2006, n° 2006-543 DC**, R. p. 120.
- **Cons. const., 1er juillet 2004, n° 2004-497 DC**, R. p. 109.
- **Cons. const., 29 juillet 2004, n° 2004-497 DC**, R. p. 122.
- **Cons. const., 29 juillet 2004, n° 2004-499 DC**, R. p. 127.
- **Cons. const., 19 juin 2008, n° 2008-564 DC**, R. p. 167.
- **Cons. const., 9 juin 2011, n° 2011-631 DC**, R. p. 252.
- **Cons. const., 13 mars 2014, n° 2014-690 DC**, JO 18 mars 2014, p. 5450.

3 Cons. const., 4 avril 2013, n° 2013-314 QPC, *M. Jeremy F. [Absence de recours en cas d'extension des effets du mandat d'arrêt européen – question préjudicielle à la Cour de justice de l'Union européenne]*

« 1. Considérant que la décision-cadre du 13 juin 2002 susvisée a institué le mandat d'arrêt européen afin de simplifier et d'accélérer l'arrestation et la remise entre les États de l'Union européenne des personnes recherchées pour l'exercice de poursuites pénales ou pour l'exécution d'une peine ou d'une mesure de sûreté privatives de liberté ; que l'article 17 de la loi du 9 mars 2004 susvisée a inséré, dans le code de procédure pénale, les articles 695-11 à 695-51 relatifs au mandat d'arrêt européen ;

2. Considérant que l'article 695-46 du Code de procédure pénale fixe les règles de la procédure concernant les décisions prises par les autorités judiciaires françaises postérieurement à la remise aux autorités d'un autre État membre de l'Union européenne d'une personne arrêtée en France en vertu d'un mandat d'arrêt européen émis par ces autorités ; que, dans leur rédaction résultant de la loi du 12 mai 2009 susvisée, les deux premiers alinéas de l'article 695-46 confient à la chambre de l'instruction la compétence pour statuer sur toute demande émanant des autorités compétentes de l'État membre qui a émis le mandat d'arrêt européen en vue de consentir soit à des poursuites ou à la mise à exécution d'une peine ou d'une mesure de sûreté privatives de liberté prononcées pour d'autres infractions que celles ayant motivé la remise et commises antérieurement à celles-ci, soit à la remise de la personne recherchée à un autre État membre en vue de l'exercice de poursuite ou de l'exécution d'une peine ou d'une mesure de sûreté privatives de liberté pour un fait quelconque antérieur à la remise et différent de l'infraction qui a motivé cette mesure ; qu'aux termes du quatrième alinéa de l'article 695-46 du Code de procédure pénale : « La chambre de l'instruction statue sans recours après s'être assurée que la demande comporte aussi les renseignements prévus à l'article 695-13 et avoir, le cas échéant, obtenu des garanties au regard des dispositions de l'article 695-32, dans le délai de trente jours à compter de la réception de la demande » ;

3. Considérant que, selon le requérant, en excluant tout recours contre la décision de la chambre de l'instruction autorisant, après la remise d'une personne à un État membre de l'Union européenne en application d'un mandat d'arrêt européen, l'extension des effets de ce mandat à d'autres infractions, les dispositions du quatrième alinéa de l'article 695-46 précité portent atteinte au principe d'égalité devant la justice et au droit à un recours juridictionnel effectif ;

4. Considérant, d'une part, qu'aux termes de l'article 16 de la Déclaration des droits de l'Homme et du citoyen de 1789 : « Toute société dans laquelle la garantie des droits n'est pas assurée, ni la séparation des pouvoirs déterminée, n'a point de Constitution » ; qu'il résulte de cette disposition qu'il ne doit pas être porté d'atteintes substantielles au droit des personnes intéressées d'exercer un recours effectif devant une juridiction ; qu'aux termes de son article 6, la loi « doit être la même pour tous, soit qu'elle protège, soit qu'elle punisse » ; que, si le législateur peut prévoir des règles de procédure différentes selon les faits, les situations et les personnes auxquelles elles s'appliquent, c'est à la condition que ces différences ne procèdent pas de distinctions injustifiées et que soient assurées aux justiciables des garanties égales, notamment quant au respect du principe des droits de la défense, qui implique en particulier l'existence d'une procédure juste et équitable garantissant l'équilibre des droits des parties ;

5. Considérant d'autre part, qu'aux termes de l'article 88-2 de la Constitution : « La loi fixe les règles relatives au mandat d'arrêt européen en application des actes pris par les institutions de l'Union européenne » ; que, par ces dispositions particulières, le constituant a entendu lever les obstacles constitutionnels s'opposant à l'adoption des dispositions législatives découlant nécessairement des actes pris par les institutions de l'Union européenne relatives au mandat d'arrêt européen ; que, par suite, il appartient au Conseil constitutionnel saisi de dispositions législatives relatives au mandat d'arrêt européen de contrôler la conformité à la Constitution de celles de ces dispositions législatives qui procèdent de l'exercice, par le législateur, de la marge d'appréciation que prévoit l'article 34 du Traité sur l'Union européenne, dans sa rédaction alors applicable ;

6. Considérant que, selon le paragraphe 3 de son article 1er, la décision-cadre « ne saurait avoir pour effet de modifier l'obligation de respecter les droits fondamentaux et les principes juridiques fondamentaux tels qu'ils sont consacrés par l'article 6 du traité sur l'Union européenne » ; que son article 27 prévoit les conditions dans lesquelles l'autorité judiciaire qui a ordonné la remise d'une personne en application d'un mandat d'arrêt européen statue sur une demande des autorités à qui la personne a été remise, tendant à ce que cette personne puisse être poursuivie, condamnée ou privée de liberté pour une infraction commise avant sa remise autre que celle qui a motivé celle-ci ; que son article 28 fixe les conditions dans lesquelles cette même autorité judiciaire consent à ce que la personne soit ultérieurement remise à un autre État membre ; que la dernière phrase du paragraphe 4 de l'article 27 ainsi que le c) du paragraphe 3 de l'article 28 indiquent que « la décision est prise au plus tard trente jours après réception de la demande » ;
7. Considérant que, pour juger de la conformité du quatrième alinéa de l'article 695-46 du Code de procédure pénale aux droits et libertés que garantit la Constitution, il appartient au Conseil constitutionnel de déterminer si la disposition de ce texte qui prévoit que la chambre de l'instruction « statue sans recours dans le délai de trente jours. À compter de la réception de la demande » découle nécessairement de l'obligation faite à l'autorité judiciaire de l'État membre par le paragraphe 4 de l'article 27 et le c) du paragraphe 3 de l'article 28 de la décision-cadre de prendre sa décision au plus tard trente jours après la réception de la demande ; qu'au regard des termes précités de la décision-cadre, une appréciation sur la possibilité de prévoir un recours contre la décision de la juridiction initialement saisie au-delà du délai de trente jours et suspendant l'exécution de cette décision exige qu'il soit préalablement statué sur l'interprétation de l'acte en cause ; que, conformément à l'article 267 du Traité sur le fonctionnement de l'Union européenne, la Cour de justice de l'Union européenne est seule compétente pour se prononcer à titre préjudiciel sur une telle question ; que, par suite, il y a lieu de la lui renvoyer et de surseoir à statuer sur la question prioritaire de constitutionnalité posée par M. F. ;
8. Considérant que, compte tenu du délai de trois mois dans lequel le Conseil constitutionnel est tenu, en application de l'article 23-10 de l'ordonnance du 7 novembre 1958 susvisée, d'examiner la question prioritaire de constitutionnalité, de l'objet de la question préjudicielle posée relative à l'espace de liberté, de sécurité et de justice, et de la privation de liberté dont le requérant fait l'objet dans la procédure à l'origine de la présente question prioritaire de constitutionnalité, il y a lieu de demander la mise en œuvre de la procédure d'urgence prévue par l'article 23 bis du protocole n° 3 au traité sur le fonctionnement de l'Union européenne sur le statut de la Cour de justice de l'Union européenne,
Décide :
Article 1er.- Il y a lieu de demander à la Cour de justice de l'Union européenne de statuer à titre préjudiciel sur la question suivante :
Les articles 27 et 28 de la décision-cadre n° 2002/584/JAI du Conseil, du 13 juin 2002, relative au mandat d'arrêt européen et aux procédures de remise entre États membres, doivent-ils être interprétés en ce sens qu'ils s'opposent à ce que les États membres prévoient un recours suspendant l'exécution de la décision de l'autorité judiciaire qui statue, dans un délai de trente jours à compter de la réception de la demande, soit afin de donner son consentement pour qu'une personne soit poursuivie, condamnée ou détenue en vue de l'exécution d'une peine ou d'une mesure de sûreté privatives de liberté, pour une infraction commise avant sa remise en exécution d'un mandat d'arrêt européen, autre que celle qui a motivé sa remise, soit pour la remise d'une personne à un État membre autre que l'État membre d'exécution, en vertu d'un mandat d'arrêt européen émis pour une infraction commise avant sa remise ?
Article 2.- Il est demandé à la Cour de justice de l'Union européenne de statuer selon la procédure d'urgence.
Article 3.- Il est sursis à statuer sur la question prioritaire de constitutionnalité posée par M. Jeremy F. »

■ *Faits*

Venu en France avec une de ses élèves âgée de 15 ans, un enseignant anglais est arrêté en France sur le fondement d'un mandat d'arrêt européen délivré par le juge de la cour d'assises de Maidstone (Royaume-Uni) et remis aux autorités britanniques en vertu d'une autorisation de la chambre d'instruction de Bordeaux du 4 octobre 2012. Arrivé sur le territoire britannique, il est interrogé sur des faits de relation sexuelle avec cette élève ; le juge britannique refuse cependant de le mettre en détention sur le fondement de faits qui n'étaient pas visés dans le mandat d'arrêt européen mais demande aux autorités françaises l'extension de ce mandat qui est accordé par la chambre de l'instruction de Bordeaux le 15 janvier 2013.

Selon les dispositions de l'article 695-46 du Code de procédure pénale issues de la directive instituant le mandat d'arrêt européen, la chambre d'instruction doit statuer « sans recours ». L'enseignant anglais conteste l'extension du mandat d'arrêt devant la Cour de cassation et soulève une QPC fondée sur l'atteinte au droit à un recours juridictionnel constituée selon lui par l'obligation faite au juge de statuer « sans recours ».

■ *Portée*

La décision du 4 avril 2013 n'est pas seulement un infléchissement jurisprudentiel, elle est un revirement et davantage encore peut-être une création jurisprudentielle. Il était, en effet, entendu que le mécanisme français de contrôle de constitutionnalité empêchait toute possibilité de recours aux juges de Luxembourg.

Dans sa décision du 30 novembre 2006, le Conseil rappelait encore que, « devant statuer avant la promulgation de la loi dans le délai prévu par l'article 61 de la Constitution, il ne peut saisir la Cour de justice des Communautés européennes de la question préjudicielle prévue par l'article 234 du traité instituant la Communauté européenne et qu'en tout état de cause, il revient aux autorités juridictionnelles nationales, le cas échéant, de saisir la Cour de justice des Communautés européennes à titre préjudiciel ».

Sept ans plus tard, le Conseil décide pourtant de saisir la Cour de Luxembourg d'une question préjudicielle et donc de surseoir à statuer dans l'attente de sa réponse.

Pour atténuer l'importance du changement, certains pourraient vouloir le circonscrire au seul contrôle *a posteriori* ; mais outre qu'il occupe désormais une place majeure dans le contentieux constitutionnel, la différence de délai pour statuer – un mois en *a priori* et trois en *a posteriori* – ne peut être un argument pertinent non seulement parce qu'elle est faible, non seulement parce que la saisine de la Cour est de nature à faire « sauter » aussi bien le délai d'un mois que de trois mois mais surtout parce que le pouvoir de saisir la Cour est intrinsèquement lié à la logique du contrôle des lois de transposition des directives que ce soit *a priori* ou *a posteriori*. Le délai d'un mois pour les DC et de trois mois pour les QPC est une obligation imposée par l'ordonnance du 7 novembre 1958 que le Conseil rappelle dans sa décision du 4 avril 2013 ; mais il juge que cette obligation ne lui interdit pas de transmettre une question préjudicielle alors que cette saisine peut le conduire à statuer au-delà du délai de trois mois. Ce que le Conseil n'ignore pas puisqu'il prend soin de demander à la Cour de Luxembourg de mettre en œuvre la procédure d'urgence prévue par l'article 23 *bis* du protocole n° 3 du Traité de Lisbonne et que, par prudence, il prononce le sursis à statuer sur la QPC.

Là est, précisément, l'œuvre créatrice du Conseil qui redéfinit le cadre procédural arrêté par le législateur organique : il prononce un sursis à statuer, ce qui n'est prévu dans aucun texte ; il se libère du respect du délai de trois mois pour juger une QPC. À l'appui de cette création jurisprudentielle, il est possible d'invoquer la théorie des pouvoirs implicites formulée pour la première fois par la Cour suprême des États-Unis.

Selon cette théorie, toute institution doit avoir, en plus des compétences qui lui sont explicitement attribuées, les pouvoirs nécessaires à l'accomplissement de ses compétences car, même s'ils ne lui sont pas expressément reconnus, ces pouvoirs participent de la logique et de l'efficacité du système.

Ainsi, en l'espèce, le Conseil ne pourrait exercer sa compétence de contrôle des lois de transposition des directives s'il ne pouvait saisir la Cour de Luxembourg. La logique d'un système dont les propriétés sont l'exigence constitutionnelle de transposition et l'application uniforme du droit européen implique en effet, même en l'absence expresse d'habilitation, que le juge chargé de vérifier le respect de cette exigence puisse demander à la Cour européenne de préciser la portée des directives. Sans quoi, le Conseil ne pourrait exercer efficacement sa compétence de contrôle : il a « besoin » de savoir la signification d'une disposition communautaire pour dire si la loi l'a correctement transposée et, dans le cadre juridique actuel, en cas de doute, il ne peut le savoir qu'en posant une question préjudicielle à la Cour de Luxembourg.

Et, ce faisant, le Conseil s'arrime au système juridictionnel européen. La question de droit était simple : la décision-cadre relative au mandat d'arrêt européen ayant posé qu'il devait être statué « au plus tard trente jours après réception » d'une demande d'extension, la loi française avait elle fait une transposition correcte de cette exigence en disposant que « la chambre d'instruction statue sans recours dans un délai d'un mois à compter de la réception de la demande » ? Si oui, le Conseil devait décliner sa compétence puisqu'il refuse de se prononcer sur les dispositions législatives « qui se bornent à tirer les conséquences nécessaires des dispositions inconditionnelles et précises d'une directive européenne » ; si non, il pouvait exercer son contrôle sur une disposition relevant de la seule responsabilité du législateur français. Le Conseil aurait pu considérer que, puisque la Cour de cassation lui avait transmis l'affaire, c'est qu'elle avait jugé que l'expression « sans recours » ne découlait pas nécessairement de la décision-cadre mais du choix du législateur français. Il a préféré relever la portée imprécise des dispositions de la décision-cadre se mettant ainsi dans la situation de « devoir » saisir la CJUE pour lui demander, en vertu de l'article 267 du Traité sur le fonctionnement de l'Union européenne, si les articles 27 et 28 de la décision-cadre doivent se comprendre comme interdisant toute possibilité de recours.

Après ce coup d'audace juridictionnelle, tout s'est déroulé avec diplomatie. La Cour de Luxembourg a jugé, le 30 mai 2013, que le choix du législateur français d'exclure tout recours n'était pas la conséquence nécessaire de la décision-cadre relative au mandat d'arrêt européen. Et le 14 juin 2013, le Conseil en a conclu qu'il était compétent pour apprécier la constitutionnalité de ce choix et a jugé qu'il apportait « une atteinte injustifiée au droit à exercer un recours juridictionnel effectif ».

Quatre « leçons » principales peuvent être retenues de cette grande décision. D'abord, en décidant de demander à la Cour de Luxembourg si la rédaction de la décision-cadre doit être interprétée comme excluant la possibilité d'un recours contre une décision d'extension d'un mandat d'arrêt européen, le Conseil bascule du côtoiement des ordres juridiques constitutionnel et européen à leur enchâssement. Davantage même, à la subordination du premier au second. Évidemment, le degré de subordination dépendra de l'usage que fera le Conseil de la théorie de l'acte clair qui permet au juge de décider souverainement qu'il n'y a pas de difficultés d'interprétation et donc nulle obligation de transmettre une question préjudicielle à la Cour de Luxembourg. Ensuite, le contentieux européen devient, avec la décision du 4 avril 2013, un moment du contentieux constitutionnel. Et un moment important puisque la décision de la Cour de Luxembourg commande la suite du contrôle de constitutionnalité. Un système juridictionnel intégré se met en place : une affaire contentieuse naît devant le juge judiciaire français, se poursuit devant le juge constitutionnel français par l'introduction d'une QPC et se prolonge devant le juge européen par le renvoi d'une question préjudicielle ; et la décision rendue par le juge européen « redescend » vers les juges français en diffusant ses effets sur le contrôle de constitutionnalité et, par ricochet, sur le jugement au fond. Enfin, il ne faut pas négliger l'avantage institutionnel que le Conseil tire de sa décision : en faisant usage de l'article 267 du Traité de Lisbonne, il consolide sa nature juridictionnelle puisque selon cet article les questions préjudicielles sont transmises à la Cour de Luxembourg par les juridictions nationales des États membres. Si le Conseil a saisi la Cour, c'est donc qu'il est bien une juridiction ! Et une juridiction qui joue le jeu européen comme les cours constitutionnelles belge et espagnol qui ont également porté une question préjudicielle devant le juge de Luxembourg à la différence de la Cour allemande pourtant souvent prise pour modèle.

La dernière « leçon » ouvre sans doute une controverse théorique. En effet, en arrimant ainsi le contrôle de constitutionnalité au système juridictionnel européen, le Conseil autonomise le droit constitutionnel par rapport à ses sources nationales et le place dans un ensemble post-national où il se trouve « connecté » avec les autres droits, l'ensemble se transformant progressivement en « droit commun », en « droit constitutionnel commun ». S'il en devenait ainsi, la décision du 4 avril 2013 n'aurait pas seulement signé un revirement de jurisprudence ; elle aurait ouvert un revirement de paradigme juridique en décloisonnant les droits.

Pour aller plus loin

- CJUE, 30 mai 2013, aff. C-168/13 PPU.
- Cons. const., 14 juin 2013, n° 2013-314 QPC, R. p. 824.

La protection constitutionnelle des droits et libertés classiques

Chapitre 9

Depuis la grande décision du 16 juillet 1971, le Conseil intègre dans les normes de référence servant à son contrôle les différents textes mentionnés dans le Préambule de la Constitution (Déclaration de 1789, Préambule de 1946, et Charte de l'environnement). Figurent dans ces textes, évidemment, les libertés « classiques » c'est-à-dire celles qui concernent la personne, la pensée et (plus récemment) le procès. Des « grandes » décisions ont été rendues par le Conseil dans ces trois domaines.

1 Cons. const., 27 juill. 1994, n° 94-343/344 DC, *Loi relative au respect du corps humain*

« - Sur les normes de constitutionnalité applicables au contrôle des lois déférées :

2. Considérant que le Préambule de la Constitution de 1946 a réaffirmé et proclamé des droits, libertés et principes constitutionnels en soulignant d'emblée que : "Au lendemain de la victoire remportée par les peuples libres sur les régimes qui ont tenté d'asservir et de dégrader la personne humaine, le peuple français proclame à nouveau que tout être humain, sans distinction de race, de religion ni de croyance, possède des droits inaliénables et sacrés" ; qu'il en ressort que la sauvegarde de la dignité de la personne humaine contre toute forme d'asservissement et de dégradation est un principe à valeur constitutionnelle ;

3. Considérant que la liberté individuelle est proclamée par les articles 1, 2 et 4 de la Déclaration des droits de l'Homme et du citoyen ; qu'elle doit toutefois être conciliée avec les autres principes de valeur constitutionnelle ;

4. Considérant qu'aux termes du dixième alinéa du Préambule de la Constitution de 1946 : "La nation assure à l'individu et à la famille les conditions nécessaires à leur développement" et qu'aux termes de son onzième alinéa : "Elle garantit à tous, notamment à l'enfant, à la mère..., la protection de la santé" ;

- Sur les dispositions contestées par les députés auteurs de la seconde saisine : (...)

7. Considérant que l'article 9 de la loi dispose que les embryons existant à la date de sa promulgation et dont il a été vérifié qu'ils ne font l'objet ni d'une demande parentale ni d'une opposition à un accueil par un couple tiers et qu'ils satisfont aux règles de sécurité sanitaire en vigueur au jour de leur transfert pourront être confiés à un couple remplissant les conditions prévues à l'article L. 152-5 et qu'il ajoute que "si leur accueil est impossible et si la durée de leur conservation est au moins égale à cinq ans, il est mis fin à cette conservation" ;

8. Considérant que les députés auteurs de la seconde saisine soutiennent que cette dernière disposition porte atteinte au droit à la vie des embryons qui selon eux possèdent dès la conception tous les attributs de la personne humaine ; qu'elle établit une discrimination rompant le principe d'égalité entre les embryons selon qu'ils auront été conçus avant ou après la date de la promulgation de la loi ; que de même la loi ne pouvait sans méconnaître le principe d'égalité entre embryons humains d'un couple autoriser les parents et le corps médical à "sélectionner ceux des embryons qui seront réimplantés de ceux qui ne le seront pas" et "à sélectionner ceux des embryons qui seront donnés à des couples tiers de ceux qui ne le seront pas" ; que la possibilité ménagée par la loi de mener des études sur les embryons porte atteinte au respect de l'intégrité de la personne et du corps humain ; que la sélection des embryons méconnaît le principe à valeur constitutionnelle de la protection du patrimoine génétique de l'humanité ; que la possibilité d'avoir des enfants dont le parent naturel est un "tiers donneur" met en cause les droits de la famille tels qu'ils ont été conçus et garantis par le Préambule de la Constitution de 1946 ; que l'interdiction faite aux enfants qui seront nés d'une fécondation in vitro faisant intervenir un "tiers donneur" de connaître leur identité génétique et leurs parents naturels porte atteinte au droit à la santé de l'enfant et au libre épanouissement de sa personnalité ; que le législateur ne pouvait reconnaître à la commission nationale de médecine et de biologie de la reproduction et du diagnostic prénatal un pouvoir d'avis conforme sans violer le principe constitutionnel de séparation des pouvoirs d'autant plus qu'il a renvoyé au pouvoir réglementaire la détermination de la composition de cette commission ;

9. Considérant que le législateur a assorti la conception, l'implantation et la conservation des embryons fécondés in vitro de nombreuses garanties ; que cependant, il n'a pas considéré que devait être assurée la conservation, en toutes circonstances, et pour une durée indéterminée, de tous les embryons déjà formés ; qu'il a estimé que le principe du respect de tout être humain dès le commencement de sa vie ne leur était pas applicable ; qu'il a par suite nécessairement considéré que le principe d'égalité n'était pas non plus applicable à ces embryons ;

10. Considérant qu'il n'appartient pas au Conseil constitutionnel, qui ne détient pas un pouvoir d'appréciation et de décision identique à celui du Parlement, de remettre en cause, au regard de l'état des connaissances et des techniques, les dispositions ainsi prises par le législateur ;

11. Considérant que, s'agissant de la sélection des embryons, il n'existe, contrairement à ce que soutiennent les saisissants, aucune disposition ni aucun principe à valeur constitutionnelle consacrant la protection du patrimoine génétique de l'humanité ; qu'aucune disposition du Préambule de la Constitution de 1946 ne fait obstacle à ce que les conditions du développement de la famille soient assurées par des dons de gamètes ou d'embryons dans les conditions prévues par la loi ; que l'interdiction de donner les moyens aux enfants ainsi conçus de connaître l'identité des donneurs ne saurait être regardée comme portant atteinte à la protection de la santé telle qu'elle est garantie par ce Préambule ; qu'enfin, s'agissant des décisions individuelles relatives à des études à finalité médicale, l'exigence de l'avis conforme d'une commission administrative, dont les règles générales de composition sont définies par l'article L. 184-3 nouveau du Code de la santé publique et qui doit notamment s'assurer qu'il n'est pas porté atteinte à l'embryon, pouvait être prévue par le législateur sans qu'il méconnaisse par là sa propre compétence ; (...)
- Sur l'ensemble des dispositions des lois soumises à l'examen du Conseil constitutionnel :
18. Considérant que lesdites lois énoncent un ensemble de principes au nombre desquels figurent la primauté de la personne humaine, le respect de l'être humain dès le commencement de sa vie, l'inviolabilité, l'intégrité et l'absence de caractère patrimonial du corps humain ainsi que l'intégrité de l'espèce humaine ; que les principes ainsi affirmés tendent à assurer le respect du principe constitutionnel de sauvegarde de la dignité de la personne humaine ;
19. Considérant que l'ensemble des dispositions de ces lois mettent en œuvre, en les conciliant et sans en méconnaître la portée, les normes à valeur constitutionnelle applicables ; (...) »

■ Faits

En 1994, le législateur décide d'adopter plusieurs lois pour réglementer la « bioéthique » : la loi n° 94-548 du 1er juillet 1994 relative au traitement des données nominatives dans le domaine de la santé, la loi n° 94-653 du 29 juillet 1994 relative au respect du corps humain, et la loi n° 94-654 du 29 juillet 1994 relative au don et à l'utilisation des éléments et produits du corps humain, qui est l'objet de cette décision du 27 juillet 1994. Par cette décision, le Conseil consacre, pour la première fois, le principe constitutionnel de « dignité de la personne humaine ».

■ Portée

Le respect de la dignité de la personne humaine a été expressément consacré comme principe constitutionnel dans la décision du 27 juillet 1994 à partir d'un raisonnement sur les mots contenus dans le Préambule de 1946. Les constituants d'alors, rappelle le Conseil, ont justifié la réaffirmation des droits inaliénables et sacrés que possède tout être humain par la nécessité de condamner et de marquer nettement la rupture avec « les régimes qui ont tenté d'asservir et de dégrader la personne humaine ». « Il en ressort, décide le Conseil, que la sauvegarde de la dignité de la personne humaine contre toute forme d'asservissement et de dégradation est un principe à valeur constitutionnelle ».

Le choix des mots n'a certainement pas été laissé au hasard : « il ressort », veut signifier que le principe de dignité se dégage naturellement, sort tout seul des mots qui le contiennent comme l'enfant du ventre de sa mère ; signification renforcée par les mots « asservissement » et « dégradation » qui marquent la filiation directe avec les verbes « asservir » et « dégrader » utilisés par les constituants de 1946.

En bref, le Conseil veut faire savoir, par ce jeu de mots, qu'il n'a pas inventé le principe de dignité ; il était déjà là, en suspension dans les mots du constituant de 1946 ; il s'est limité à « réarranger » ses mots pour les mettre dans la forme d'écriture d'un principe.

À la suite de cette décision, le champ d'application du principe de dignité s'est étendu à d'autres domaines que la bioéthique. Dans la décision du 19 janvier 1995 (*n° 359 DC*), le Conseil constitutionnel combine par exemple ce principe avec les alinéas 10 et 11 du Préambule de 1946 pour qualifier « *la possibilité pour toute personne de disposer d'un logement décent d'objectif de valeur constitutionnelle* ». Alors qu'en 1990 il se limitait à dire que « promouvoir le logement des personnes défavorisées répond à une exigence d'intérêt national » (*n° 274 DC*), la découverte du principe de dignité humaine lui permet, en 1995, de transformer cette exigence en objectif de valeur constitutionnelle et de lui donner un contenu qualitatif : le logement, précise le Conseil, doit être « décent ». L'Objectif de valeur constitutionnelle relatif à la possibilité pour toute personne de disposer d'un logement décent permet ensuite au Conseil constitutionnel d'apprécier les atteintes portées au droit de propriété. Surtout, dans la décision du 29 mai 2015 (*n° 470 QPC*) relative à l'interdiction aux distributeurs d'eau d'interrompre la distribution d'eau dans toute résidence principale tout au long de l'année pour non-paiement des factures, le Conseil reconnaît l'accès à l'eau en tant que composante de ce même objectif qui lui-même découle du principe constitutionnel de dignité et des alinéas 10 et 11 du Préambule de 1946.

Le respect de la dignité est également applicable aux personnes privées de liberté comme les personnes gardées à vue (*n° 14/22 QPC*) ou hospitalisées sans leur consentement (*n° 71 QPC*). Pour les personnes détenues, il revient au législateur « de déterminer les conditions et les modalités d'exécution des peines privatives de liberté dans le respect de la dignité de la personne », dit le Conseil dans la décision du 14 juin 2013 (*n° 320/321 QPC*) sur l'absence de contrat de travail en prison.

Le Conseil a également introduit le principe de dignité humaine parmi les normes de références applicables pour l'examen de la loi instituant le PACS (*n° 419 DC*) : la faculté de rompre unilatéralement le pacte ne porte pas atteinte au principe de la dignité de la personne humaine dans la mesure où le partenaire auquel la rupture est imposée peut agir en responsabilité au titre de l'article 1382 du Code civil.

De même, et en toute logique, les premières décisions QPC confirment que « la sauvegarde de la dignité de la personne contre toute forme d'asservissement et de dégradation » est invocable par les justiciables (*n° 25 QPC*).

Les zones d'influence du principe constitutionnel de dignité ne sont cependant pas sans limite. Si l'humain est bel et bien le bénéficiaire du principe, les êtres humains visés de manière catégorielle ne le sont pas dans la jurisprudence du Conseil. Les tentatives des requérants de faire valoir une « dignité de l'enfant » ou encore une « dignité des jeunes » se sont soldées par le silence du Conseil. Ou encore, dans la décision du 10 août 2010 (*n° 612 DC*), le Conseil constitutionnel refuse de déduire du respect de la dignité la compétence des juridictions françaises à l'égard de crimes commis à l'étranger sur une victime étrangère et dont l'auteur, de nationalité étrangère, se trouve en France.

Par ailleurs, en dépit d'une formulation solennelle et d'un champ d'application élargi, le principe constitutionnel de dignité n'a jamais été à l'origine de déclaration de non-conformité ou de réserves d'interprétation. Certes, le défaut de censure n'affecte ni la valeur ni la justiciabilité du principe de dignité, mais ce constat suscite tout de même des interrogations.

Un argument est parfois avancé pour expliquer cette absence de censure : le fait que les violations du principe de dignité sont rarement contenues dans l'énoncé d'une loi mais dans les pratiques concrètes et/ou illégales qui en découlent. Le contrôle abstrait de la loi explique ainsi que le Conseil constitutionnel soit moins fréquemment confronté à des cas potentiels de violation de la dignité que la Cour de Strasbourg ou les juges judiciaire et administratif dans le cadre de litiges concrets.

À cet égard, le principe de dignité illustre les limites d'un contrôle de constitutionnalité purement abstrait. Ainsi, en QPC, le principe est souvent mis en œuvre par le Conseil constitutionnel, sans pour autant entraîner une censure. Si ce dernier rappelle systématiquement qu'en matière de privation de liberté – mise à disposition de la justice ou hospitalisation d'office – le principe de dignité doit être respecté « en toutes circonstances », c'est toujours pour ajouter que la « méconnaissance éventuelle de cette exigence dans l'application » des dispositions législatives soumises à son contrôle « n'a pas, en elle-même, pour effet d'entacher ces dispositions d'inconstitutionnalité » (*n° 80 QPC*).

Enfin, et d'une manière générale, le Conseil contourne parfois la difficulté et évite de se prononcer précisément sur la portée du principe de dignité. Mal à l'aise avec un principe ambivalent dont le sens et la portée sont théoriquement sans limite, le juge constitutionnel louvoie et temporise. Par exemple, afin de neutraliser le dispositif législatif des tests ADN en matière de regroupement familial, il privilégie, dans la décision du 15 novembre 2007 (*n° 557 DC*), le droit de mener une vie familiale normale pour fonder une réserve d'interprétation plutôt que d'utiliser le principe de dignité.

Pour aller plus loin

- **Cons. const., 25 septembre 2015, n° 2015-485 QPC** : les lacunes législatives de l'organisation du travail en prison ne sont pas constitutives d'une atteinte à la dignité de la personne humaine.

2 Cons. const., 10 juin 2009, n° 2009-580 DC, *Loi favorisant la diffusion et la protection de la création sur internet*

« 8. Considérant, d'une part, qu'aux termes des alinéas 2 à 6 du même article L. 336-3 : " Aucune sanction ne peut être prise à l'égard du titulaire de l'accès dans les cas suivants :

" 1° Si le titulaire de l'accès a mis en œuvre l'un des moyens de sécurisation figurant sur la liste mentionnée au deuxième alinéa de l'article L. 331-32 ;

" 2° Si l'atteinte aux droits visés au premier alinéa du présent article est le fait d'une personne qui a frauduleusement utilisé l'accès au service de communication au public en ligne ;

" 3° En cas de force majeure.

" Le manquement de la personne titulaire de l'accès à l'obligation définie au premier alinéa n'a pas pour effet d'engager la responsabilité pénale de l'intéressé. "

9. Considérant, d'autre part, qu'aux termes de l'article L. 331-27 : " Lorsqu'il est constaté que l'abonné a méconnu l'obligation définie à l'article L. 336-3 dans l'année suivant la réception d'une recommandation adressée par la commission de protection des droits et assortie d'une lettre remise contre signature ou de tout autre moyen propre à établir la preuve de la date d'envoi de cette recommandation et celle de sa réception par l'abonné, la commission peut, après une procédure contradictoire, prononcer, en fonction de la gravité des manquements et de l'usage de l'accès, l'une des sanctions suivantes :

" 1° La suspension de l'accès au service pour une durée de deux mois à un an assortie de l'impossibilité, pour l'abonné, de souscrire pendant la même période un autre contrat portant sur l'accès à un service de communication au public en ligne auprès de tout opérateur ;

" 2° Une injonction de prendre, dans un délai qu'elle détermine, des mesures de nature à prévenir le renouvellement du manquement constaté, notamment un moyen de sécurisation figurant sur la liste définie au deuxième alinéa de l'article L. 331-32, et d'en rendre compte à la Haute Autorité, le cas échéant sous astreinte " ;

10. Considérant qu'en application de l'article L. 331-28, la commission de protection des droits de la Haute Autorité peut, avant d'engager une procédure de sanction, proposer à l'abonné une transaction comportant soit une suspension de l'accès à internet pendant un à trois mois, soit une obligation de prendre des mesures de nature à prévenir le renouvellement du manquement ; que l'article L. 331-29 autorise cette commission à prononcer les sanctions prévues à l'article L. 331-27 en cas de non-respect de la transaction ; que l'article L. 331-30 précise les conséquences contractuelles de la suspension de l'accès au service ; que l'article L. 331-31 prévoit les conditions dans lesquelles le fournisseur d'accès est tenu de mettre en œuvre la mesure de suspension ; que l'article L. 331-32 détermine les modalités selon lesquelles est établie la liste des moyens de sécurisation dont la mise en œuvre exonère le titulaire de l'accès de toute sanction ; que les articles L. 331-33 et L. 331-34 instituent un répertoire national recensant les personnes ayant fait l'objet d'une mesure de suspension ; qu'enfin, l'article L. 331-36 permet à la commission de protection des droits de conserver, au plus tard jusqu'au moment où la suspension d'accès a été entièrement exécutée, les données techniques qui ont été mises à sa disposition ;

11. Considérant que, selon les requérants, en conférant à une autorité administrative, même indépendante, des pouvoirs de sanction consistant à suspendre l'accès à internet, le législateur aurait, d'une part, méconnu le caractère fondamental du droit à la liberté d'expression et de communication et, d'autre part, institué des sanctions manifestement disproportionnées ; qu'ils font valoir, en outre, que les conditions de cette répression institueraient une présomption de culpabilité et porteraient une atteinte caractérisée aux droits de la défense ;

12. Considérant qu'aux termes de l'article 11 de la Déclaration des droits de l'Homme et du citoyen de 1789 : " La libre communication des pensées et des opinions est un des droits les plus précieux de l'homme : tout citoyen peut donc parler, écrire, imprimer librement, sauf à répondre de l'abus de cette liberté dans les cas déterminés par la loi " ; qu'en

l'état actuel des moyens de communication et eu égard au développement généralisé des services de communication au public en ligne ainsi qu'à l'importance prise par ces services pour la participation à la vie démocratique et l'expression des idées et des opinions, ce droit implique la liberté d'accéder à ces services ;
13. Considérant que la propriété est au nombre des droits de l'homme consacrés par les articles 2 et 17 de la Déclaration de 1789 ; que les finalités et les conditions d'exercice du droit de propriété ont connu depuis 1789 une évolution caractérisée par une extension de son champ d'application à des domaines nouveaux ; que, parmi ces derniers, figure le droit, pour les titulaires du droit d'auteur et de droits voisins, de jouir de leurs droits de propriété intellectuelle et de les protéger dans le cadre défini par la loi et les engagements internationaux de la France ; que la lutte contre les pratiques de contrefaçon qui se développent sur internet répond à l'objectif de sauvegarde de la propriété intellectuelle ;
14. Considérant que le principe de la séparation des pouvoirs, non plus qu'aucun principe ou règle de valeur constitutionnelle, ne fait obstacle à ce qu'une autorité administrative, agissant dans le cadre de prérogatives de puissance publique, puisse exercer un pouvoir de sanction dans la mesure nécessaire à l'accomplissement de sa mission dès lors que l'exercice de ce pouvoir est assorti par la loi de mesures destinées à assurer la protection des droits et libertés constitutionnellement garantis ; qu'en particulier doivent être respectés le principe de la légalité des délits et des peines ainsi que les droits de la défense, principes applicables à toute sanction ayant le caractère d'une punition, même si le législateur a laissé le soin de la prononcer à une autorité de nature non juridictionnelle ;
15. Considérant qu'aux termes de l'article 34 de la Constitution : " La loi fixe les règles concernant... les droits civiques et les garanties fondamentales accordées aux citoyens pour l'exercice des libertés publiques " ; que, sur ce fondement, il est loisible au législateur d'édicter des règles de nature à concilier la poursuite de l'objectif de lutte contre les pratiques de contrefaçon sur internet avec l'exercice du droit de libre communication et de la liberté de parler, écrire et imprimer ; que, toutefois, la liberté d'expression et de communication est d'autant plus précieuse que son exercice est une condition de la démocratie et l'une des garanties du respect des autres droits et libertés ; que les atteintes portées à l'exercice de cette liberté doivent être nécessaires, adaptées et proportionnées à l'objectif poursuivi ;
16. Considérant que les pouvoirs de sanction institués par les dispositions critiquées habilitent la commission de protection des droits, qui n'est pas une juridiction, à restreindre ou à empêcher l'accès à internet de titulaires d'abonnement ainsi que des personnes qu'ils en font bénéficier ; que la compétence reconnue à cette autorité administrative n'est pas limitée à une catégorie particulière de personnes mais s'étend à la totalité de la population ; que ses pouvoirs peuvent conduire à restreindre l'exercice, par toute personne, de son droit de s'exprimer et de communiquer librement, notamment depuis son domicile ; que, dans ces conditions, eu égard à la nature de la liberté garantie par l'article 11 de la Déclaration de 1789, le législateur ne pouvait, quelles que soient les garanties encadrant le prononcé des sanctions, confier de tels pouvoirs à une autorité administrative dans le but de protéger les droits des titulaires du droit d'auteur et de droits voisins ; (...) »

■ *Faits*

La loi « Hadopi 1 » est la première loi (en France) qui a tenté d'enrayer le partage illégal de fichiers sur Internet par le biais du « *peer-to-peer* ». L'une de mesures phares de cette loi permettait de créer une autorité administrative indépendante dotée de larges pouvoirs afin de sanctionner les internautes contrevenants. Mais la mesure est critiquée par les parlementaires de l'opposition et par des associations citoyennes qui voient dans le nouveau dispositif de nombreuses atteintes aux libertés publiques. Le Conseil est alors saisi et il invalide finalement une partie de la loi Hadopi sur le fondement de « la liberté d'expression et de communication ».

■ Portée

L'article 11 de la Déclaration de 1789 consacre dans le même mouvement la liberté de communication, « *l'un des droits les plus précieux de l'Homme* », et la liberté d'expression en vertu de laquelle « *tout citoyen peut donc parler, écrire, imprimer librement, sauf à répondre de l'abus de cette liberté dans les cas déterminés par la loi* ». Il est généralement admis que la liberté de communication protège surtout les *moyens* mis en œuvre pour diffuser et recevoir des opinions, alors que la liberté d'expression s'intéresse davantage au *contenu* du discours, aux idées qui sont véhiculées. Pour autant, les situations juridiques appréciées par le Conseil sont souvent à la confluence de ces deux libertés, ce qui conduit souvent le juge constitutionnel à évoquer, comme en l'espèce, les deux libertés d'un seul tenant (la « liberté d'expression *et* de communication »).

Dans sa décision des 10-11 octobre 1984 (*n° 181 DC*), le Conseil qualifie la libre communication des pensées et des opinions de « liberté fondamentale d'autant plus précieuse que son exercice est l'une des garanties essentielles du respect des autres droits et de la souveraineté nationale ». Le Conseil précise que les « destinataires essentiels » de cette liberté sont, dans le domaine des médias : les lecteurs, les auditeurs et les téléspectateurs. Dans cette même décision des 10 et 11 octobre 1984, le Conseil approuve le législateur lorsqu'il exige « que soient connus du public les dirigeants réels des entreprises de presse, les conditions de financement des journaux, les transactions financières dont ceux-ci peuvent être l'objet, les intérêts de tous ordres qui peuvent s'y trouver engagés », car cette transparence financière « met le lecteur à même d'exercer son choix de façon vraiment libre et l'opinion à même de porter un jugement éclairé sur les moyens d'information qui lui sont offerts par la presse écrite ». Il admet également que le législateur apporte des limitations à la liberté d'entreprendre et au droit de propriété des patrons de presse en leur imposant l'obligation de préserver, dans le secteur public comme dans le secteur privé, l'expression pluraliste des courants d'opinions, et en limitant leur politique de concentrations multimédias. Et c'est précisément « l'insuffisance de règles énoncées par le Parlement pour limiter les concentrations » qui conduit le Conseil à déclarer les dispositions en cause contraires à l'exigence du pluralisme dans sa décision du 18 septembre 1986 (*n° 86-217 DC*).

Ce contrôle rigoureux de la liberté de communication et d'expression se confirme et se renforce avec la décision *Hadopi*. Avec une innovation : pour la première fois, le Conseil utilise le « triple test de proportionnalité » en matière de liberté d'expression, c'est-à-dire un mécanisme de contrôle très fort, très minutieux, lui permettant de vérifier que les atteintes portées à l'exercice d'une liberté sont « nécessaires, adaptées et proportionnées à l'objectif poursuivi ».

À la suite de cette décision, le triple test de proportionnalité a été mis en œuvre à plusieurs reprises à l'égard de la liberté d'expression. Dans la décision du 20 mai 2011 (*n° 2011-131 QPC*), le Conseil censure par exemple une disposition de la loi de 1881 sur la liberté de la presse en vertu de laquelle la personne poursuivie pour diffamation peut toujours prouver la vérité des faits diffamatoires, sauf « lorsque l'imputation se réfère à des faits qui remontent à plus de dix ans ». Certes, reconnaît le Conseil, la restriction à la liberté d'expression – envisagée isolément dans ce cas – « poursuit un objectif d'intérêt général de recherche de la paix sociale », à savoir éviter de rappeler des faits anciens portant atteinte à l'honneur et à la considération des personnes qu'elles visent. Cependant, « par son caractère général et absolu, cette interdiction porte à la liberté d'expression une atteinte qui n'est pas proportionnée au but poursuivi ». De même, la décision du 28 février 2012 (*n° 2012-647 DC*) n'hésite pas à censurer la loi visant à réprimer la contestation de l'existence des génocides reconnus par la loi en ce qu'elle porte « une atteinte inconstitutionnelle à l'exercice de la liberté d'expression et de communication ».

La liberté d'expression et de communication n'est pas pour autant absolue, comme d'ailleurs l'ensemble des droits et libertés. Dans la décision du 8 janvier 2016 (*n° 2015-512 QPC*), le Conseil estime que les dispositions de la loi Gayssot « ont pour objet de réprimer un abus de l'exercice de la liberté d'expression et de communication qui porte atteinte à l'ordre public et aux droits des tiers », et que le dispositif est justifié « en ce qu'il vise à lutter contre l'antisémitisme et la haine raciale ».

Pour aller plus loin

- **Cons. const., 29 juillet 1994, n° 94-345 DC :** l'article 11 de la Déclaration de 1789 « *implique le droit pour chacun de choisir les termes jugés par lui le mieux appropriés à l'expression de sa pensée* » ; autrement dit, pour tous les actes de la vie sociale des personnes privées, l'État n'a pas le pouvoir ni le droit d'imposer une terminologie officielle et de codifier la langue française ; il peut rendre obligatoire l'usage du français – dans la publicité, le commerce, la communication audiovisuelle... –, non son contenu : cette responsabilité revient à chacun, c'est-à-dire, à l'usage, au peuple, « souverain seigneur de la langue », selon Malherbe.
- **Cons. const., 24 juillet 2015, n° 2015-478 QPC :** dans cette décision, le Conseil affirme « qu'aucune disposition constitutionnelle ne consacre spécifiquement (...) un droit au secret des sources des journalistes », alors que la Cour de Strasbourg le considère, dans son arrêt *Goodwin* (27 mars 1996), comme « l'une des pierres angulaires » de la liberté d'expression.

3 Cons. const., 22 déc. 2015, n° 2015-527 QPC, *Assignations à résidence dans le cadre de l'état d'urgence*

« 4. Considérant qu'aux termes de l'article 66 de la Constitution : « Nul ne peut être arbitrairement détenu. – L'autorité judiciaire, gardienne de la liberté individuelle, assure le respect de ce principe dans les conditions prévues par la loi » ; que la liberté individuelle, dont la protection est confiée à l'autorité judiciaire, ne saurait être entravée par une rigueur qui ne soit nécessaire ; que les atteintes portées à l'exercice de cette liberté doivent être adaptées, nécessaires et proportionnées aux objectifs poursuivis ;

5. Considérant, en premier lieu, que les dispositions contestées permettent au ministre de l'intérieur, lorsque l'état d'urgence a été déclaré, de « prononcer l'assignation à résidence, dans le lieu qu'il fixe, de toute personne résidant dans la zone fixée » par le décret déclarant l'état d'urgence ; que cette assignation à résidence, qui ne peut être prononcée qu'à l'égard d'une personne pour laquelle « il existe des raisons sérieuses de penser que son comportement constitue une menace pour la sécurité et l'ordre publics », est une mesure qui relève de la seule police administrative et qui ne peut donc avoir d'autre but que de préserver l'ordre public et de prévenir les infractions ; que cette assignation à résidence « doit permettre à ceux qui en sont l'objet de résider dans une agglomération ou à proximité immédiate d'une agglomération » ; qu'elle ne peut en aucun cas « avoir pour effet la création de camps où seraient détenues les personnes » assignées à résidence ; que, tant par leur objet que par leur portée, ces dispositions ne comportent pas de privation de la liberté individuelle au sens de l'article 66 de la Constitution ;

6. Considérant, en second lieu, que, dans le cadre d'une assignation à résidence prononcée par le ministre de l'intérieur, la personne « peut également être astreinte à demeurer dans le lieu d'habitation déterminé par le ministre de l'intérieur, pendant la plage horaire qu'il fixe, dans la limite de douze heures par vingt-quatre heures » ; que la plage horaire maximale de l'astreinte à domicile dans le cadre de l'assignation à résidence, fixée à douze heures par jour, ne saurait être allongée sans que l'assignation à résidence soit alors regardée comme une mesure privative de liberté, dès lors soumise aux exigences de l'article 66 de la Constitution ;

7. Considérant qu'il résulte de ce qui précède que le grief tiré de la méconnaissance de l'article 66 de la Constitution doit être écarté ;

- Sur les griefs tirés de la méconnaissance des droits et libertés garantis par les articles 2 et 4 de la Déclaration de 1789 et de l'article 34 de la Constitution :

8. Considérant que la Constitution n'exclut pas la possibilité pour le législateur de prévoir un régime d'état d'urgence ; qu'il lui appartient, dans ce cadre, d'assurer la conciliation entre, d'une part, la prévention des atteintes à l'ordre public et, d'autre part, le respect des droits et libertés reconnus à tous ceux qui résident sur le territoire de la République ; que parmi ces droits et libertés figurent la liberté d'aller et de venir, composante de la liberté personnelle protégée par les articles 2 et 4 de la Déclaration des droits de l'homme et du citoyen de 1789 ;

9. Considérant que la méconnaissance par le législateur de sa propre compétence ne peut être invoquée à l'appui d'une question prioritaire de constitutionnalité que dans le cas où cette méconnaissance affecte par elle-même un droit ou une liberté que la Constitution garantit ; qu'aux termes de l'article 34 de la Constitution : « La loi fixe les règles concernant... les garanties fondamentales accordées aux citoyens pour l'exercice des libertés publiques » ;

10. Considérant que les dispositions contestées permettent à l'autorité administrative prononçant une assignation à résidence d'accompagner cette mesure d'une astreinte à demeurer dans un lieu d'habitation déterminé pendant une plage horaire ne pouvant excéder douze heures par vingt-quatre heures, de prescrire à la personne assignée à résidence de se présenter aux services de police ou aux unités de gendarmerie jusqu'à trois fois par jour, de lui imposer de remettre à ces services son passeport ou tout document justificatif de son identité, de lui interdire de se trouver en relation, directement ou indirectement, avec certaines personnes dont il existe des raisons sérieuses de penser que leur comportement constitue une menace pour la sécurité et l'ordre public ; que ces dispositions portent donc atteinte à la liberté d'aller et de venir ;

11. Considérant, en premier lieu, que l'assignation à résidence ne peut être prononcée que lorsque l'état d'urgence a été déclaré ; que celui-ci ne peut être déclaré, en vertu de l'article 1er de la loi du 3 avril 1955, qu'« en cas de péril imminent résultant d'atteintes graves à l'ordre public » ou « en cas d'événements présentant, par leur nature et leur gravité, le caractère de calamité publique » ; que ne peut être soumise à une telle assignation que la personne résidant dans la zone couverte par l'état d'urgence et à l'égard de laquelle « il existe des raisons sérieuses de penser que son comportement constitue une menace pour la sécurité et l'ordre publics » ;
12. Considérant, en deuxième lieu, que tant la mesure d'assignation à résidence que sa durée, ses conditions d'application et les obligations complémentaires dont elle peut être assortie doivent être justifiées et proportionnées aux raisons ayant motivé la mesure dans les circonstances particulières ayant conduit à la déclaration de l'état d'urgence ; que le juge administratif est chargé de s'assurer que cette mesure est adaptée, nécessaire et proportionnée à la finalité qu'elle poursuit ;
13. Considérant, en troisième lieu, qu'en vertu de l'article 14 de la loi du 3 avril 1955, la mesure d'assignation à résidence prise en application de cette loi cesse au plus tard en même temps que prend fin l'état d'urgence ; que l'état d'urgence, déclaré par décret en conseil des ministres, doit, au-delà d'un délai de douze jours, être prorogé par une loi qui en fixe la durée ; que cette durée ne saurait être excessive au regard du péril imminent ou de la calamité publique ayant conduit à la déclaration de l'état d'urgence ; que, si le législateur prolonge l'état d'urgence par une nouvelle loi, les mesures d'assignation à résidence prises antérieurement ne peuvent être prolongées sans être renouvelées ;
14. Considérant qu'il résulte de ce qui précède que les dispositions contestées, qui ne sont pas entachées d'incompétence négative, ne portent pas une atteinte disproportionnée à la liberté d'aller et de venir ; (...) »

■ *Faits*

Le Conseil constitutionnel est saisi le 11 décembre 2015 par le Conseil d'État d'une question prioritaire de constitutionnalité relative à la conformité aux droits et libertés que la Constitution garantit de l'article 6 de la loi du 3 avril 1955 relative à l'état d'urgence dans sa rédaction résultant de la loi du 20 novembre 2015.

■ *Portée*

Alors que l'état d'urgence est en vigueur sur l'ensemble du territoire depuis le 13 novembre 2015, le Conseil constitutionnel est saisi de l'article 6 de la loi du 3 avril 1955, dans sa rédaction issue de la loi du 20 novembre 2015 adoptée au Parlement en une semaine dans un large consensus politique et sans que le Conseil constitutionnel n'ait été saisi au titre de l'article 61 de la Constitution, ce qui démontre une fois de plus tout l'intérêt d'une voie d'accès *a posteriori* au contrôle de constitutionnalité des lois. Au demeurant, le traitement procédural de la question renvoyée par le Conseil d'État statuant en référé le 11 décembre 2015, en présence d'un justiciable visé par une assignation à résidence liée à l'organisation de la COP 21 qui s'est achevée le 12 décembre est très particulier. D'abord parce que c'est dans l'intérêt du droit, et non celui du requérant, que la question est renvoyée. Ensuite parce que, après quelques jours pour recevoir les demandes d'intervention, l'audience a eu lieu au Conseil constitutionnel le 17 décembre et la décision a été rendue publique le 22 décembre. Faisant preuve d'un pragmatisme *praeter legem*, le Conseil constitutionnel a ainsi instauré une procédure accélérée de jugement des QPC, équivalent au délai d'urgence d'examen des décisions DC – 8 jours – prévu par les textes. Certainement dans le but de compenser la limitation des droits des parties à un échange contradictoire, la durée de l'audience publique fût largement supérieure à la pratique habituelle. La décision a donc été prise « à chaud », dans des conditions finalement proches d'un contrôle *a priori*, avec une contrainte supplémentaire liée aux illustrations concrètes et contestées des premières mises en œuvre de la loi à peine votée et promulguée.

Dans ce contexte politique et procédural inédit, le Conseil constitutionnel a cru pouvoir valider le dispositif sécuritaire en mettant en avant deux types de garanties qui, à court terme, apparaissent grandement illusoires. D'une part, le

Parlement est prévenu des limites constitutionnelles à ne pas dépasser lors d'une prochaine réforme. Le Conseil constitutionnel valide ainsi l'état actuel de la législation sur les assignations à résidence en période d'état d'urgence, tout en prédéterminant le contenu de l'initiative législative future. Ainsi, l'assignation à résidence accompagnée d'une astreinte à demeure n'est pas qualifiée de privation de la liberté individuelle au sens de l'article 66 de la Constitution, en raison de la limite de douze heures par vingt-quatre heures instaurée par la loi. Ce choix interprétatif n'allait pas de soi et confirme la lecture restrictive par le Conseil constitutionnel de la compétence du juge judiciaire à propos de la protection de la liberté individuelle. S'adressant au futur législateur tenté de durcir le régime applicable, le Conseil constitutionnel précise que la plage horaire maximale de douze heures par jour « ne saurait être allongée sans que l'assignation à résidence soit alors regardée comme une mesure privative de liberté, dès lors soumise aux exigences de l'article 66 de la Constitution » (cons. 6). Par un autre *obiter dictum*, le Conseil constitutionnel encadre les modalités de prorogation de l'état d'urgence par une nouvelle loi : la durée de prorogation ne doit pas être excessive et « les mesures d'assignation à résidence prises antérieurement ne peuvent être prolongées sans être renouvelées » (cons. 13).

D'autre part, le Conseil constitutionnel adresse un vœu constitutionnel au juge administratif sans formuler une authentique réserve d'interprétation. La mesure d'assignation à résidence, sa durée, ses conditions d'application et les obligations complémentaires dont elle peut être assortie « doivent être justifiées et proportionnées aux raisons ayant motivé la mesure dans les circonstances particulières ayant conduit à la déclaration de l'état d'urgence » et le juge administratif est chargé de s'assurer que cette mesure est « adaptée, nécessaire et proportionnée à la finalité qu'elle poursuit » (cons. 12). Le commentaire officiel de la décision revendique un rehaussement du niveau de contrôle du juge administratif en sollicitant l'application du triple test de proportionnalité que le Conseil constitutionnel réserve à certains droits et libertés constitutionnels, comme la liberté individuelle en l'espèce ou la liberté d'expression et de communication. Cependant, la directive adressée par le Conseil constitutionnel ne bénéficie que d'une simple autorité persuasive, faute d'avoir été reprise sous la forme d'une réserve d'interprétation dans les motifs et le dispositif. Conformément à l'interprétation classique de l'article 62 de la Constitution par le Conseil d'État, la formule du considérant 12 de la décision du 22 décembre 2015 ne bénéficiera donc pas de l'autorité de chose jugée, bien qu'en pratique le juge administratif ait suivi la préconisation du Conseil constitutionnel.

Non seulement la portée et l'autorité des garanties dont le Conseil se prévaut pour valider le dispositif actuel des assignations à résidence sont incertaines mais encore elles ne valent que pour l'avenir, elles ne sont que des signes envoyés au législateur lorsqu'il aura à reprendre la rédaction de la loi sur l'état d'urgence. Si le Conseil avait voulu manifester sa détermination à être le gardien des droits et libertés constitutionnels, il aurait dû au pire faire savoir au législateur que sa prochaine loi devrait soumettre au contrôle du juge judiciaire les mesures prises en application de l'état d'urgence, au mieux censurer le dispositif de l'article 6 de la loi contestée pour ne pas l'avoir fait.

Pour aller plus loin

- **CE, avis contentieux, 6 juillet 2016, n° 398234 et n° 399135** : le Conseil d'État précise les modalités de mise en œuvre de l'état d'urgence à propos de la motivation des décisions ordonnant une perquisition, du recours en responsabilité contre l'État suite à une perquisition, ou de l'exercice d'un triple test de proportionnalité lors du contrôle de ces mesures.
- **Cons. const., 23 septembre 2016, n° 2016-567/568 QPC, *M. Georges F*** : le régime ancien des perquisitions administratives dans le cadre de l'état d'urgence, appliqué entre le 14 et le 20 novembre 2015, est censuré en raison d'un encadrement insuffisant des atteintes à la vie privée, mais l'abrogation immédiate n'a pas remis en cause les actes antérieurement pris sur le fondement du texte.

Les exigences constitutionnelles liées à la temporalité

Chapitre 10

Longtemps, les questions relatives à la temporalité des lois ont occupé une place bien maigre dans la jurisprudence du Conseil constitutionnel : quelques décisions éparses dans le domaine pénal, un contentieux des lois de validation fort modeste et finalement une jurisprudence peu inventive, et à juste titre peu étudiée.

Aujourd'hui, le « droit transitoire » nourrit abondamment les requêtes des justiciables et irrigue les considérants du Conseil dans toutes sortes de domaines : droit fiscal, droit civil, droit du travail, droit commercial, etc. Ce changement de perspective s'explique avant tout par une prise de conscience, lente et progressive, du juge constitutionnel. Au gré des espèces et des lois, au gré des demandes des requérants, le Conseil a consacré divers principes qui forment désormais un ensemble d'obligations ceinturant l'application temporelle des normes législatives.

Les décisions exposées dans ce chapitre témoignent de toute la richesse de cette jurisprudence relative au droit transitoire.

1 Cons. const., 29 déc. 2005, n° 2005-530 DC, *Loi de finances pour 2006*

« 42. Considérant que l'article 7 de la loi de finances met fin à l'exonération fiscale des intérêts des plans d'épargne-logement de plus de douze ans ou, s'ils ont été ouverts avant le 1er avril 1992, de ceux dont le terme est échu ; qu'aux termes du II de l'article R. 315-28 du Code de la construction et de l'habitation, applicable depuis cette date : " La durée d'un plan d'épargne-logement ne peut être supérieure à dix ans. – Toutefois cette disposition ne s'applique pas aux plans d'épargne-logement qui, en vertu du contrat initial ou d'avenants à ce contrat, conclus avant le 1er avril 1992, ont une durée supérieure à dix ans. Ces plans demeurent valables jusqu'à l'expiration du contrat initial ou du dernier avenant et ne peuvent faire l'objet d'aucune prorogation... " ;
43. Considérant que, selon les requérants, la suppression de l'exonération fiscale n'est justifiée par aucun intérêt général suffisant ; qu'elle porte à l'économie des contrats légalement conclus une atteinte excessive ;
44. Considérant, en premier lieu, que l'exonération fiscale prévue par le législateur pour les intérêts d'un plan d'épargne-logement ne constitue pas une clause contractuelle de ce plan ; que, par suite, le grief tiré d'une atteinte à l'économie de contrats légalement conclus manque en fait ;
45. Considérant, en second lieu, qu'il est à tout moment loisible au législateur, statuant dans le domaine de sa compétence, de modifier des textes antérieurs ou d'abroger ceux-ci en leur substituant, le cas échéant, d'autres dispositions ; que, ce faisant, il ne saurait toutefois priver de garanties légales des exigences constitutionnelles ; qu'en particulier, il méconnaîtrait la garantie des droits proclamés par l'article 16 de la Déclaration de 1789 s'il portait aux situations légalement acquises une atteinte qui ne soit justifiée par un motif d'intérêt général suffisant ;
46. Considérant, en l'espèce, que l'article 7 ne concerne que des plans d'épargne arrivés à échéance ; qu'il n'a pas d'effet rétroactif ; qu'il n'affecte donc pas une situation légalement acquise dans des conditions contraires à la garantie des droits proclamée par l'article 16 de la Déclaration de 1789 ; (...) »

■ *Faits*

En décembre 2005, comme chaque année, le Conseil constitutionnel est saisi, dans les conditions prévues à l'article 61 de la Constitution, de la loi de finances pour l'année à venir. Une difficulté apparaissait à l'article 7 de la loi : cette disposition mettait fin à l'exonération fiscale des intérêts des plans d'épargne-logement de plus de douze ans, ce qui, selon les requérants, portait atteinte à « l'économie des contrats légalement conclus ». Mais le Conseil évacue l'argument en indiquant qu'il ne s'agit pas, dans ce cas, d'une situation contractuelle et que la jurisprudence de la pérennité contractuelle ne peut s'appliquer ici. Cela dit, au lieu de rejeter purement et simplement la demande, il reprend l'argument un peu plus loin et l'analyse sous un angle différent : les *« situations légalement acquises »*.

■ *Portée*

Le Conseil constitutionnel n'a jamais consacré un principe général de non-rétroactivité des lois. À ce titre, il a jugé dans les années 1980 que « sauf en matière pénale, la loi peut comporter des dispositions rétroactives » (*n° 119 DC*), ou « qu'aucun principe ou règle de valeur constitutionnelle ne s'oppose à ce qu'une disposition fiscale ait un caractère rétroactif » (*n° 184 DC*).

Le ton évolue sensiblement à la fin des années 1990 : le Conseil adopte un nouveau considérant dans lequel il précise que le législateur peut adopter des dispositions fiscales rétroactives à la condition « qu'il ne prive pas de garantie légale des exigences constitutionnelles » (*n° 391 DC*) et « en considération d'un motif d'intérêt général suffisant » (*n° 404 DC*). Contrairement à la jurisprudence des années 1980, le rappel de la « faculté » offerte au législateur d'adopter des lois rétroactives s'accompagne désormais d'une mise en garde : la nouvelle norme ne doit jamais supprimer les « garanties légales » des exigences constitutionnelles, elle ne peut effacer les dispositions législatives qui assurent la garde, la surveillance des règles constitutionnelles. Modeste protection... mais protection tout de même. Sur cette base, le juge constitutionnel a censuré plusieurs dispositions fiscales rétroactives en jugeant que l'intérêt général invoqué par le législateur n'était pas « suffisant » (*n° 404 DC*).

Mais la principale évolution a lieu avec la décision du 29 décembre 2005 : à l'occasion de l'examen de la loi de finances pour 2006, le Conseil étoffe son considérant de principe et évoque pour la première fois la notion de « *situations légalement acquises* ». Cette formule un peu énigmatique combine deux expressions bien connues du droit transitoire : les « droits acquis », notion présente depuis longtemps dans la jurisprudence de la Cour de cassation, et les « situations juridiques », expression chère à Roubier. En pratique, l'idée de « situations légalement acquises » permet au Conseil de protéger des actes et des faits juridiques constituées « légalement » sous l'empire d'une ancienne loi en empêchant le législateur d'anéantir ces situations, sauf s'il justifie d'un intérêt général suffisant. Il ne s'agit pas nécessairement de lois rétroactives puisque le Conseil vise aussi les lois d'application immédiate ayant des conséquences sur les situations en cours (par ex. un procès).

Cette jurisprudence des « situations légalement acquises » a été réitérée à de nombreuses reprises, parfois sans reproduire le considérant dans son ensemble, parfois même en combinaison avec le grief tiré de l'atteinte aux « contrats en cours ». Il reste que les censures sont rares : seulement deux pour une vingtaine de décisions ! (*n° 662 DC et 718 DC*).

Une évolution du considérant des « situations légalement acquises » apparaît en 2013. Depuis la décision du 19 décembre 2013 (*n° 682 DC*), le Conseil interdit au législateur de remettre en cause non seulement les situations passées, mais aussi « les effets qui peuvent légitimement être attendus » de ces situations. La doctrine a cru déceler, dans cette nouvelle formule, la consécration implicite du principe de confiance légitime. Le Conseil ne le dit pas clairement et s'en défend même dans ses commentaires « officiels », mais il est vrai que cette jurisprudence se rapproche beaucoup de la confiance légitime telle qu'elle apparaît notamment dans la jurisprudence allemande.

Pour aller plus loin

- **Cons. const., 13 août 2015, n° 718 DC :** application de la jurisprudence des « effets qui peuvent légitimement être attendus de situations légalement acquises » ; le Conseil constate l'atteinte au principe, mais il valide le dispositif législatif en raison des motifs d'intérêt général présents dans la loi.

2 Cons. const., 14 févr. 2014, n° 2013-366 QPC, *Validation législative des délibérations des syndicats mixtes instituant le « versement transport »*

« Le Conseil constitutionnel a été saisi le 21 novembre 2013 par la Cour de cassation (deuxième chambre civile, arrêt n° 1891 du 21 novembre 2013), dans les conditions prévues à l'article 61-1 de la Constitution, d'une question prioritaire de constitutionnalité posée par la SELARL PJA, ès qualités de liquidateur de la société Maflow France, relative à la conformité aux droits et libertés que la Constitution garantit de l'article 50 de la loi n° 2012-1510 du 29 décembre 2012 de finances rectificative pour 2012.

1. Considérant qu'aux termes de l'article 50 de la loi du 29 décembre 2012 de finances rectificative pour 2012 susvisée : « Sous réserve des décisions de justice passées en force de chose jugée, sont validées les délibérations instituant le versement transport adoptées par les syndicats mixtes, ouverts ou fermés, avant le 1er janvier 2008, en tant que leur légalité serait contestée par le moyen tiré de ce que les syndicats mixtes ne sont pas des établissements publics de coopération intercommunale au sens des articles L. 2333-64, L. 2333-66 et L. 2333-67 du Code général des collectivités territoriales » ;

2. Considérant que, selon la société requérante, en validant les délibérations instituant le « versement transport » adoptées par des syndicats mixtes, les dispositions contestées méconnaissent les exigences constitutionnelles applicables aux lois de validation ;

3. Considérant qu'aux termes de l'article 16 de la Déclaration des droits de l'Homme et du citoyen de 1789 : « Toute société dans laquelle la garantie des droits n'est pas assurée, ni la séparation des pouvoirs déterminée, n'a point de Constitution » ; qu'il résulte de cette disposition que si le législateur peut modifier rétroactivement une règle de droit ou valider un acte administratif ou de droit privé, c'est à la condition que cette modification ou cette validation respecte tant les décisions de justice ayant force de chose jugée que le principe de non-rétroactivité des peines et des sanctions et que l'atteinte aux droits des personnes résultant de cette modification ou de cette validation soit justifiée par un motif impérieux d'intérêt général ; qu'en outre, l'acte modifié ou validé ne doit méconnaître aucune règle, ni aucun principe de valeur constitutionnelle, sauf à ce que le motif impérieux d'intérêt général soit lui-même de valeur constitutionnelle ; qu'enfin, la portée de la modification ou de la validation doit être strictement définie ; (…)

6. Considérant, en premier lieu, que par les dispositions successives des lois du 24 décembre 2007 et du 29 décembre 2012, le législateur a entendu mettre un terme à des années de contentieux relatifs aux délibérations des syndicats mixtes instituant le « versement transport » ; qu'en adoptant les dispositions contestées de la loi du 29 décembre 2012, le législateur a entendu donner un fondement législatif certain aux délibérations des syndicats mixtes composés exclusivement ou conjointement de communes, de départements ou d'établissements publics de coopération intercommunale ayant institué le « versement transport » avant le 1er janvier 2008 ; qu'il a également entendu éviter une multiplication des réclamations fondées sur la malfaçon législative révélée par les arrêts précités de la Cour de cassation, et tendant au remboursement d'impositions déjà versées, et mettre fin au désordre qui s'en est suivi dans la gestion des organismes en cause ; que les dispositions contestées tendent aussi à prévenir les conséquences financières qui auraient résulté de tels remboursements pour certains des syndicats mixtes en cause et notamment ceux qui n'avaient pas adopté une nouvelle délibération pour confirmer l'institution du « versement transport » après l'entrée en vigueur de la loi du 24 décembre 2007 ; que, dans ces conditions, l'atteinte portée par les dispositions contestées aux droits des entreprises assujetties au « versement transport » est justifiée par un motif impérieux d'intérêt général ;

7. Considérant, en deuxième lieu, que, par les dispositions contestées, le législateur a précisément défini et limité la portée de la validation qui ne s'applique qu'en tant que la délibération d'un syndicat mixte ayant institué le « versement transport » avant le 1er janvier 2008 serait contestée au motif que ce syndicat n'est pas un établissement public de coopération intercommunale au sens des articles L. 2333-64, L. 2333-66 et L. 2333-67 du Code général des collectivités territoriales ;

8. Considérant, en troisième lieu, que le législateur a expressément réservé les décisions passées en force de chose jugée ; que, toutefois, si le « versement transport » n'est pas une sanction ayant le caractère d'une punition, il n'en va pas de même des sanctions applicables aux contribuables qui ne se sont pas acquittés de cette imposition en vertu des dispositions de l'article L. 2333-69 du Code général des collectivités territoriales ; que le principe de non-rétroactivité des peines et des sanctions garanti par l'article 8 de la Déclaration de 1789 fait obstacle à l'application rétroactive de dispositions permettant d'infliger des sanctions ayant le caractère d'une punition à des contribuables à raison d'agissements antérieurs à l'entrée en vigueur des dispositions nouvelles ; que, par suite, la validation rétroactive des délibérations de syndicats mixtes antérieures au 1er janvier 2008 instituant le « versement transport » ne saurait permettre que soient prononcées des sanctions de cette nature à l'encontre des personnes assujetties au « versement transport » en vertu d'une délibération d'un syndicat mixte antérieure au 1er janvier 2008 au titre du recouvrement de cette imposition avant l'entrée en vigueur de l'article 50 de la loi du 29 décembre 2012 ; que, sous cette réserve, la validation rétroactive ne méconnaît aucune règle ou principe de valeur constitutionnelle ;

9. Considérant qu'il résulte de ce qui précède que le grief tiré de la méconnaissance de l'article 16 de la Déclaration de 1789 doit être écarté ; que l'article 50 de la loi du 29 décembre 2012 susvisée, qui ne méconnaît aucun autre droit ou liberté que la Constitution garantit, doit être déclaré conforme à la Constitution, (...) »

■ Faits

Il est question, dans cette affaire, d'une disposition de la loi de finances rectificative pour 2012 validant les délibérations de certains syndicats de collectivités locales créant une « taxe transport ». De nombreux contentieux étaient nés quant à la question de la compétence des structures intercommunales pour créer cette taxe. Le législateur était intervenu à plusieurs reprises, mais des dispositions mal rédigées s'étaient ajoutées aux difficultés d'interprétations déjà présentes. La loi « de validation » avait donc pour finalité de mettre un terme à ce contentieux et d'empêcher de nouveaux litiges. Rappelant ce motif d'intérêt général évident, le Conseil accepte la validation et écarte les griefs soulevés par le requérant. Sur le fond, aucun bouleversement du contentieux des validations législatives. En revanche, sur la forme, le considérant de principe évolue : le Conseil parle désormais d'un motif *impérieux* d'intérêt général et non plus, comme il le faisait avant, d'un motif d'intérêt général *suffisant*.

■ Portée

Au début des années 1980, la jurisprudence constitutionnelle était clairement favorable aux lois de validation. Le Conseil jugeait que, sauf en matière pénale, « le fait que la loi intervient dans une matière ayant donné lieu à des recours actuellement pendants n'est pas de nature à faire regarder cette loi comme non conforme à la Constitution ». Ce qui autorisait le législateur à agir très largement dans le déroulement des instances en cours, et donc dans l'administration de la justice.

Une première entorse à cet espace de liberté apparaît dans le domaine fiscal. Dans sa décision du 29 décembre 1986 (*n° 223 DC*), le Conseil « ressert » son considérant de principe en posant, selon ses mots, une « double limite » : d'une part, la loi de validation ne peut sanctionner des agissements en matière pénale antérieurs à sa publication, car dans ce cas elle méconnaîtrait l'article 8 de la Déclaration de 1789 ; et, d'autre part, elle ne peut remettre en cause des droits reconnus par une décision de justice passée en force de chose jugée. Pendant une dizaine d'années, plusieurs décisions sont rendues sur cette base.

En 1995 (*n° 369 DC*), pour la première fois, le Conseil constitutionnel juge contraire à la Constitution une loi de validation. Dans cette affaire, le législateur avait validé un ensemble d'actes administratifs qui avaient été jugés illégaux par le Conseil d'État. Pour justifier cette validation, le législateur allègue un « intérêt financier », et plus particulièrement un risque de déséquilibre du budget de l'aviation civile. Mais le Conseil balaye cette explication et juge que la raison invoquée en l'espèce ne constitue pas un motif d'intérêt général permettant « de faire obstacle aux effets d'une décision de justice déjà intervenue ». À partir de cette décision, l'intérêt général devient l'élément central du contrôle exercé par le Conseil.

Arrive ensuite la fameuse affaire *Zielinski* en 1999 (*CEDH, 28 octobre 1999*) : alors que le Conseil avait accepté la validation opérée par le législateur en 1997 à propos de la fiscalité applicable en Polynésie française (*n° 390 DC*), la Cour européenne des droits de l'Homme juge cette validation contraire à l'article 6§ 1 de la Convention et sanctionne – indirectement – le laxisme du juge constitutionnel français. Ébranlé par les critiques, le Conseil réagit rapidement et modifie son considérant de principe en posant deux nouvelles conditions (*n° 99-422 DC*) : il exige désormais de « définir strictement » la portée de la validation, et impose que l'acte validé ne méconnaisse « aucune règle, ni aucun principe de valeur constitutionnelle, sauf à ce que le but d'intérêt général visé par la validation soit lui-même de valeur constitutionnelle ». Le Conseil précise également que le fondement constitutionnel applicable est « l'article 16 de la Déclaration des droits de l'Homme et du citoyen ». Et il censure d'ailleurs, dans cette décision du 21 décembre 1999, la disposition critiquée, car le Parlement n'avait pas indiqué précisément l'illégalité dont il entendait purger l'acte contesté.

Une modification du considérant de principe intervient à nouveau en 2006 (*n° 2006-544 DC*) : sans raison apparente, le Conseil élargit le champ d'application de sa jurisprudence à toutes les lois qui « modifient rétroactivement une règle de droit », et non plus seulement aux lois « de validation » *stricto sensu*.

Mais c'est surtout à l'occasion de cette décision du 14 février 2014 que le changement le plus notable apparaît. Dans cette décision, en effet, l'intérêt général « *suffisant* » – formule classique dans le contentieux constitutionnel – laisse place à l'intérêt général « *impérieux* ». Le juge constitutionnel s'inspire ici de la formule retenue depuis longtemps par la Cour européenne des droits de l'Homme lorsqu'elle juge et parfois sanctionne une validation législative. Cette « harmonisation terminologique » (*P. Deumier, 2014*) serait ainsi, à première vue du moins, une harmonisation des jurisprudences et constituerait un exemple du fameux dialogue des juges en Europe. Mais une autre explication est possible... En 2012, la Cour administrative d'appel de Paris rend une décision ingénieuse à propos d'une loi de validation : elle reconnaît, dans cette affaire, la présence d'un intérêt général justifiant en apparence l'intervention du législateur, mais décide, quelques lignes plus loin, que cet intérêt général n'est pas... « impérieux » au sens qu'en donne la jurisprudence européenne. En jouant donc sur la différence de formulation entre le Conseil constitutionnel et la Cour de Strasbourg, le juge administratif peut tout à la fois accepter – ou donner l'illusion d'accepter – l'autorité du Conseil, et contourner sa jurisprudence en exerçant un contrôle de la loi de validation sur la base du motif « impérieux » d'intérêt général. Habile !

Deux ans plus tard, la décision du 14 février 2014 est une réponse – indirecte – à cette fronde du juge ordinaire : le Conseil fait le choix d'épouser les mots de la Cour européenne des droits de l'Homme en retenant lui aussi l'expression « d'intérêt général impérieux », et ce faisant il comble la faille jurisprudentielle dans laquelle s'étaient engouffrés les magistrats rebelles.

En définitive, aujourd'hui, les contraintes constitutionnelles pesant sur le législateur en matière de validations législatives sont pour le moins nombreuses. Le juge censure, en effet, les validations qui se caractérisent par « une portée très large » (*n° 2013-685 DC*), par des « motifs financiers » insuffisants (*n° 2012-287 QPC*), par un manque de précision dans le « motif de l'illégalité » (*n° 2010-100 QPC*), par une méconnaissance de « l'équilibre des droits des parties » (*n° 2010-78 QPC*), ou qui s'appliquent « aux instances non jugées de manière irrévocable » (*n° 2010-2 QPC*).

Par exemple, le Conseil a jugé, dans sa décision du 16 février 2016 (2015-522 QPC), que le législateur a méconnu le droit au recours car il n'a pas justifié d'un motif d'intérêt général « impérieux » lui permettant de valider les refus opposés par l'administration. La même année, le juge constitutionnel a censuré deux autres validations : une validation permettant de surmonter une interprétation du Conseil d'État en matière fiscale avec la décision du 2 mars 2016 (2015-525 QPC) ; et une validation présente dans la loi Travail adoptée en vue de sécuriser les conventions d'occupation conclues entre les communes et les syndicats avec la décision du 4 août 2016 (2016-736 DC).

Pour aller plus loin

- **CEDH, 28 octobre 1999, aff. n° 24846/94 et 34165/96 à 34173/96, *Zielinski, Pradal, Gonzalès et autres***: la France est condamnée par la Cour de Strasbourg car, dit-elle, « le législateur s'est substitué tant aux parties à la convention collective qu'aux juges pour régler le litige », ce qui est contraire au droit à un procès équitable (faute de motif impérieux d'intérêt général).
- **CAA Paris, 18 juin 2012, n° 11PA00758 et n° 11PA00812, *Fondation d'entreprise Louis Vuitton pour la création et Ville de Paris***: la Cour d'appel de Paris utilise la notion de motif impérieux d'intérêt général.

3 Cons. const., 10 juin 1998, n° 98-401 DC, *Loi d'orientation et d'incitation relative à la réduction du temps de travail*

« 24. Considérant que les auteurs de la requête soutiennent, en premier lieu, que la loi déférée affecte la liberté d'entreprendre " en ce qu'elle oblige l'employeur et les salariés à négocier en préjugeant le résultat de cette négociation et en l'imposant " ; qu'en deuxième lieu, ils indiquent que la loi " réalise une immixtion directe dans les droits et libertés des employeurs en imposant une durée de travail réduite par rapport aux besoins des entreprises... à seule fin de régler un problème social, l'exclusion, dont les entreprises ne sont pas responsables " ; qu'ainsi, aux échéances fixées par l'article 1er de la loi déférée, celle-ci contraindrait les employeurs à avoir recours, pour la même production, à un nombre supérieur de salariés, portant à la liberté d'entreprendre une atteinte injustifiée par l'objectif de réduction du chômage que s'assigne le législateur, objectif dont la réalisation n'est au demeurant nullement garantie, comme le démontrent de nombreuses expertises ; qu'enfin, ils soulignent que le texte soumis à l'examen du Conseil constitutionnel affecte la liberté de négociation des partenaires sociaux en imposant " une remise en cause des conventions collectives en vigueur, des contrats de travail individuels et des conditions de rémunération " ; qu'ainsi les atteintes portées aux principes de valeur constitutionnelle sus-évoqués seraient manifestement disproportionnées au regard de l'objectif de sauvegarde de l'emploi poursuivi par le Gouvernement ;

25. Considérant, en premier lieu, que ni l'article 2, ni l'article 3 de la loi déférée n'imposent de négociation collective ; que l'article 3 se borne à mettre en place un dispositif incitatif tendant à ce que le plus grand nombre d'entreprises engagent des négociations permettant de réduire la durée du travail avant les échéances fixées par l'article 1er ; qu'ainsi, le premier grief manque en fait ;

26. Considérant, en deuxième lieu, qu'il est loisible au législateur d'apporter à la liberté d'entreprendre qui découle de l'article 4 de la Déclaration de 1789, les limitations justifiées par l'intérêt général ou liées à des exigences constitutionnelles, à la condition que lesdites limitations n'aient pas pour conséquence d'en dénaturer la portée ; qu'il revient par ailleurs au législateur de fixer les principes fondamentaux du droit du travail, et notamment de poser des règles propres à assurer au mieux, conformément au cinquième alinéa du Préambule de la Constitution de 1946, le droit pour chacun d'obtenir un emploi, tout en ouvrant le bénéfice de ce droit au plus grand nombre d'intéressés ; qu'en réduisant, à l'article 1er de la loi, de trente-neuf à trente-cinq heures, la durée légale du travail effectif, en 2000 ou 2002, selon les cas, et en prévoyant, à l'article 3, un dispositif visant à inciter les employeurs à réduire la durée du travail avant ces échéances, le législateur a entendu, dans le contexte actuel du marché du travail, s'inscrire dans le cadre du cinquième alinéa du Préambule de la Constitution de 1946 ;

27. Considérant, d'une part, que le Conseil constitutionnel n'a pas un pouvoir général d'appréciation et de décision identique à celui du Parlement ; qu'il ne saurait ainsi rechercher si les objectifs que s'est assignés le législateur auraient pu être atteints par d'autres voies, dès lors que les modalités retenues par la loi ne sont pas manifestement inappropriées à l'objectif visé ;

28. Considérant, d'autre part, que l'article L. 212-1 bis, ajouté au Code du travail par l'article 1er de la loi soumise à l'examen du Conseil constitutionnel, précise que : "Dans les établissements ou les professions mentionnés à l'article L. 200-1 ainsi que dans les établissements agricoles, artisanaux et coopératifs et leurs dépendances, la durée légale du travail effectif des salariés est fixée à trente-cinq heures par semaine à compter du 1er janvier 2002. Elle est fixée à trente-cinq heures par semaine à compter du 1er janvier 2000 pour les entreprises dont l'effectif est de plus de vingt salariés ainsi que pour les unités économiques et sociales de plus de vingt salariés reconnues par convention ou décidées par le juge, sauf si cet effectif est atteint entre le 1er janvier 2000 et le 31 décembre 2001. L'effectif est apprécié dans les conditions prévues au deuxième alinéa de l'article L. 421-1" ; qu'aux termes de l'article L. 200-1 du même code : "Sont soumis aux dispositions du présent livre les établissements industriels et commerciaux et leurs dépendances, de quelque nature qu'ils soient, publics ou privés, laïques ou religieux, même s'ils ont un caractère d'enseignement professionnel et de bienfaisance, les offices publics et ministériels, les professions libérales, les sociétés civiles et les syndicats professionnels et associations de

quelque nature que ce soit..." ; qu'il résulte de ces dispositions que la réduction de la durée légale du travail effectif s'appliquera aux entreprises et établissements ci-dessus énumérés, aux échéances fixées selon l'effectif de salariés qu'elles comportent ; qu'en dépit des contraintes qu'elle fait peser sur les entreprises, cette règle nouvelle ne porte pas à la liberté d'entreprendre une atteinte telle qu'elle en dénaturerait la portée, alors surtout qu'il ressort des travaux préparatoires que sa mise en œuvre s'accompagnera de mesures "d'aide structurelle" aux entreprises ;
29. Considérant, enfin, que le législateur ne saurait porter à l'économie des conventions et contrats légalement conclus une atteinte d'une gravité telle qu'elle méconnaisse manifestement la liberté découlant de l'article 4 de la Déclaration des droits de l'Homme et du citoyen de 1789 ; qu'en l'espèce, les incidences de l'entrée en vigueur des articles 1er et 3 de la loi déférée sur les contrats de travail ainsi que sur les accords collectifs en cours, lesquelles sont au demeurant inhérentes aux modifications de la législation du travail, ne sont pas de nature à porter une telle atteinte à cette exigence ; que le grief doit donc être écarté ; (...)

Faits

En 1998, la France est divisée entre ceux qui souhaitent abaisser la durée hebdomadaire du travail, au nom de la lutte contre le chômage, et ceux qui voient dans cette mesure une fausse bonne idée. Au terme d'âpres débats parlementaires et de milliers d'amendements déposés par l'opposition, le gouvernement Jospin réussit finalement à imposer ses « trente-cinq heures ». En creux, une question redoutable se pose : la nouvelle durée hebdomadaire du travail peut-elle s'appliquer immédiatement et modifier tous les contrats de travail conclus sous l'empire de la loi antérieure ? Oui répond le Conseil... mais dans une mesure limitée !

Portée

« Le législateur ne saurait porter à l'économie des conventions et contrats légalement conclus une atteinte d'une gravité telle qu'elle méconnaisse manifestement la liberté découlant de l'article 4 de la Déclaration des droits de l'Homme et du citoyen de 1789 » : par cette formule un peu énigmatique, le Conseil admet pour la première fois en 1998 que la liberté contractuelle bénéficie d'une protection constitutionnelle. Non pas la liberté contractuelle de créer un contrat, de lui donner vie, mais la liberté contractuelle qui consiste à protéger les contrats en cours, les contrats déjà signés, la « pérennité contractuelle » (*Gahdoun, 2006*). L'idée de pérennité signifie que les conventions conclues en toute légalité sous l'empire de la législation précédente ne peuvent être bouleversées par les nouvelles lois, sauf si le législateur justifie d'un motif d'intérêt général. La doctrine du droit transitoire évoque dans ce cas le « principe de survie de la loi ancienne en matière de contrats » (*P. Roubier, 1929*). L'idée est bien celle-là : les dispositions remplacées par la nouvelle législation doivent « survivre » et continuer de régir, au moins pendant un temps, les conventions signées sur la base de l'ancienne législation.

Après cette décision, une première censure est intervenue le 7 décembre 2000 (*n° 436 DC*). Il était question, en l'espèce, de contrôler la loi « solidarité et renouvellement urbains » dont l'une des dispositions prévoyait que les logements conventionnés appartenant aux filiales immobilières de la Caisse des dépôts et consignations (des personnes privées) continueraient à faire l'objet du régime applicable en matière de logement à loyers modérés (plafonnement des loyers, conditions de ressources, etc.) au terme des « conventions HLM » conclues entre l'État et les sociétés privées. Concrètement, même sans contrat passé avec l'État, les logements en question restaient des logements « HLM », par conséquent moins chers et plus accessibles aux personnes sans ressources. La véritable difficulté concernait, en réalité, l'application temporelle de la loi. Celle-ci s'appliquait non pas aux conventions futures, mais à tous les biens conventionnés « *au 30 juin* », c'est-à-dire près de six mois avant l'entrée en vigueur du nouveau régime. Attentif aux arguments des requérants, le Conseil invalide la loi et précise que « la disposition critiquée n'apporte pas, en l'espèce, à la réalisation de cet objectif (le droit au logement) une contribution justifiant que soit portée une atteinte aussi grave à l'économie de contrats légalement conclus ».

À partir de 2003 (*n° 465 DC*), le Conseil renforce d'ailleurs la protection initiée en 1998 sous deux aspects. Dorénavant, l'intérêt général dont se prévaut le législateur doit être « suffisant », et non plus « normal » ; en outre, le Conseil abandonne l'idée d'une atteinte « manifeste » à l'économie des contrats et exige désormais que le législateur ne porte pas – tout simplement – « atteinte aux contrats ». Parallèlement à ce resserrement des contraintes, le juge élargit le fondement constitutionnel applicable et mobilise l'article 16 de la Déclaration : « le législateur ne saurait porter aux contrats légalement conclus une atteinte qui ne soit justifiée par un motif d'intérêt général suffisant sans méconnaître les exigences résultant des articles 4 et 16 de la Déclaration ».

Sur la base de cette nouvelle rédaction, une deuxième censure intervient dans la décision du 7 août 2008 (*n° 568 DC*) à propos d'un dispositif consacré aux heures supplémentaires. Le paradoxe de cette censure est que le législateur avait pris soin – du moins le pensait-il – de ne pas heurter les conventions collectives en cours en choisissant de reporter « au 31 décembre 2009 » l'entrée en vigueur des nouvelles dispositions. *A priori* donc, cette mesure transitoire permettait d'adoucir l'atteinte portée aux contrats formés sous l'empire de l'ancienne législation et s'autorisait de la jurisprudence du Conseil en la matière. En apparence seulement ! Lors des débats parlementaires, des voix s'étaient élevées pour dénoncer le fait que le délai du 31 décembre 2009 était « tout simplement intenable dans les petites entreprises » et qu'il fallait bien plus de temps pour discuter, pour négocier, pour convaincre aussi les salariés de réformer le cadre applicable aux heures supplémentaires. Conscient de ces critiques, le Conseil soulève « d'office » le moyen tiré de l'atteinte aux contrats en cours et juge que, malgré la présence d'une disposition transitoire, malgré ce régime d'ajustement qui permet de faire « survivre » les conventions collectives pendant un temps déterminé, le mécanisme demeure trop largement attentatoire aux contrats déjà noués. Et la disposition transitoire – qui est d'ordinaire un signe du respect de la temporalité – est donc invalidée par le juge constitutionnel.

Cela dit, évidemment, dans de nombreux cas, les requérants invoquent la pérennité contractuelle et le Conseil ne censure pas en raison de l'intérêt général présent dans la loi. Par exemple, dans sa décision du 18 mars 2009 (*n° 578 DC*), il estime que le motif d'intérêt général tenant à la possibilité pour toutes personnes de disposer d'un logement décent justifie et explique l'atteinte portée aux conventions signées sous l'empire de l'ancienne législation. En l'espèce, la loi de mobilisation pour la lutte contre l'exclusion prévoyait une modification du régime applicable aux logements sociaux, au nom, avait-on dit, d'un « droit au logement » mieux réparti et mieux garanti. Cette mesure frappant plusieurs milliers de contrats déjà conclus, les requérants y voyaient une atteinte très forte à la liberté contractuelle des locataires. Mais le Conseil écarte l'argument de la saisine et juge que l'intérêt général invoqué par le législateur est « suffisant ».

Dernièrement est apparue une nouvelle difficulté à propos des contrats en cours : la notion de « cadre légal ». Jusque récemment, le Conseil constitutionnel n'avait jamais exclu du contentieux des contrats en cours certaines catégories de lois jugées plus importantes, plus fondamentales, ou tout simplement différentes. Affichant un pragmatisme bienvenu, il avançait au cas par cas, validant ou censurant les dispositions selon la force de l'intérêt général mis en avant par le législateur.

Pour la première fois, dans sa décision du 23 janvier 2015 (*n° 441 QPC*), le juge constitutionnel ne vérifie pas l'intérêt général présent dans la loi comme il le fait habituellement ; il estime simplement que la disposition en cause n'influence pas les contrats, car, dit-il, elle modifie un « *cadre légal* » et non pas véritablement les conventions. Concrètement, dans cette décision, il s'agit pour le Conseil constitutionnel d'examiner l'article L. 442-3 du Code de la construction et de l'habitation qui modifie les règles relatives aux charges dites « récupérables » dans les immeubles appartenant aux organismes d'habitations à loyer modéré. Dans un considérant assez lapidaire, le Conseil juge « qu'en modifiant y compris pour les baux en cours, le cadre légal applicable à la détermination des charges récupérables pour les habitations à loyer modéré, le législateur n'a pas porté atteinte aux conventions légalement conclues ; que, par suite, le grief tiré d'une atteinte au droit au maintien des conventions légalement conclues, garanti par les articles 4 et 16 de la Déclaration de 1789, doit être écarté ». Autrement dit, puisque la loi ne modifie par directement les contrats de location, et puisqu'elle transforme simplement un élément « légal », hors d'atteinte des stipulations contractuelles, le droit au maintien des conventions est inopérant et la loi peut s'appliquer immédiatement.

Pour aller plus loin

- **Cons. const., 19 decembre 2000, n° 2000-437 DC** : le Conseil protège ici, pour la première fois, les contrats « à venir », l'impulsion contractuelle (seconde facette de la liberté contractuelle).

La protection des droits économiques, sociaux et environnementaux

Chapitre 11

La jurisprudence du Conseil constitutionnel relative aux droits économiques, sociaux et environnementaux est aujourd'hui extrêmement riche. Elle irrigue de nombreuses branches du droit – civil, commercial, fiscal... – et dévoile un juge constitutionnel intervenant dans des domaines où, jusque récemment, il ne s'aventurait guère.

Concernant les « droits économiques », trois principes constitutionnels peuvent être évoqués en ce qu'ils mettent en jeu – principalement mais pas exclusivement – des relations de commerce : le droit de propriété, la liberté d'entreprendre et la liberté contractuelle.

1 Cons. const., 16 janv. 1982, n° 81-132 DC, *Loi de nationalisation*

« 13. Considérant que l'article 2 de la Déclaration des droits de l'Homme et du citoyen de 1789 proclame : Le but de toute association politique est la conservation des droits naturels et imprescriptibles de l'homme. Ces droits sont la liberté, la propriété, la sûreté et la résistance à l'oppression ; que l'article 17 de la même Déclaration proclame également : La propriété étant un droit inviolable et sacré, nul ne peut en être privé si ce n'est lorsque la nécessité publique, légalement constatée, l'exige évidemment et sous la condition d'une juste et préalable indemnité ;

14. Considérant que le peuple français, par le référendum du 5 mai 1946, a rejeté un projet de Constitution qui faisait précéder les dispositions relatives aux institutions de la République d'une nouvelle Déclaration des droits de l'homme comportant notamment l'énoncé de principes différant de ceux proclamés en 1789 par les articles 2 et 17 précités.

15. Considérant qu'au contraire, par les référendums du 13 octobre 1946 et du 28 septembre 1958, le peuple français a approuvé des textes conférant valeur constitutionnelle aux principes et aux droits proclamés en 1789 ; qu'en effet, le préambule de la Constitution de 1946 réaffirme solennellement les droits et les libertés de l'homme et du citoyen consacrés par la Déclaration des droits de 1789 et tend seulement à compléter ceux-ci par la formulation des principes politiques, économiques et sociaux particulièrement nécessaires à notre temps ; que, aux termes du préambule de la Constitution de 1958, le peuple français proclame solennellement son attachement aux droits de l'homme et aux principes de la souveraineté nationale tels qu'ils ont été définis par la déclaration de 1789, confirmée et complétée par le Préambule de la Constitution de 1946.

16. Considérant que, si postérieurement à 1789 et jusqu'à nos jours, les finalités et les conditions d'exercice du droit de propriété ont subi une évolution caractérisée à la fois par une notable extension de son champ d'application à des domaines individuels nouveaux et par des limitations exigées par l'intérêt général, les principes mêmes énoncés par la Déclaration des droits de l'Homme ont pleine valeur constitutionnelle tant en ce qui concerne le caractère fondamental du droit de propriété dont la conservation constitue l'un des buts de la société politique et qui est mis au même rang que la liberté, la sûreté et la résistance à l'oppression, qu'en ce qui concerne les garanties données aux titulaires de ce droit et les prérogatives de la puissance publique ; que la liberté qui, aux termes de l'article 4 de la Déclaration, consiste à pouvoir faire tout ce qui ne nuit pas à autrui, ne saurait elle-même être préservée si des restrictions arbitraires ou abusives étaient apportées à la liberté d'entreprendre ;

17. Considérant que l'alinéa 9 du préambule de la Constitution de 1946 dispose : Tout bien, toute entreprise dont l'exploitation a ou acquiert les caractères d'un service public national ou d'un monopole de fait doit devenir la propriété de la collectivité ; que cette disposition n'a ni pour objet ni pour effet de rendre inapplicables aux opérations de nationalisation les principes susrappelés de la Déclaration de 1789 ;

18. Considérant que, si l'article 34 de la Constitution place dans le domaine de la loi les nationalisations d'entreprises et les transferts d'entreprises du secteur public au secteur privé, cette disposition, tout comme celle qui confie à la loi la détermination des principes fondamentaux du régime de la propriété, ne saurait dispenser le législateur, dans l'exercice de sa compétence, du respect des principes et des règles de valeur constitutionnelle qui s'imposent à tous les organes de l'État.

19. Considérant qu'il ressort des travaux préparatoires de la loi soumise à l'examen du Conseil constitutionnel que le législateur a entendu fonder les nationalisations opérées par ladite loi sur le fait que ces nationalisations seraient nécessaires pour donner aux pouvoirs publics les moyens de faire face à la crise économique, de promouvoir la croissance et de combattre le chômage et procéderaient donc de la nécessité publique au sens de l'article 17 de la Déclaration de 1789 ;

20. Considérant que l'appréciation portée par le législateur sur la nécessité des nationalisations décidées par la loi soumise à l'examen du Conseil constitutionnel ne saurait, en l'absence d'erreur manifeste, être récusée par celui-ci dès lors qu'il n'est pas établi que les transferts de biens et d'entreprises présentement opérés restreindraient le champ de la propriété privée et de la liberté d'entreprendre au point de méconnaître les dispositions précitées de la Déclaration de 1789 ; (...)

■ Fait

La victoire de François Mitterrand aux élections présidentielles de 1981 marque le retour d'une politique de nationalisation en France. Plus de quarante entreprises sont ainsi visées par le projet de loi rédigé par le gouvernement Mauroy. Les députés de l'opposition contestent vivement le mécanisme et saisissent le Conseil... qui leur donne en partie raison en censurant les règles d'évaluation de la valeur des entreprises à nationaliser, s'attirant les foudres de la nouvelle majorité.

■ Portée

La décision du 16 janvier 1982 est certainement celle qui a provoqué les controverses et polémiques les plus fortes dans l'histoire du Conseil, puisque le vif débat doctrinal sur la pertinence de son contenu tourna très vite à une contestation du Conseil lui-même, voire de la légitimité d'une justice constitutionnelle. Motif de cette effervescence politico-juridique : la qualification du droit de propriété par le Conseil, de droit fondamental ayant « *pleine* valeur constitutionnelle » et « dont la *conservation* constitue l'un des buts de la société politique »... et cela, quelques mois seulement après la double victoire électorale de la gauche qui avait mis à son programme le changement du régime de la propriété économique.

Au demeurant, ce qui a choqué est moins la reconnaissance de la valeur constitutionnelle du droit de propriété que la force, presque provocante, avec laquelle elle est déclarée. Car, dans les passions du moment, personne ne cherche à lier le contenu de la décision à celui du débat contradictoire tenu devant le Conseil, pour comprendre que la formule « pleine valeur constitutionnelle » ne prenait sens que par rapport à la thèse, soutenue devant lui, niant toute valeur constitutionnelle au droit de propriété.

Rédaction donc de circonstance, en 1982 : la position de principe du Conseil s'exprime lorsque, dégagé de tout contexte passionnel, il affirme simplement, supprimant l'adjectif « pleine », la valeur constitutionnelle du droit de propriété. Ainsi en est-il, par exemple, dans la décision du 25 juillet 1989 (*n° 256 DC*) où le Conseil affirme clairement que la valeur constitutionnelle du droit de propriété doit se comprendre *non pas*, comme le croit une partie de la doctrine, *malgré, mais en fonction de* l'évolution subie par ce droit, et caractérisée à la fois « par une extension de son champ d'application à des domaines nouveaux et par des limitations exigées au nom de l'intérêt général ». Le régime constitutionnel du droit de propriété est donc, depuis la clarification jurisprudentielle de 1989, défini autour de trois idées : le champ d'application du droit de propriété peut s'étendre, par rapport à 1789, à des domaines nouveaux ; l'exercice du droit de propriété peut cependant connaître des limitations exigées au nom de l'intérêt général ; ses limitations ne peuvent pas aller jusqu'à dénaturer la portée du droit de propriété et de ses attributs essentiels.

Ainsi, au titre des « domaines nouveaux », dans la décision du 15 janvier 1992 (*n° 303 DC*), le Conseil considère que le droit pour le propriétaire d'une marque de fabrique, de commerce ou de service – *la propriété commerciale* – d'utiliser celle-ci et de la protéger dans le cadre défini par la loi et les engagements internationaux de la France entre dans le champ d'application des articles 2 et 17 de la Déclaration de 1789. Ainsi encore, dans la décision du 8 janvier 1991 (*n° 283 DC*), le Conseil a jugé que le principe constitutionnel de la protection de la santé publique et même la nécessité de maîtriser les dépenses de santé pouvaient justifier des limitations à l'exercice de *la propriété des marques* par les fabricants de tabac (restriction de la publicité). Le 20 janvier 1993 (*n° 316 DC*), le Conseil considère que les « *documents* » des entreprises sont couverts par le droit de propriété et juge en conséquence que le pouvoir donné au service central de prévention de la corruption de retenir des originaux pendant un temps dont le terme n'est pas fixé par la loi porte une atteinte excessive au droit de propriété. Le Conseil, dans sa décision du 20 juillet 2000 (*n° 434 DC*), accorde également à la « chasse » la qualité de droit découlant directement du droit de propriété, et en particulier d'un de ses attributs, l'*usus* ; mais il juge que l'interdiction de chasser le mercredi ne constitue pas une atteinte grave au droit de propriété parce qu'elle est justifiée par un motif d'intérêt général, celui « de la nécessité d'assurer la sécurité des enfants d'âge scolaire et de leurs accompagnateurs ». Poursuivant encore cette interprétation au temps présent des articles 2 et 17 de la Déclaration de 1789, il reconnaît, dans sa décision du 27 juillet 2006 (*n° 540 DC*), que figurent parmi les domaines nouveaux du droit de propriété « les droits de *propriété intellectuelle* et notamment le droit d'auteur et les droits voisins » ; et il décide en conséquence que l'obligation faite aux titulaires de droits d'auteur de communiquer leurs informations afin de permettre l'interopérabilité « devra entraîner leur indemnisation ».

Avec et à partir de la décision du 10 juin 2010 (*n° 607 DC*), le Conseil « découvre » un *nouveau* fondement constitutionnel au droit de propriété : l'article 2 de la Déclaration de 1789 où il figure parmi les droits inaliénables et sacrés de l'homme. En l'espèce, cette découverte lui permet de faire bénéficier les créanciers de la protection du droit de propriété : « le droit de propriété des créanciers, juge en effet le Conseil, est garanti par les articles 2 et 4 de la Déclaration de 1789 ». Faisant glisser cette « découverte » dans le contentieux de la QPC, le Conseil, dans sa décision du 12 novembre 2010 (*n° 60 QPC*), exprime dans un considérant de principe le nouveau régime constitutionnel du droit de propriété : « considérant que la propriété figure au nombre des droits de l'homme consacrés par les articles 2 et 17 de la Déclaration de 1789 » ; qu'aux termes de son article 17 : « *la propriété étant un droit inviolable et sacré, nul ne peut en être privé, si ce n'est lorsque la nécessité publique, légalement constatée, l'exige évidemment, et sous la condition d'une juste et préalable indemnité* » ; qu'en l'absence de privation du droit de propriété, il résulte néanmoins de l'article 2 de la Déclaration de 1789 que les limites apportées à son exercice doivent être justifiées par un motif d'intérêt général et proportionnées à l'objectif poursuivi. L'article 17 s'applique ainsi en cas de privation du droit de propriété, l'article 2 en cas de limitation du droit de propriété. Sous l'empire de l'article 17, la protection constitutionnelle est forte, sous l'empire de l'article 2 la protection est moindre mais réelle.

Par exemple, tombe sous la protection de l'article 17 de la Déclaration de 1789 la prise de possession à la suite d'une expropriation pour cause d'utilité publique, et le Conseil juge, dans sa décision du 6 avril 2012 (*n° 226 QPC*), que les articles L. 15-1 et L. 15-2 du Code de l'expropriation, en permettant à l'expropriant, en cas d'appel de l'ordonnance du juge fixant l'indemnité d'expropriation, de prendre possession des biens expropriés moyennant le versement d'une indemnité égale aux propositions qu'il avait faites et inférieure à celle fixée par le juge de première instance, « méconnaissaient l'exigence selon laquelle nul ne peut être privé de sa propriété que sous la condition d'une juste et préalable indemnité ».

Il n'en reste pas moins vrai que la frontière entre « limiter » et « priver » le droit de propriété est parfois bien délicate à tracer. Par exemple, la mesure du « paquet neutre » introduite en 2016, qui interdit aux fabricants de tabac d'apposer librement leur marque et leur logo sur les emballages de cigarettes, est-elle une limitation ou une privation du droit de propriété ? Le Conseil décide, dans sa décision du 21 janvier 2016 (*n° 727 QPC*), que cette mesure est une simple limitation car la nouvelle réglementation « n'interdit pas que chacun de ces supports comporte l'inscription de la marque, de telle sorte que le produit puisse être identifié avec certitude par son acheteur ». Même si, reconnaît le juge, « cette possibilité est strictement encadrée ».

En ce qui concerne les garanties constitutionnelles définies par l'article 17 de la Déclaration de 1789 – donc en cas de « privation » du droit de propriété – le Conseil impose au législateur le respect de certaines exigences.

En premier lieu, les privations de propriété ne peuvent être décidées que par le Parlement et au profit d'une « autorité de l'État » : le Conseil a ainsi censuré une disposition législative prévoyant l'institution d'une servitude administrative sur des immeubles privés par un établissement public (*n° 198 DC*).

En deuxième lieu, le Parlement ne peut porter atteinte à la propriété privée que « lorsque la nécessité publique l'exige évidemment ». Par exemple, le droit consenti à l'État de « retenir » des œuvres d'art candidates à l'exportation lorsque ces œuvres présentant un intérêt national a été jugé contraire à la Constitution dans la décision du 14 novembre 2014 (*n° 426 QPC*), car, selon le Conseil, cette privation de la propriété ne fixe pas « les critères établissant une nécessité publique ».

En troisième lieu, le législateur doit prévoir le versement d'une indemnité juste et préalable aux personnes expropriées. Il faut noter que le Conseil n'hésite pas à entrer dans le détail du calcul de la valeur d'échange des actions et, comme en 1982, à censurer « les sous-estimations substantielles ». Contrôle nécessairement subjectif – qu'est-ce qu'une « juste indemnité » ? – qui est d'autant plus apparu comme tel, en l'espèce, que le législateur avait suivi, en fait, la solution d'indemnisation proposée par le Conseil d'État, laquelle représentait un montant supérieur à la valeur boursière des actions !

Pour aller plus loin

- **Cons. const., 25 juillet 1989, n° 89-256 DC :** compétence exclusive de l'autorité judiciaire en matière de protection de la propriété privée immobilière.
- **Cons. const., 27 septembre 2013, n° 2013-343 QPC :** censure d'une disposition législative sur le double fondement du droit de propriété et de l'incompétence négative du législateur.

2 Cons. const., 30 nov. 2012, n° 2012-285 QPC, *Obligation d'affiliation à une corporation d'artisans en Alsace-Moselle*

« 6. Considérant que la liberté d'entreprendre découle de l'article 4 de la Déclaration des droits de l'Homme et du citoyen de 1789 ; qu'il est loisible au législateur d'apporter à cette liberté des limitations liées à des exigences constitutionnelles ou justifiées par l'intérêt général, à la condition qu'il n'en résulte pas d'atteintes disproportionnées au regard de l'objectif poursuivi ;

7. Considérant, d'une part, que la liberté d'entreprendre comprend non seulement la liberté d'accéder à une profession ou à une activité économique mais également la liberté dans l'exercice de cette profession ou de cette activité ; que, par suite, la circonstance que l'affiliation à une corporation obligatoire ne conditionne pas l'exercice d'une profession mais en découle, n'a pas pour effet de rendre inopérant le grief tiré de l'atteinte à la liberté d'entreprendre ;

8. Considérant, d'autre part, que le premier alinéa de l'article 100 du code susvisé dispose que l'autorité administrative décide, à la demande de la majorité des exploitants intéressés, de l'affiliation obligatoire à une corporation lorsqu'il s'agit de préserver les intérêts communs d'entreprises relevant de l'artisanat ;

9. Considérant que, selon l'article 81 a du code susvisé, la mission légale des corporations est d'entretenir l'esprit de corps ainsi que de maintenir et de renforcer l'honneur professionnel parmi ses membres, de promouvoir des relations fructueuses entre les chefs d'entreprises et leurs préposés, d'apporter une assistance dans les questions de logement et de placement, de compléter la réglementation de l'apprentissage et de veiller à la formation technique et professionnelle et à l'éducation morale des apprentis sans préjudice des dispositions générales applicables en la matière ; que l'article 81 b énumère les actions facultatives que les corporations peuvent conduire ;

10. Considérant que, dès lors qu'une corporation obligatoire est instituée, la réglementation professionnelle résultant des dispositions relatives aux corporations obligatoires est applicable à toutes les entreprises relevant de l'artisanat, quelle que soit l'activité exercée ; que les artisans affiliés d'office à une telle corporation sont alors tenus de s'acquitter de cotisations à raison de cette affiliation ; qu'il ressort du premier alinéa de l'article 88 du code susvisé que les corporations peuvent imposer à leurs membres des obligations en relation avec les missions qu'elles exercent ; que l'article 92 c prévoit que la direction de la corporation a le droit d'infliger à ses membres des sanctions disciplinaires et spécialement des amendes en cas de contravention aux dispositions statutaires ; que l'article 94 c habilite les corporations à faire surveiller par des délégués l'observation des prescriptions légales et statutaires dans les établissements de leurs membres et, notamment, de prendre connaissance de l'état de l'installation des locaux de travail ;

11. Considérant que dans les départements du Haut-Rhin, du Bas-Rhin et de la Moselle, les artisans sont immatriculés à un registre tenu par des chambres de métiers qui assurent la représentation des intérêts généraux de l'artisanat ; que la nature des activités relevant de l'artisanat ne justifie pas le maintien d'une réglementation professionnelle s'ajoutant à celle relative aux chambres de métiers et imposant à tous les chefs d'exploitations ou d'entreprises artisanales d'être regroupés par corporation en fonction de leur activité et soumis ainsi aux sujétions précitées ; que, par suite, les dispositions contestées relatives à l'obligation d'affiliation aux corporations portent atteinte à la liberté d'entreprendre ; que, sans qu'il soit besoin d'examiner les griefs tirés de l'atteinte à la liberté d'association et au droit de propriété, l'article 100 f et le troisième alinéa de l'article 100 s du Code des professions applicable dans les départements du Haut-Rhin, du Bas-Rhin et de la Moselle doivent être déclarés contraires à la Constitution ; (...) »

■ *Faits*

Dans cette affaire, une QPC est posée à l'encontre de plusieurs dispositions du Code des professions applicable dans les départements du Haut-Rhin, du Bas-Rhin et de la Moselle. L'une de ces dispositions obligeait les artisans à s'affilier à une corporation, ce qui entraînait de nombreuses conséquences sur la gestion de leurs entreprises : paiement de cotisations, sanctions disciplinaires, contrôles divers, etc. Le Conseil constitutionnel intervient et, pour la première fois, il donne une définition de la liberté d'entreprendre.

■ *Portée*

La liberté d'entreprendre a été consacrée par le Conseil dans la décision du 16 janvier 1982 (*n° 132 DC*). À la différence du droit de propriété qui est expressément inscrit dans la Déclaration de 1789, la qualité constitutionnelle de la liberté d'entreprendre a été construite à partir des mots « *la liberté consiste à pouvoir faire tout ce qui ne nuit pas à autrui* » contenus dans l'article 4 de la Déclaration ; mais, comme le droit de propriété, la liberté d'entreprendre peut être limitée si des exigences constitutionnelles ou des raisons d'intérêt général le justifient et à condition que ces limitations soient proportionnées.

Si la liberté d'entreprendre est entrée de plain-pied « dans le droit commun des principes constitutionnels » (*B. Mathieu et M. Verpeaux, 2003*), elle a connu, il est vrai, des débuts pour le moins difficiles. Au départ, le Conseil associait systématiquement la liberté d'entreprendre au fameux « ni-ni » – « ni générale ni absolue » (*n° 141 DC*) – ce qui donnait l'impression d'un principe affaibli par rapport aux autres principes constitutionnels. Heureusement, le « ni-ni » prend fin en 1998 (*n° 401 DC*), et il faut attendre 2000 pour que le Conseil prononce une première censure à l'occasion de l'examen de la loi SRU (*n° 436 DC*).

Aujourd'hui, le compromis semble avoir été trouvé autour de l'idée que le législateur peut toujours modeler la liberté d'entreprendre à condition toutefois qu'un intérêt général le justifie, et que l'atteinte ne « dénature » pas – selon le terme consacré – la portée du principe.

Par exemple, dans la décision du 16 janvier 2001 (*n° 439 DC*), le Conseil juge que la création d'un établissement public administratif chargé des fouilles archéologiques ne porte pas une atteinte excessive à la liberté d'entreprendre, non seulement parce qu'elle répond à un objectif d'intérêt général, celui de la préservation du patrimoine archéologique menacé par des travaux d'aménagement, mais aussi parce que la loi a prévu que l'EPA pourrait faire appel, pour l'exécution de sa mission, à des entreprises privées d'archéologie qui, au demeurant, sont fort peu nombreuses.

De même, dans sa décision du 27 novembre 2001 (*n° 451 DC*), le Conseil juge que les alinéas dix et onze du Préambule de 1946 qui garantissent à tous les conditions nécessaires à leur développement et la protection de la santé justifient l'atteinte à la liberté d'entreprendre des assureurs privés constituée par la création d'une nouvelle branche de la Sécurité sociale au profit des agriculteurs non salariés dont elle améliore la protection sociale.

Mais la principale avancée en matière de liberté d'entreprendre se situe dans la décision du 30 novembre 2012. Pour la première fois, le Conseil livre une définition de la liberté d'entreprendre en précisant que cette liberté « comprend non seulement la liberté d'accéder à une profession ou à une activité économique, mais également la liberté dans l'exercice de cette profession ou de cette activité ». Ce qui permet au juge constitutionnel, en l'espèce, d'embrasser le cas où une législation compromet l'exercice pratique, quotidien, d'une activité artisanale en obligeant le chef d'entreprise à rejoindre une corporation.

D'une manière générale, la QPC a incontestablement « révélé » la liberté d'entreprendre. D'une liberté presque confidentielle, politiquement connotée et rarement censurée, elle est devenue l'une des plus courtisées par les plaideurs. Cette évolution est d'autant plus étonnante qu'elle s'est réalisée sans bouleversement du considérant de principe. Officiellement, le contrôle de la liberté d'entreprendre reste un contrôle restreint, c'est-à-dire un contrôle limité aux seules atteintes « manifestes » ou « disproportionnées ».

Ainsi, dans la décision du 24 mai 2013 (*n° 317 QPC*), par exemple, il était question de l'article L. 224-1 du Code de l'environnement qui prévoit, au titre du développement durable, que les constructions futures devront intégrer davantage... de bois. Sans surprise, les fabricants de béton s'indignent et posent une QPC au Conseil constitutionnel. Avec une stratégie argumentative pour le moins astucieuse : soit l'obligation imposée aux entreprises d'utiliser une quantité plus importante de bois est directement justifiée par des considérations environnementales, et dans ce cas le législateur devait faire « participer » le public à l'élaboration de la loi comme l'exige l'article 7 de la Charte de 2004 (ce qu'il n'a pas fait) ; soit l'obligation en cause n'est pas directement justifiée par des considérations environnementales, et dans ce cas il faut bien constater l'absence d'intérêt général autorisant une atteinte si forte à la liberté d'entreprendre. L'une et l'autre de ces alternatives amenaient donc... une censure. Le Conseil a préféré la seconde option : il estime que le motif environnemental est trop éloigné, trop indirect, pour justifier l'atteinte à la liberté d'entreprendre et il invalide l'article L. 224-1 du Code de l'environnement.

De même, dans la décision du 17 juillet 2015 (*n° 476 QPC*), le Conseil examine une disposition issue de la loi du 31 juillet 2014 qui instaure une obligation d'information des salariés lorsque leur entreprise fait l'objet d'une cession de participation majoritaire. Le but de cette obligation d'information est de favoriser la reprise de l'entreprise par les salariés en cas de revente de la société afin de déjouer les comportements « prédateurs » de certains investisseurs. Pour l'entrepreneur qui ne respecte pas cette obligation, la sanction est celle de l'annulation de la cession irrégulière, avec toutes les conséquences imaginables pour lui. Mais, selon le Conseil, cette « action en nullité prévue par les dispositions contestées porte une atteinte manifestement disproportionnée à la liberté d'entreprendre », ainsi « les dispositions contestées de la loi du 31 juillet 2014 doivent être déclarées contraires à la Constitution ».

Par exemple encore, dans la décision du 5 août 2015 (*n° 715 QPC*), le Conseil censure le dispositif qui confiait à l'Autorité de la concurrence la possibilité d'obliger les entreprises en situation de position dominante à céder des actifs ou à modifier certains contrats pour diminuer leur influence sur un marché donné. Dans l'esprit du législateur, il s'agissait de garantir aux consommateurs une concurrence loyale et des prix contenus. Mais là encore, le Conseil juge que l'atteinte à la liberté d'entreprendre est excessive, car – dit-il – la sanction de l'Autorité de la concurrence peut intervenir « alors même que la position dominante de l'entreprise ou du groupe d'entreprises a pu être acquise par les mérites et qu'aucun abus n'a été constaté ». L'article 39 de la loi pour la croissance, l'activité et l'égalité des chances est sanctionné sur cette base.

De même, enfin, dans la décision du 17 septembre 2015 (n° 480 QPC), le Conseil a jugé que la législation française relative au « bisphénol A » présent dans les conditionnements destinés à entrer en contact avec les denrées alimentaires pour les nourrissons était contraire à la liberté d'entreprendre. Non pas, estime le Conseil, en ce qui concerne l'interdiction sur le territoire national, car il n'appartient pas au juge d'apprécier le risque médical « au regard de l'état des connaissances ». En revanche, la loi ne peut interdire *l'exportation* de ces produits puisqu'ils sont, souligne encore le Conseil, « autorisés dans de nombreux pays ». Le raisonnement paraît logique, mais on se demande alors comment le législateur pouvait concrètement et légitimement interdire un produit jugé néfaste à la santé des enfants, tout en limitant cette interdiction aux seuls bébés français ! Évidemment, certaines législations étrangères n'interdisent pas le « bisphénol A », mais dès lors que la loi nationale fait le choix de la prohibition au nom d'impératifs médicaux, il semble inévitable d'étendre largement cette prohibition, et donc d'empêcher les exportations.

Pour aller plus loin

- **Cons. const., 6 octobre 2010, n° 2010-45 QPC :** dans cette décision, le Conseil a invalidé le régime législatif des noms de domaines « .fr » en constatant une atteinte disproportionnée à la liberté d'entreprendre. En l'espèce, le Conseil ne censure pas le régime d'autorisation préalable dans son principe, de façon générale, il censure simplement le manque d'encadrement législatif du secteur : « aucune disposition législative, précise le Conseil, n'institue les garanties permettant qu'il ne soit pas porté atteinte à la liberté d'entreprendre ».

3 Cons. const., 19 déc. 2000, n° 2000-437 DC, *Loi de financement de la sécurité sociale pour 2001*

« Considérant que l'article 49 modifie l'article L. 138-10 du Code de la sécurité sociale relatif à la contribution applicable à la progression du chiffre d'affaires des entreprises pharmaceutiques qui n'ont pas passé convention avec le comité économique des produits de santé ; que le I fixe à 3 % le taux de progression du chiffre d'affaires de l'ensemble des entreprises redevables retenu, au titre de l'année 2001, comme fait générateur de cette contribution ; que le II modifie les règles de calcul de ladite contribution ; qu'en particulier, au cas où le taux d'accroissement du chiffre d'affaires de l'ensemble des entreprises redevables serait supérieur à 4 %, le taux de la contribution globale applicable à cette tranche de dépassement serait fixé à 70 % ;

30. Considérant que, selon les requérants, cette disposition méconnaîtrait le principe d'égalité devant les charges publiques à un triple point de vue ; qu'ils soutiennent, en premier lieu, que le taux de 3 % retenu par la loi, qui est " totalement indépendant de l'objectif national de dépenses de l'assurance-maladie ", n'est fondé sur aucun élément objectif et rationnel en rapport avec l'objet de la loi ; qu'en deuxième lieu, le taux de contribution de 70 % serait " manifestement confiscatoire " ; qu'enfin, le dispositif retenu par le législateur entraînerait une rupture de l'égalité devant les charges publiques entre les entreprises redevables et les entreprises exonérées ;

31. Considérant qu'il est également fait grief au taux d'imposition ainsi fixé de porter atteinte à la liberté contractuelle de l'ensemble des entreprises concernées, " le choix de l'option conventionnelle n'étant plus libre mais forcé devant la menace constituée par la contribution " ;

32. Considérant qu'il appartient au législateur, lorsqu'il institue une imposition, d'en déterminer librement l'assiette et le taux, sous réserve du respect des principes et règles de valeur constitutionnelle et compte tenu des caractéristiques de l'imposition en cause ; qu'en particulier, pour assurer le respect du principe d'égalité, il doit fonder son appréciation sur des critères objectifs et rationnels en fonction des buts qu'il se propose ;

33. Considérant, en premier lieu, que la disposition contestée se borne à porter de 2 % à 3 % le taux de progression du chiffre d'affaires de l'ensemble des entreprises redevables, au-delà duquel est due la contribution prévue à l'article L. 138-10 du Code de la sécurité sociale ; que le choix d'un tel taux satisfait à l'exigence d'objectivité et de rationalité au regard du double objectif de contribution des entreprises exploitant des spécialités pharmaceutiques au financement de l'assurance-maladie et de modération des dépenses de médicaments que s'est assigné le législateur ; qu'eu égard à ces finalités, il était loisible à celui-ci de choisir un seuil de déclenchement de la contribution différent du taux de progression de l'objectif national des dépenses d'assurance-maladie ;

34. Considérant, en deuxième lieu, que c'est à la tranche du chiffre d'affaires global dépassant de 4 % le chiffre d'affaires de l'année antérieure et non à la totalité du chiffre d'affaires de l'année à venir que s'applique le taux de 70 % prévu par l'article 49 ; qu'au demeurant, en application du cinquième alinéa de l'article L. 138-12 du Code de la sécurité sociale, le montant de la contribution en cause ne saurait excéder, pour chaque entreprise assujettie, 10 % du chiffre d'affaires hors taxes réalisé en France au titre des médicaments remboursables ; que le prélèvement critiqué n'a donc pas de caractère confiscatoire ;

35. Considérant, en troisième lieu, que les entreprises qui se sont contractuellement engagées dans une politique de modération des prix de vente des médicaments remboursables qu'elles exploitent se trouvent dans une situation particulière justifiant qu'elles ne soient pas assujetties à la contribution contestée ;

36. Considérant qu'il résulte de ce qui précède que doit être rejeté le grief tiré d'une rupture de l'égalité devant les charges publiques ;

37. Considérant, par ailleurs, que, s'il est vrai que le dispositif institué par le législateur a notamment pour finalité d'inciter les entreprises pharmaceutiques à conclure avec le comité économique des produits de santé, en application de l'article L. 162-17-4 du Code de la sécurité sociale, des conventions relatives à un ou plusieurs médicaments, visant à la modération de l'évolution du prix de ces médicaments et à la maîtrise du coût de leur promotion, une telle incitation, inspirée par des motifs d'intérêt général, n'apporte pas à la liberté contractuelle qui découle de l'article 4 de la Déclaration des droits de l'Homme et du citoyen une atteinte contraire à la Constitution ; (...)

Faits

L'une des dispositions de la loi de financement de la Sécurité sociale pour 2001 visait à imposer plus fermement les bénéfices des groupes pharmaceutiques. Comme souvent en matière fiscale, le législateur avait fait preuve d'une grande imagination en obligeant les entreprises du secteur à faire un choix pour le moins cornélien : soit elles se soumettaient à une imposition sur leurs bénéfices particulièrement vigoureuse (jusqu'à 70 % !), soit elles acceptaient « volontairement » de s'engager par contrat au respect de diverses obligations (régulation des tarifs, redistribution de fonds dans la recherche, etc.). Les requérants avaient contesté ce dispositif devant le Conseil constitutionnel en ce qu'il portait, selon eux, « atteinte à la liberté contractuelle de l'ensemble des entreprises exploitant une ou plusieurs spécialités pharmaceutiques ».

Portée

La liberté contractuelle connaît depuis quelques années un franc succès auprès des requérants. Plus qu'une mode, la consécration de ce principe sur le plan constitutionnel témoigne d'un changement de perspective important et durable : il est maintenant admis qu'un contrat fasse « barrière » à la loi, non pas sur le fondement de la suprématie des volontés individuelles comme l'avait pensé un temps le Conseil, mais parce que les cocontractants sont en droit d'obtenir une certaine protection de leur lien contractuel face aux dispositions législatives. Et aujourd'hui, les justiciables n'hésitent plus à solliciter le Conseil sur toutes sortes de questions intéressant le rapport entre le contrat et la loi : en matière de conventions collectives, de contrats de travail, de contrats commerciaux, de contrats publics...

Bien sûr, le Conseil s'est d'abord montré assez prudent. Dans les années 1990 (*n° 348 DC*), il a rejeté toute idée d'une constitutionnalisation de la liberté contractuelle en accordant trop d'intérêt aux doctrines qui avaient fleuri dans le courant du XXe siècle et qui voyaient dans cette liberté la manifestation d'un libéralisme trop débridé. Avec patience et argumentation, la doctrine a persuadé le juge qu'une telle jurisprudence n'était pas tenable (*Terneyre, 1995*) : la liberté contractuelle reste aujourd'hui encore une liberté essentielle, tout simplement parce qu'elle permet aux individus de nouer des relations juridiques dans tous les aspects du quotidien : travailler, consommer, se loger, se déplacer et tant d'autres choses.

Et finalement, le Conseil reconnaît la valeur constitutionnelle de la liberté contractuelle dans la décision du 19 décembre 2000. Pour la première fois, il parle expressément de « liberté contractuelle » et fait découler cette liberté de l'article 4 de la Déclaration de 1789. Toutefois en l'espèce, il ne censure pas la loi au motif que le dispositif institué par le législateur est « inspiré par des motifs d'intérêt général et n'apporte pas à la liberté contractuelle qui découle de l'article 4 de la Déclaration des droits de l'Homme et du citoyen une atteinte contraire à la Constitution ».

Il faut préciser qu'un autre aspect de la liberté contractuelle avait déjà été reconnu deux ans plus tôt dans la décision du 10 juin 1998 (*n° 401 DC*) : la protection des contrats *en cours*, la « pérennité contractuelle ». Avec la décision du 19 décembre 2000, le juge s'intéresse à une question un peu différente, celle de « l'impulsion contractuelle », c'est-à-dire les contrats à venir, le moment où ils prennent vie par la magie de l'échange des consentements. Pérennité et impulsion, 1998 et 2000 : ces jurisprudences, même si elles concernent des moments distincts de la vie des contrats, sont en réalité les deux faces d'une même médaille – la liberté contractuelle.

Aujourd'hui, la liberté contractuelle – dans son volet « impulsion » – protège plusieurs aspects du contrat. D'abord *la liberté d'accéder aux contrats*. C'est l'aspect le plus visible de la liberté contractuelle : en principe, les personnes sont libres de contracter ou de ne pas contracter, et de décider du contenu de leur contrat en respectant évidemment les lois et l'ordre public. Sur cette question de la liberté d'accéder au contrat, le Conseil a rendu en 2013 une décision très commentée et parfois critiquée (*n° 672 DC, 13 juin 2013*). Au départ de cette affaire, l'article L. 912-1 du Code de la sécurité sociale qui permet aux conventions collectives d'une branche professionnelle de « désigner » – à travers les « clauses de désignation » – un organisme d'assurance santé s'imposant à toutes les entreprises du secteur, et donc à tous les salariés. Avec un objectif parfaitement louable : améliorer le pouvoir d'achat des Français en leur proposant une complémentaire santé à moindre coût. Le Conseil est saisi de cette disposition et, en dépit de l'intérêt général présent dans la loi – améliorer le pouvoir d'achat des citoyens –, il estime que le législateur ne pouvait imposer « un cocontractant déjà désigné par un contrat négocié au niveau de la branche et au contenu totalement prédéfini ». Sur le fondement de la liberté contractuelle (c'est la première fois), il censure donc le dispositif.

Mais l'histoire ne s'arrête pas là. Quelques semaines après, le gouvernement revoit sa copie et insère dans la loi de financement de la Sécurité sociale pour 2014 un nouvel amendement : les clauses de désignation deviennent des clauses de... « recommandation ». Suivant l'avis du Conseil d'État, Madame le ministre Marisol Touraine propose un nouveau mécanisme jugé plus respectueux de la liberté contractuelle. Désormais, la convention collective de branche recommande – simplement – un organisme d'assurance pour le secteur et ménage, en théorie, une totale liberté de contracter. En réalité, les entreprises qui font le choix de ne pas contracter avec l'organisme proposé par la convention collective doivent verser une taxe correspondant à un forfait social majoré... de 150 % ! Les parlementaires de l'opposition s'offusquent lors des débats, et logiquement le Conseil censure à nouveau, cette fois-ci pour non-respect du principe d'égalité (*n° 682 DC*).

La liberté contractuelle protège aussi *la liberté de sortir du contrat et le droit à l'information*. Dans la décision du 13 mai 2011 (*n° 126 QPC*), le Conseil estime en effet que si les services de l'État peuvent intervenir dans le rapport contractuel entre un producteur et un distributeur, c'est à la condition – condition qui n'apparaissait pas dans la loi – qu'ils *informent* systématiquement les cocontractants en cas de rupture des engagements. Le Conseil consacre ainsi, avec cette réserve, un « droit à l'information en matière de contrats » qui permet de rétablir une certaine égalité entre la partie à la source de la rupture du lien contractuel, logiquement en position de force, et la partie délaissée qui perd le bénéfice de la convention. Ce droit à l'information, largement consacré par le droit des contrats, existait déjà dans la jurisprudence puisque le Conseil avait reconnu, dans sa décision PACS (*n° 419 DC*), un « droit de ne plus contracter » assorti d'une obligation d'information. Mais, en 1999, le juge n'avait pas précisé le fondement constitutionnel de ce droit et la doctrine hésitait entre l'hypothèse d'un droit autonome et celle d'un rattachement à la liberté contractuelle. La décision du 13 mai 2011 clarifie cette situation en optant pour la solution du rattachement. Ce faisant, le Conseil enrichit la liberté contractuelle d'une dimension inédite : si la liberté contractuelle comprend la « liberté de contracter », elle inclut également un libre choix « de ne plus contracter » – libre choix qui n'appartient qu'aux cocontractants – et une information obligatoire en cas de rupture du lien contractuel.

L'idée d'une « libre sortie » du contrat est également au cœur de la décision du 7 janvier 2016 (*n° 511 QPC*). Dans cette décision était attaquée la législation autorisant une commission indépendante en matière de presse à modifier, et même résilier, les contrats de distribution entre les entreprises du secteur et les distributeurs grossistes. Ce pouvoir était justifié, selon la loi, par la nécessité d'assurer une bonne régulation de l'approvisionnement des journaux d'information. Néanmoins les requérants estimaient que l'intrusion d'un tiers dans le contrat, avec la faculté de mettre un terme au lien entre les parties, constituait une atteinte évidente à la liberté contractuelle. Le Conseil répond en deux temps : il donne d'abord l'impression de rejeter le grief en rappelant l'intérêt général important – « l'objectif de pluralisme et d'indépendance des quotidiens d'information politique et générale » – qui anime la législation ; mais il décide finalement de prononcer une censure sur le fondement de la liberté contractuelle en soulignant que « le législateur a insuffisamment encadré les conditions dans lesquelles la décision d'un tiers au contrat conclu entre une société de messagerie de presse et un dépositaire central de presse peut conduire à la résiliation de ce contrat ». Autrement dit, la liberté contractuelle implique un libre choix pour les contractants de sortir du contrat, et ce choix ne peut, sauf raisons impérieuses – la défense du pluralisme n'est pas de celles-là... –, être « imposé » par une personne étrangère à la convention.

Pour aller plus loin

- **Cons. const., 15 mars 2012, n° 2012 649 DC** : l'atteinte à la liberté contractuelle est possible dans la mesure où la faculté offerte au chef d'entreprise de modifier unilatéralement les contrats de travail (volume horaire) est subordonnée à l'existence d'un accord des partenaires sociaux.
- **Cons. const., 30 novembre 2006, n° 2006-543 DC** : la liberté contractuelle concerne également les personnes publiques.

4 Cons. const., 25 sept. 2015, n° 2015-485 QPC, *Acte d'engagement des personnes détenues participant aux activités professionnelles dans les établissements pénitentiaires*

« 3. Considérant qu'aux termes du premier alinéa de l'article 61-1 de la Constitution : « Lorsque, à l'occasion d'une instance en cours devant une juridiction, il est soutenu qu'une disposition législative porte atteinte aux droits et libertés que la Constitution garantit, le Conseil constitutionnel peut être saisi de cette question sur renvoi du Conseil d'État ou de la Cour de cassation qui se prononce dans un délai déterminé » ; que la méconnaissance par le législateur de sa propre compétence ne peut être invoquée à l'appui d'une question prioritaire de constitutionnalité que dans le cas où cette méconnaissance affecte par elle-même un droit ou une liberté que la Constitution garantit ;

4. Considérant que, d'une part, le Préambule de la Constitution de 1946 a réaffirmé que tout être humain, sans distinction de race, de religion ni de croyance, possède des droits inaliénables et sacrés ; que la sauvegarde de la dignité de la personne contre toute forme d'asservissement et de dégradation est au nombre de ces droits et constitue un principe à valeur constitutionnelle ; que, d'autre part, l'exécution des peines privatives de liberté en matière correctionnelle et criminelle a été conçue, non seulement pour protéger la société et assurer la punition du condamné, mais aussi pour favoriser l'amendement de celui-ci et préparer son éventuelle réinsertion ; qu'il appartient, dès lors, au législateur, compétent en application de l'article 34 de la Constitution pour fixer les règles concernant le droit pénal et la procédure pénale, de déterminer les conditions et les modalités d'exécution des peines privatives de liberté dans le respect de la dignité de la personne ;

5. Considérant qu'il appartient au législateur de fixer les règles concernant les garanties fondamentales accordées aux personnes détenues ; que celles-ci bénéficient des droits et libertés constitutionnellement garantis dans les limites inhérentes à la détention ; qu'il en résulte que le législateur doit assurer la conciliation entre, d'une part, l'exercice de ces droits et libertés que la Constitution garantit et, d'autre part, l'objectif de valeur constitutionnelle de sauvegarde de l'ordre public ainsi que les finalités qui sont assignées à l'exécution des peines privatives de liberté ;

6. Considérant, en premier lieu, qu'aux termes des dixième et onzième alinéas du Préambule de la Constitution de 1946 : « La Nation assure à l'individu et à la famille les conditions nécessaires à leur développement » et la Nation « garantit à tous, notamment à l'enfant, à la mère et aux vieux travailleurs, la protection de la santé, la sécurité matérielle, le repos et les loisirs. Tout être humain qui, en raison de son âge, de son état physique ou mental, de la situation économique, se trouve dans l'incapacité de travailler a le droit d'obtenir de la collectivité des moyens convenables d'existence » ; (...) ;

8. Considérant, en deuxième lieu, qu'aux termes du cinquième alinéa du Préambule de la Constitution de 1946 : « Chacun a le devoir de travailler et le droit d'obtenir un emploi. Nul ne peut être lésé, dans son travail ou son emploi, en raison de ses origines, de ses opinions ou de ses croyances » ; qu'aux termes du sixième alinéa : « Tout homme peut défendre ses droits et ses intérêts par l'action syndicale et adhérer au syndicat de son choix » ; que le septième alinéa prévoit que « le droit de grève s'exerce dans le cadre des lois qui le réglementent » ; que le huitième alinéa dispose que « Tout travailleur participe, par l'intermédiaire de ses délégués, à la détermination collective des conditions de travail ainsi qu'à la gestion des entreprises » ;

9. Considérant, d'une part, qu'aux termes de l'article 22 de la loi du 24 novembre 2009 : « L'administration pénitentiaire garantit à toute personne détenue le respect de sa dignité et de ses droits. L'exercice de ceux-ci ne peut faire l'objet d'autres restrictions que celles résultant des contraintes inhérentes à la détention, du maintien de la sécurité et du bon ordre des établissements, de la prévention de la récidive et de la protection de l'intérêt des victimes. Ces restrictions tiennent compte de l'âge, de l'état de santé, du handicap et de la personnalité de la personne détenue » ;

10. Considérant, d'autre part, que le deuxième alinéa de l'article 717-3 du Code de procédure pénale prévoit qu'« au sein des établissements pénitentiaires, toutes dispositions sont prises pour assurer une activité professionnelle, une formation professionnelle ou générale aux personnes incarcérées qui en font la demande » ; que son troisième alinéa permet que les détenus exercent des activités professionnelles à l'extérieur des établissements pénitentiaires ; que les dispositions contestées imposent à l'acte d'engagement de la personne détenue de préciser les modalités selon lesquelles cette personne bénéficie des dispositions relatives à l'insertion par l'activité économique prévues aux articles L. 5132-1 à L. 5132-17 du Code du travail ; qu'elles prévoient également que le chef d'établissement pénitentiaire, dans le cadre de la garantie de l'égalité de traitement en matière d'accès et de maintien à l'activité professionnelle des détenus, prend les mesures appropriées en faveur des personnes handicapées détenues ;

11. Considérant qu'il est loisible au législateur de modifier les dispositions relatives au travail des personnes incarcérées afin de renforcer la protection de leurs droits ; que, toutefois, en subordonnant à un acte d'engagement signé par le chef d'établissement et la personne détenue la participation de cette dernière aux activités professionnelles organisées dans les établissements pénitentiaires et en renvoyant à cet acte d'engagement le soin d'énoncer les droits et obligations professionnels du détenu, dans des conditions qui respectent les dispositions de l'article 22 de la loi du 24 novembre 2009 et sous le contrôle du juge administratif, les dispositions contestées ne privent pas de garanties légales les droits et libertés énoncés par les cinquième à huitième alinéas du Préambule de la Constitution de 1946 dont sont susceptibles de bénéficier les détenus dans les limites inhérentes à la détention ; que par suite, le grief tiré de ce que le législateur aurait méconnu l'étendue de sa compétence dans des conditions affectant par elles-mêmes les droits et libertés qui découlent des cinquième à huitième alinéas du Préambule de la Constitution de 1946 doit être écarté ; (...) »

Faits

M. Johny M., détenu au sein de l'établissement pénitentiaire de Poitiers-Vivonne, fait l'objet d'une décision de déclassement de l'emploi d'opérateur qu'il occupe au sein des ateliers de cet établissement. Il forme un recours pour excès de pouvoir devant le tribunal administratif à l'encontre de cette décision. À l'appui de son recours, il pose une QPC à l'encontre de l'article 33 de la loi du 24 novembre 2009 et du dernier alinéa de l'article 717-3 du Code de procédure pénale. Le 6 juillet 2015, le Conseil d'État renvoie la QPC au Conseil constitutionnel.

Portée

Les droits sociaux constitutionnels sont-ils effectifs ? À lire la décision du 25 septembre 2015, il semble évident que ce ne soit pas réellement le cas, tout spécialement lorsque le bénéfice des droits sociaux est revendiqué par les personnes détenues exerçant une activité professionnelle.

En effet, il est pour le moins surprenant que le Conseil constitutionnel ait déclaré conforme, sans même émettre une réserve d'interprétation, une disposition prévoyant seulement que la participation des détenus aux activités professionnelles était subordonnée à l'établissement d'un « acte d'engagement », signé par le chef d'établissement et la personne détenue et devant énoncer « les droits et obligations professionnels de celle-ci ainsi que ses conditions de travail et sa rémunération ».

Alors que les requérants invoquaient la présence d'une incompétence négative en lien avec la plupart des droits sociaux garantis par le Préambule de la Constitution de 1946, le Conseil constitutionnel se fonde sur des garanties législatives fragmentaires ainsi que sur les voies étroites, et forcément *a posteriori*, de recours devant le juge administratif pour estimer que les dispositions contestées « ne privent pas de garanties légales les droits et libertés énoncés par les alinéas 5 à 8 du Préambule de la Constitution de 1946 dont sont susceptibles de bénéficier les détenus dans les limites inhérentes à la détention ».

Mêlant le contrôle de l'absence de garanties légales et celui sur l'incompétence négative, la décision en conclut « que par suite, le grief tiré de ce que le législateur aurait méconnu l'étendue de sa compétence » doit être écarté.

Pourtant, dans la même décision, le Conseil constitutionnel affirme qu'il revient à la loi de fixer « les règles concernant les garanties fondamentales accordées aux personnes détenues », et de concilier les droits et libertés constitutionnellement garantis dont sont titulaires les détenus avec la sauvegarde de l'ordre public et les contraintes de la vie en détention. Pourtant, il semblait nécessaire, sans évidemment aligner le régime des travailleurs détenus sur le droit commun, de combler les lacunes de la loi qui reportent sur l'administration le choix de ne pas assurer d'effectivité aux alinéas 5 à 8 du Préambule de 1946 et ainsi de laisser les détenus à l'ombre de l'État de droit. En effet, les travailleurs détenus, ne disposent par exemple de la possibilité de se constituer en association d'exercer une forme d'expression individuelle ou collective, de se faire représenter, le tout dans le but de faire aboutir des revendications professionnelles. La loi est également silencieuse sur un éventuel droit à des congés payés, à des indemnités en cas d'arrêt de travail pour maladie non professionnelle ou accident du travail, sur la mise en place d'une médecine du travail, etc.

Le renoncement en l'espèce du Conseil constitutionnel s'inscrit dans un mouvement global de défaut d'effectivité des droits sociaux du Préambule de 1946. En amont, les justiciables invoquent peu la violation des alinéas du Préambule de 1946 devant les juges du filtrage, environ dix fois moins que la Déclaration de 1789. Devant le Conseil constitutionnel, depuis 2010 un nombre très faible de décisions QPC de non-conformité sont fondées sur une violation des droits sociaux garantis par les alinéas du Préambule de 1946. Dans le contrôle DC, 1 % des décisions de non-conformité rendues entre 2004 et 2014 étaient fondées sur le Préambule de 1946.

Ponctuellement, les droits sociaux sont tout de même à l'honneur dans la jurisprudence du Conseil constitutionnel. Dans la période récente, la décision du 29 mai 2015 (*n° 2015-470 QPC*) ne censure pas un dispositif plutôt social, interdisant de procéder dans une résidence principale à l'interruption de la fourniture d'eau pour non-paiement des factures. La même décision inscrit de manière inédite la garantie de l'accès à l'eau au sein de l'objectif à valeur constitutionnelle de la possibilité de disposer d'un logement décent. De même, la décision du 29 juillet 2016 (*n° 2016-558/559 QPC*) affirme pour la première fois que la mise en œuvre d'une politique garantissant un « égal accès de tous à la formation professionnelle constitue une exigence constitutionnelle ».

La décision 2016-581 QPC du 5 octobre 2016 valide une disposition du Code de l'urbanisme à l'origine d'une obligation de relogement au bénéfice des occupants du bien affecté par une opération d'aménagement. En dépit des atteintes au droit de propriété invoquées par la société requérante, le Conseil constitutionnel valide la loi dès lors que « l'obligation de relogement, en cas d'éviction définitive, met en œuvre l'objectif de valeur constitutionnelle que constitue la possibilité pour toute personne de disposer d'un logement décent ».

Les décisions de conformité à la Constitution sont donc parfois favorables à la garantie des droits sociaux constitutionnels en ce dès lors qu'un acquis social prévu par la loi n'est pas remis en cause. Ce n'est évidemment pas toujours le cas. Ainsi, dans la décision 2015-476 QPC du 17 juillet 2015, le Conseil censure l'obligation d'information des salariés lorsque leur entreprise fait l'objet d'une cession de participation majoritaire. Le législateur souhaitait favoriser la reprise de l'entreprise par les salariés en cas de revente de la société, dès lors l'entrepreneur qui ne respecte pas cette obligation subissait comme sanction l'annulation de la cession irrégulière. Le Conseil juge que cette « action en nullité prévue par les dispositions contestées porte une atteinte manifestement disproportionnée à la liberté d'entreprendre », dès lors « les dispositions contestées de la loi du 31 juillet 2014 doivent être déclarées contraires à la Constitution ».

Pour aller plus loin

- **CE, ass., 7 juill. 1950, *Dehaene*** : le Conseil d'État reconnaît la valeur constitutionnelle et l'applicabilité directe du droit de grève, mais précise qu'« en l'absence de loi, il appartient aux chefs de service de réglementer le droit de grève des fonctionnaires et d'organiser la nécessaire conciliation entre ce droit et la continuité du service public ».
- **Cons. const., 25 juillet 1989, n° 89-257 DC** : le Conseil constitutionnel admet la compétence des partenaires sociaux « pour l'application des modalités concrètes de mise en œuvre des lois », c'est-à-dire pour décider des mesures d'application des lois votées dans le domaine social.
- **Cons. const., 27 septembre 2013, n° 2013-345 QPC** : le Conseil consacre une nouvelle composante de la liberté syndicale, la « liberté de communication des syndicats ».

5 Cons. const., 19 juin 2008, n° 2008-564 DC, *Loi relative aux organismes génétiquement modifiés*

« (...) En ce qui concerne le grief tiré de la méconnaissance du principe de précaution :
18. Considérant qu'aux termes de l'article 5 de la Charte de l'environnement : « Lorsque la réalisation d'un dommage, bien qu'incertaine en l'état des connaissances scientifiques, pourrait affecter de manière grave et irréversible l'environnement, les autorités publiques veillent, par l'application du principe de précaution et dans leurs domaines d'attributions, à la mise en œuvre de procédures d'évaluation des risques et à l'adoption de mesures provisoires et proportionnées afin de parer à la réalisation du dommage » ; que ces dispositions, comme l'ensemble des droits et devoirs définis dans la Charte de l'environnement, ont valeur constitutionnelle ; qu'elles s'imposent aux pouvoirs publics et aux autorités administratives dans leur domaine de compétence respectif ; que, dès lors, il incombe au Conseil constitutionnel, saisi en application de l'article 61 de la Constitution, de s'assurer que le législateur n'a pas méconnu le principe de précaution et a pris des mesures propres à garantir son respect par les autres autorités publiques ;
19. Considérant qu'aux termes du premier alinéa de l'article L. 531-2-1 inséré dans le Code de l'environnement par l'article 2 de la loi déférée : « Les organismes génétiquement modifiés ne peuvent être cultivés, commercialisés ou utilisés que dans le respect de l'environnement et de la santé publique, des structures agricoles, des écosystèmes locaux et des filières de production et commerciales qualifiées « sans organismes génétiquement modifiés », et en toute transparence. La définition du « sans organismes génétiquement modifiés » se comprend nécessairement par référence à la définition communautaire. Dans l'attente d'une définition au niveau européen, le seuil correspondant est fixé par voie réglementaire, sur avis du Haut conseil des biotechnologies, espèce par espèce » ;
20. Considérant qu'aux termes de l'article L. 663-2 du Code rural, tel qu'il résulte de l'article 6 de la loi déférée : « La mise en culture, la récolte, le stockage et le transport des végétaux autorisés au titre de l'article L. 533-5 du Code de l'environnement ou en vertu de la réglementation communautaire sont soumis au respect de conditions techniques notamment relatives aux distances entre cultures ou à leur isolement, visant à éviter la présence accidentelle d'organismes génétiquement modifiés dans d'autres productions... – Les conditions techniques relatives aux distances sont fixées par nature de culture. Elles définissent les périmètres au sein desquels ne sont pas pratiquées de cultures d'organismes génétiquement modifiés. Elles doivent permettre que la présence accidentelle d'organismes génétiquement modifiés dans d'autres productions soit inférieure au seuil établi par la réglementation communautaire » ;
21. Considérant, d'une part, que ces dispositions fixent les principes qui encadrent les conditions techniques d'introduction dans l'environnement de végétaux génétiquement modifiés après qu'ils ont été légalement autorisés ; qu'il ressort des articles L. 533-2, L. 533-3 et L. 533-5 du Code de l'environnement, tels qu'ils sont modifiés par la loi déférée, que « toute introduction intentionnelle dans l'environnement d'un organisme génétiquement modifié, pour laquelle aucune mesure de confinement particulière n'est prise pour en limiter le contact avec les personnes et l'environnement », est soumise à un régime d'autorisation préalable ; que cette autorisation est délivrée par l'autorité administrative préalablement soit à une dissémination volontaire qui n'est pas destinée à la mise sur le marché, soit à la mise sur le marché du produit génétiquement modifié ; qu'elle est donnée après avis du Haut conseil des biotechnologies « qui examine les risques que peut présenter la dissémination pour l'environnement » ; qu'en outre, l'article L. 532-2 impose que toute utilisation d'organisme génétiquement modifié qui peut présenter des dangers ou des inconvénients pour l'environnement soit réalisée de façon confinée ; que ces dispositions ont pour objet d'interdire la culture en plein champ d'organismes génétiquement modifiés qui, en l'état des connaissances et des techniques, pourraient affecter de manière grave et irréversible l'environnement ; que, dès lors, le fait que les conditions techniques auxquelles sont soumises les cultures d'organismes génétiquement modifiés autorisés n'excluent pas la présence accidentelle de tels organismes dans d'autres productions, ne constitue pas une méconnaissance du principe de précaution ;

22. Considérant, d'autre part, que l'article 3 de la loi institue le Haut conseil des biotechnologies chargé d'éclairer le Gouvernement sur toutes questions intéressant les organismes génétiquement modifiés ou toute autre biotechnologie et de formuler des avis en matière d'évaluation des risques pour l'environnement et la santé publique que peut présenter le recours aux organismes génétiquement modifiés ; que, contrairement à ce que soutiennent les requérants, l'article L. 531-3 du Code de l'environnement ne se limite pas à prévoir que cet organisme consultatif peut se saisir d'office de toute question concernant son domaine de compétence, mais qu'il énumère précisément les cas dans lesquels l'avis du Haut conseil doit être recueilli et organise ses attributions ; qu'en outre, le deuxième alinéa de l'article L. 531-2-1 du Code de l'environnement prévoit que « les décisions d'autorisation concernant les organismes génétiquement modifiés ne peuvent intervenir qu'après une évaluation préalable indépendante et transparente des risques pour l'environnement et la santé publique.... assurée par une expertise collective menée selon des principes de compétence, pluralité, transparence et impartialité » ; que les dispositions de l'article 9 de la loi instituent les conditions d'une surveillance continue, par l'autorité administrative, de l'état sanitaire et phytosanitaire des végétaux et de l'apparition éventuelle d'effets non intentionnels des pratiques agricoles sur l'environnement ; qu'il ressort enfin des articles L. 533-3-1 et L. 533-8 du Code de l'environnement qu'en cas de découverte de risques pour l'environnement, postérieurement à une autorisation, l'autorité administrative peut prendre les mesures appropriées allant jusqu'à la suspension ; que, par l'ensemble de ces dispositions, le législateur a pris des mesures propres à garantir le respect, par les autorités publiques, du principe de précaution à l'égard des organismes génétiquement modifiés ;

23. Considérant qu'il résulte de tout ce qui précède que les dispositions des articles 2, 3 et 6 de la loi déférée ne méconnaissent pas l'article 5 de la Charte de l'environnement ; (...)

. En ce qui concerne le grief tiré de la méconnaissance de l'article 7 de la Charte de l'environnement :

48. Considérant qu'aux termes de l'article 7 de la Charte de l'environnement : « Toute personne a le droit, dans les conditions et les limites définies par la loi, d'accéder aux informations relatives à l'environnement détenues par les autorités publiques et de participer à l'élaboration des décisions publiques ayant une incidence sur l'environnement » ;

49. Considérant que ces dispositions, comme l'ensemble des droits et devoirs définis dans la Charte de l'environnement, ont valeur constitutionnelle ; qu'il ressort de leurs termes mêmes qu'il n'appartient qu'au législateur de préciser « les conditions et les limites » dans lesquelles doit s'exercer le droit de toute personne à accéder aux informations relatives à l'environnement détenues par les autorités publiques ; que ne relèvent du pouvoir réglementaire que les mesures d'application des conditions et limites fixées par le législateur ;

50. Considérant que les avis du Haut conseil des biotechnologies sur chaque demande d'autorisation en vue de la dissémination d'organismes génétiquement modifiés sont publics, conformément aux articles L. 531-3 et L. 531-4 du Code de l'environnement ; que le registre national indiquant la nature et la localisation des parcelles culturales d'organismes génétiquement modifiés est accessible au public ; que, par suite, en ne prévoyant pas que ce registre devrait comporter les informations relatives aux études et tests préalablement réalisés sur les organismes génétiquement modifiés autorisés, le législateur n'a pas dénaturé le principe du droit à l'information qu'il lui appartient de mettre en œuvre ; (...) »

■ Faits

Après le vote par le Parlement de la loi relative aux organismes génétiquement modifiés, le Conseil constitutionnel est saisi du texte, en application de l'article 61 de la Constitution, par soixante députés et soixante sénateurs.

■ Portée

« Les dispositions de l'article 5, comme l'ensemble des droits et devoirs définis dans la Charte de l'environnement, ont valeur constitutionnelle ». Dans ses décisions du 28 avril 2005 (*n° 2005-514 DC*) et du 7 juillet 2005 (*n° 2005-516 DC*), le Conseil avait fait usage de l'article 6 de la Charte relatif au principe du développement durable mais il n'avait pas prononcé les mots par lesquels un énoncé juridique acquiert valeur constitutionnelle ; cette qualité était seulement déduite, implicitement, de l'accueil positif réservé par le Conseil à ce nouveau moyen de contrôle de la loi soulevé, dans ces deux espèces, par les requérants. Avec la décision du 19 juin 2008, est clairement affirmée la valeur constitutionnelle de l'ensemble de la Charte de l'environnement comme avait été affirmée en son temps la valeur constitutionnelle de l'ensemble de la Déclaration de 1789 et de l'ensemble du Préambule de 1946. Point de discrimination entre les principes selon leur mode d'écriture – précis ou imprécis – selon leurs titulaires, leurs bénéficiaires ou leur substance philosophique : tous ont une égale valeur constitutionnelle.

Sur le fond, le Conseil se montre, en l'espèce, compréhensif dans son appréciation du respect du principe de précaution et exigeant – un peu – dans son contrôle du respect du principe d'information. Il juge, en effet, qu'en soumettant à un régime d'autorisation préalable l'introduction intentionnelle de cultures OGM et en interdisant la culture en plein champ d'OGM qui pourraient affecter de manière grave et irréversible l'environnement, le législateur a pris les mesures appropriées à la satisfaction du principe de précaution. Le Conseil reconnaît pourtant que ces « mesures » peuvent ne pas empêcher « la présence accidentelle d'OGM dans d'autres productions » ; or, le risque pour l'environnement et les cultures sans OGM est, précisément, celui de la contamination accidentelle qui est « grave et irréversible » puisqu'elle affecte définitivement le codage génétique des plantes et végétaux sauvages. Et, même si le Conseil juge que le législateur a répondu aux dispositions de l'article 5 de la Charte exigeant la mise en œuvre de procédures d'évaluation des risques en créant un Haut Conseil des biotechnologies chargé d'évaluer préalablement les risques et de surveiller les effets des OGM sur l'environnement, il reste que le dispositif imaginé, aussi sophistiqué soit-il, avoue son inefficacité devant le risque de contamination qui, pour être qualifié d'« accidentel », est une conséquence inévitable de la coexistence des cultures sans et avec OGM. En revanche, le contrôle dit restreint sur l'article 7 se conclut par une censure, il est vrai, « virtuelle » ! Si le Conseil juge, en effet, qu'en renvoyant au pouvoir réglementaire le soin de fixer la liste des informations qui ne peuvent en aucun cas demeurer confidentielles le législateur a méconnu l'étendue de sa compétence, il diffère au 1er janvier 2009 les effets de cette déclaration d'inconstitutionnalité. Une censure « réelle » aurait pu être prononcée pour manquement au principe d'information du public, la loi ne prévoyant pas l'inscription dans le registre national des informations relatives aux études et tests préalablement réalisés sur les OGM autorisés ; mais le Conseil a considéré que la publicité des avis du Haut Conseil des biotechnologies sur chaque demande d'autorisation de dissémination d'OGM suffisait à satisfaire le principe d'information. Ce qui est oublié que l'accès du public à l'information n'est pas facilité lorsque les renseignements, enquêtes et investigations sont dispersés ; d'où l'intérêt de les rassembler dans un seul registre pour que ne soit pas dénaturé le principe d'information du public.

Au-delà de la décision de 2008, le Charte de l'environnement atteste de son potentiel normatif tout en conservant une large part d'incertitude au regard de la méfiance latente à l'égard de l'esprit de ce texte et des clivages politiques qu'elle suscite. Si l'ensemble de la Charte est doté d'une valeur constitutionnelle et que son préambule ainsi que la plupart de ses dispositions sont utilisés dans le contrôle *a priori*, seuls les articles 1 à 4 et 7 sont invocables en QPC, le sort de l'article 5 relatif au principe de précaution étant en suspens et celui des articles 8 à 10 étant indéterminé faute de jurisprudence en la matière.

Pour aller plus loin

- **Cons. const., 8 avril 2011, n° 2011-116 QPC** : sur le fondement des articles 1 et 2 de la Charte, le Conseil constitutionnel dégage une nouvelle obligation de vigilance environnementale qui s'impose à l'ensemble des personnes, et pas seulement aux pouvoirs publics. Le législateur peut instaurer « une action en responsabilité », « engagée sur le fondement de la violation de cette obligation ».

La protection constitutionnelle du principe d'égalité

Chapitre 12

Celui qui voudrait tirer une loi politique de la lecture des saisines et des requêtes arriverait vite à la conclusion suivante : les forces politiques au pouvoir n'ont qu'un objectif, porter atteinte à l'égalité entre les individus, les forces dans l'opposition qu'un seul projet, faire triompher et défendre la « vraie » égalité ! Constat évidemment indifférent à la couleur politique des partis au pouvoir ou dans l'opposition. Le grief d'inconstitutionnalité le plus régulièrement invoqué par les parlementaires à l'encontre des lois est, en effet, l'atteinte au principe d'égalité. De ce fait, l'égalité est au centre de quasiment toutes les décisions du Conseil, et recouvre ainsi un champ extrêmement large et même en extension continue.

Les décisions analysées dans ce chapitre sont le témoignage de cette « dissémination » du principe d'égalité.

1 Cons. const., 27 déc. 1973, n° 73-51 DC, *Loi de finances pour 1974*

« 1. Considérant que les dispositions de l'article 62 de la loi de finances pour 1974 tendent à ajouter à l'article 180 du Code général des impôts des dispositions qui ont pour objet de permettre au contribuable, taxé d'office à l'impôt sur le revenu dans les conditions prévues audit article, d'obtenir la décharge de la cotisation qui lui est assignée à ce titre s'il établit, sous le contrôle du juge de l'impôt, que les circonstances ne peuvent laisser présumer "l'existence de ressources illégales ou occultes ou de comportement tendant à éluder le paiement normal de l'impôt" ;
2. Considérant, toutefois, que la dernière disposition de l'alinéa ajouté à l'article 180 du code général des impôts par l'article 62 de la loi de finances pour 1974, tend à instituer une discrimination entre les citoyens au regard de la possibilité d'apporter une preuve contraire à une décision de taxation d'office de l'administration les concernant ; qu'ainsi ladite disposition porte atteinte au principe de l'égalité devant la loi contenu dans la Déclaration des droits de l'Homme de 1789 et solennellement réaffirmé par le préambule de la Constitution ;
3. Considérant, dès lors, qu'il y a lieu de déclarer non conforme à la Constitution la dernière disposition de l'alinéa ajouté à l'article 180 du Code général des impôts par l'article 62 de la loi de finances pour 1974 ;
4. Considérant que cette disposition, qui se présente comme une exception à une faculté ouverte par le législateur d'écarter, au moyen d'une preuve contraire, l'application d'une taxation d'office, constitue donc un élément inséparable des autres dispositions contenues dans l'article 62 de la loi de finances ; que, dès lors, c'est l'ensemble dudit article qui doit être regardé comme contraire à la Constitution ;
5. Considérant, au surplus, que l'article 62 de la loi de finances a été introduit dans ce texte sous forme d'article additionnel en méconnaissance évidente des prescriptions de l'article 42, premier alinéa, de l'ordonnance du 2 janvier 1959 portant loi organique relative aux lois de finances, aux termes duquel : "Aucun article additionnel, aucun amendement à un projet de loi de finances ne peut être présenté, sauf s'il tend à supprimer ou à réduire une dépense, à créer ou à accroître une recette ou à assurer le contrôle des dépenses publiques" ;
6. Considérant qu'en l'état il n'y a lieu pour le Conseil constitutionnel de soulever aucune question de conformité en ce qui concerne les autres dispositions de la loi soumise à son examen par le Président du Sénat ; (...) »

■ *Faits*

Le Conseil constitutionnel est saisi le 20 décembre 1973 par le Président du Sénat, conformément aux dispositions de l'article 61 de la Constitution, du texte de la loi de finances pour 1974 adoptée par le Parlement. Deux ans après avoir reconnu la valeur juridique du Préambule de la Constitution dans la décision *Liberté d'association*, le Conseil mobilise pour la première fois, dans cette affaire, la Déclaration de 1789 et plus spécialement le principe d'égalité devant la loi.

■ *Portée*

« L'article 180 du Code général des impôts par l'article 62 de la loi de finances pour 1974, tend à instituer une *discrimination* » : par ces mots, le Conseil constitutionnel utilise pour la première fois le principe d'égalité pour exercer son contrôle et censure d'ailleurs la loi sur ce fondement. Dans cette décision, comme dans les autres qui ont suivi dans les années 1970, le Conseil se réfère à la Déclaration de 1789, *en général,* jugeant de la conformité de la loi au regard « du principe d'égalité devant la loi contenu dans la Déclaration des droits de l'Homme de 1789 et solennellement réaffirmé par le Préambule de la Constitution de 1958 ». À l'époque, le Conseil ne s'appuie donc pas, sauf très rares exceptions, sur l'article 1 de la Constitution (« *La France (...) assure l'égalité devant la loi de tous les citoyens sans distinction d'origine, de race ou de religion* »). Peut-être a t-il considéré qu'une telle référence limitait son pouvoir d'appréciation. En interdisant expressément, mais uniquement, les discriminations fondées sur « une distinction d'origine, de race ou de religion », cet article peut être interprété comme autorisant les atteintes à l'égalité fondées sur d'autres motifs ; repousser ce fondement manifeste en conséquence la volonté du Conseil de n'être pas lié par un texte précis, et de se réserver la liberté de censurer des inégalités fondées sur d'autres motifs que l'origine, la race ou la religion.

Cette analyse est renforcée par la manière dont le Conseil utilise la Déclaration de 1789. D'une part, il ne vise parfois aucun article particulier, mais l'ensemble du texte ; d'autre part, lorsqu'il spécifie la disposition de la Déclaration sur laquelle il fonde précisément le principe d'égalité, il ne cite jamais l'article 1, mais l'article 6 (*à partir de Cons. const., n° 79-112 DC*). Là encore, le choix du Conseil se porte sur le texte le moins précis, le moins contraignant à l'égard de son propre pouvoir d'appréciation : si l'article 1 énonce que « *les hommes naissent et demeurent libres et égaux en droits* », il ajoute que l'utilité commune peut fonder des distinctions sociales, alors que l'article 6 se contente d'affirmer que « *la loi est l'expression de la volonté générale. Elle doit être la même pour tous, soit qu'elle protège soit qu'elle punisse* ».

Enfin, comme pour bien poser sa volonté de ne pas être lié par les textes, quel que soit leur degré de contraintes, et de disposer d'une capacité pleine et entière de « gestion » du principe d'égalité en fonction du contexte de chaque affaire, le Conseil, souvent, invoque purement et simplement « le principe constitutionnel d'égalité », en abandonnant toute référence à un texte constitutionnel.

Le juriste pourrait souhaiter plus de fermeté et de continuité dans la détermination du fondement constitutionnel du principe d'égalité. Mais, toujours pragmatique, le Conseil ne privilégie aucune source particulière afin de pouvoir choisir, selon les contraintes qui pèsent à un moment donné sur lui, celle qui lui permet le mieux, dans telle affaire, d'« ajuster » l'exercice et l'intensité de son contrôle. Il faut reconnaître que le Conseil a certainement besoin de toute cette panoplie de références pour faire face aux très nombreux recours qui se fondent sur le principe d'égalité.

Suite à cette décision fondatrice du 13 novembre 1973, le principe d'égalité devant la loi s'est progressivement déployé dans tous les domaines juridiques. Principal cas d'application, le principe d'égalité *devant la justice*, qui, déclare le Conseil, « est inclus dans le principe d'égalité devant la loi » (*n° 75-76 DC*). À son tour d'ailleurs, ce principe « inclut » de multiples « sous-principes ».

L'égalité des *conditions de jugement* : le Conseil a censuré, dans la décision du 23 juillet 1975, la disposition législative donnant au Président du tribunal de grande instance le pouvoir de décider si le tribunal correctionnel serait composé de trois magistrats ou d'un seul, au motif que « le principe d'égalité fait obstacle à ce que des citoyens se trouvant dans des conditions semblables et poursuivis pour les mêmes infractions soient jugés par des juridictions composées selon des règles différentes ».

L'égalité *des garanties assurées aux prévenus* : le Conseil a censuré, dans sa décision des 19-20 janvier 1981 (*n° 80-127 DC*), la faculté pour la victime s'étant constituée partie civile en première instance de présenter, en cas de motifs sérieux, des demandes nouvelles en cours d'appel, et celle, pour la personne lésée, de se constituer partie civile pour la première fois en appel, au motif que ces dispositions sont génératrices « d'inégalités devant la justice, puisque, selon l'attitude de la personne qui demande réparation, les prévenus bénéficieraient ou ne bénéficieraient pas d'un double degré de juridiction en ce qui concerne les intérêts civils ».

L'égalité *des parties devant les moyens de preuve* : c'est précisément le cas de la décision du 27 décembre 1973 puisque la disposition en cause accordait à certains contribuables la possibilité d'apporter la preuve du mal-fondé d'une taxation d'office, et la refusait à d'autres en raison du montant de leurs bases d'imposition, au motif qu'elle « tend à instituer une discrimination entre les citoyens au regard de la possibilité d'apporter une preuve contraire à une décision les concernant ».

L'égalité *d'accès à la justice et aux voies de recours* : le Conseil a censuré, dans sa décision du 18 janvier 1985 (*n° 84-183 DC*), une disposition prévoyant, en matière de faillite, que le jugement de première instance acquiert autorité de chose jugée lorsque la Cour d'appel n'a pas statué au fond dans le délai de deux mois, au motif qu'elle met « les justiciables dans des situations différentes au regard des garanties qu'offre l'exercice d'une même voie de recours selon que la Cour d'appel statue ou non dans le délai qui lui est imparti ».

L'égalité *devant la loi pénale* : le Conseil ne censure pas, dans sa décision du 27 juillet 1978 (*n° 78-97 DC*), une disposition prévoyant que tous les condamnés à une même peine peuvent accéder aux mêmes régimes carcéraux dès lors qu'ils remplissent les conditions requises.

Autre cas d'application particulière du principe d'égalité, le principe d'égalité *devant les emplois publics*, qui emporte lui-même deux conséquences. L'égalité *d'accès* aux emplois publics d'abord, que le Conseil n'interprète pas comme imposant une règle de recrutement unique, le concours, pour toutes les catégories de fonctionnaires, mais comme obligeant seulement le législateur à ne tenir « compte que de la capacité, des vertus et des talents » des futurs agents publics (*n° 82-153 DC*). En d'autres termes, il n'existe pas d'obligation constitutionnelle pour l'État à recruter par concours ses agents, ni pour ces derniers de droit au concours ; les règles de recrutement peuvent être différenciées, mais non arbitraires. Par exemple, le Conseil juge, dans sa décision du 16 juillet 2009 (*n° 2009-584 DC*), que le recrutement des directeurs d'hôpitaux en dehors de la procédure habituelle du concours n'est pas contraire à la Constitution. Les requérants voyaient pourtant dans l'instauration de cette voie « dérogatoire » la preuve d'une rupture d'égalité entre les candidats. Faisant application de sa jurisprudence classique en la matière, le Conseil estime qu'aucune règle constitutionnelle n'impose un recrutement des fonctionnaires par le biais du concours. Autrement dit, le procédé importe peu : la loi peut librement choisir une méthode de recrutement différente, à la condition toutefois de garantir une parfaite égalité des chances entre les candidats.

Plus étrangement, le Conseil juge, dans la décision du 21 novembre 2014 (*n° 2014-429 QPC*), que les notaires ne sont pas concernés par le principe d'égalité devant les emplois publics. Était contesté l'article 91 de la loi du 28 avril 1816 qui reconnaît aux notaires titulaires d'un office le droit de présenter à l'agrément du ministre de la Justice leurs successeurs pourvu qu'ils réunissent les qualités exigées par la loi au motif qu'il était contraire au principe d'égal accès aux emplois publics. Mais le juge estime que ce principe ne s'applique pas aux notaires car « ils n'occupent pas des « dignités, places et emplois publics » au sens de l'article 6 de la Déclaration de 1789 ». La profession de notaire n'est pas, pourtant, seulement une profession libérale ; elle a une double nature, libérale et/mais réglementée, libérale et/mais participant à l'exercice de l'autorité publique en qualité d'officier public ainsi que le reconnaît le Conseil. Et la loi du 28 avril 1816 qualifie expressément les notaires de « fonctionnaires » : « cette faculté de présenter des successeurs ne déroge pas au droit de Sa Majesté de réduire le nombre desdits *fonctionnaires*, notamment celui des notaires ». Au demeurant, le Conseil a jugé que si des personnes n'ayant pas la qualité de fonctionnaire pouvaient accéder aux fonctions de magistrat (*n° 2011-635 DC*), les procédures de recrutement devaient respecter le principe d'égal accès à toutes les dignités, places et emplois publics énoncé à l'article 6 de la Déclaration de 1789. Et si, pour comprendre les mots un peu datés de cet article 6, référence est faite au moment de leur énonciation, celui de « dignités » peut renvoyer aux offices royaux de notaires dont la loi du 6 octobre 1971 supprimait l'hérédité et la vénalité. Dès lors, l'article 6 auquel se réfère le Conseil avait bien pour objet d'ouvrir la dignité de notaire à l'égal accès de tous et non la réserver à une transmission héréditaire.

L'égal accès ne fait pas non plus « obstacle à ce que l'inscription à un concours administratif soit subordonnée au paiement d'un droit de timbre » à condition que son montant ne soit pas excessif – 150 francs en l'espèce – et que des exonérations soient prévues au profit des personnes sans emploi (*n° 86-209 DC*).

L'égalité *dans le déroulement de la carrière* ensuite qui, selon le Conseil, ne joue pas de manière uniforme entre les fonctionnaires, mais seulement « entre les agents appartenant à un même corps » (*n° 76-77 DC*). Ainsi, dans sa décision du 14 janvier 1983, le Conseil a censuré une disposition prévoyant que les candidats recrutés au titre de la troisième voie d'accès à l'ENA – élus, responsables syndicaux… – seraient intégrés, à l'issue de leur scolarité, non au grade de départ de leur corps d'affectation mais à un grade supérieur tenant compte des fonctions exercées antérieurement, au motif que cette disposition confère à certains élèves de l'ENA « un privilège méconnaissant les principes proclamés par l'article 6 de la Déclaration de 1789 ».

Autres applications encore du principe d'égalité : l'égalité *dans l'expression du suffrage, dans les relations de travail, la représentation des salariés, dans l'attribution des prestations sociales*… Impossible de continuer : véritable caméléon, le principe d'égalité prend, pour mieux s'imposer, la dénomination même de la matière particulière sur laquelle le Parlement a légiféré.

Pour aller plus loin

- **Cons. const., 9 janvier 1980, n° 79-112 DC**, R. p. 32 : le principe d'égalité devant la loi peut être invoqué au bénéfice des personnes morales (en l'espèce EDF).

2 Cons. const., 18 nov. 1982, n° 82-146 DC, *Loi modifiant le Code électoral et le Code des communes et relative à l'élection des conseillers municipaux et aux conditions d'inscription des Français établis hors de France sur les listes électorales*

« 2. Considérant que pour les communes de 3 500 habitants et plus les conseillers municipaux sont élus au scrutin de liste à deux tours ; qu'aux termes de l'article L. 262 du Code électoral, tel qu'il résulte de l'article 4 de la loi soumise à l'examen du Conseil : Au premier tour de scrutin, il est attribué à la liste qui a recueilli la majorité absolue des suffrages exprimés un nombre de sièges égal à la moitié du nombre des sièges à pourvoir, arrondi, le cas échéant, à l'entier supérieur lorsqu'il y a plus de quatre sièges à pourvoir et à l'entier inférieur lorsqu'il y a moins de quatre sièges à pourvoir... Si aucune liste n'a recueilli la majorité absolue des suffrages exprimés au premier tour, il est procédé à un deuxième tour. Il est attribué à la liste qui a obtenu le plus de voix un nombre de sièges égal à la moitié du nombre des sièges à pourvoir, arrondi, le cas échéant, à l'entier supérieur, lorsqu'il y a plus de quatre sièges à pourvoir et à l'entier inférieur lorsqu'il y a moins de quatre sièges à pourvoir.

3. Considérant que, selon les députés auteurs de la saisine, le fait que le nombre des sièges attribués à la liste venant en tête soit égal à la moitié des sièges à pourvoir, arrondi, lorsqu'il s'agit d'un nombre impair, au chiffre inférieur quand il y a moins de quatre sièges à pourvoir et au chiffre supérieur quand il y en a plus, serait contraire au principe d'égalité, aucune différence de situation ne justifiant l'application de ces règles différentes ;

4. Considérant qu'il appartient au législateur de poser la règle d'attribution du siège restant après division par deux du nombre total des sièges à pourvoir dont une moitié est attribuée à la liste parvenue en tête et l'autre répartie à la proportionnelle lorsque ce nombre total est impair ; qu'aucun principe de valeur constitutionnelle n'impose que la règle appliquée soit identique quel que soit le nombre total des sièges à pourvoir mais que le principe d'égalité exige seulement que la même règle soit appliquée à chaque fois que le nombre de sièges à répartir est le même ; que la loi soumise à l'examen du Conseil constitutionnel répond à cette exigence et, dès lors, ne méconnaît pas le principe d'égalité devant la loi ;

En ce qui concerne les dispositions de l'article L. 260 bis du Code électoral, tel qu'il résulte de l'article 4 de la loi :

5. Considérant qu'en vertu de l'article 4 de la loi soumise à l'examen du Conseil, les conseillers municipaux des villes de 3 500 habitants et plus sont élus au scrutin de liste ; que les électeurs ne peuvent modifier ni le contenu ni l'ordre de présentation des listes et qu'en vertu de l'article L. 260 bis : Les listes de candidats ne peuvent comporter plus de 75 p. 100 de personnes du même sexe ;

6. Considérant qu'aux termes de l'article 3 de la Constitution : La souveraineté nationale appartient au peuple qui l'exerce par ses représentants et par la voie du référendum. Aucune section du peuple ni aucun individu ne peut s'en attribuer l'exercice. Le suffrage peut être direct ou indirect dans les conditions prévues par la Constitution. Il est toujours universel, égal et secret. Sont électeurs, dans les conditions déterminées par la loi, tous les nationaux français majeurs des deux sexes, jouissant de leurs droits civils et politiques. Et qu'aux termes de l'article 6 de la Déclaration des droits de l'Homme et du citoyen : Tous les citoyens étant égaux aux yeux de la loi sont également admissibles à toutes dignités, places et emplois publics, selon leur capacité et sans autre distinction que celles de leurs vertus et de leurs talents ;

7. Considérant que du rapprochement de ces textes il résulte que la qualité de citoyen ouvre le droit de vote et l'éligibilité dans des conditions identiques à tous ceux qui n'en sont pas exclus pour une raison d'âge, d'incapacité ou de nationalité, ou pour une raison tendant à préserver la liberté de l'électeur ou l'indépendance de l'élu ; que ces principes de valeur constitutionnelle s'opposent à toute division par catégories des électeurs ou des éligibles ; qu'il en est ainsi pour tout suffrage politique, notamment pour l'élection des conseillers municipaux ;

> *8. Considérant qu'il résulte de ce qui précède que la règle qui, pour l'établissement des listes soumises aux électeurs, comporte une distinction entre candidats en raison de leur sexe, est contraire aux principes constitutionnels ci-dessus rappelés ; qu'ainsi, l'article L. 260 bis du Code électoral tel qu'il résulte de l'article 4 de la loi soumise à l'examen du Conseil constitutionnel doit être déclaré contraire à la Constitution ;*
> *9. Considérant que doivent être déclarées contraires à la Constitution, par voie de conséquence, les dispositions qui, aux articles L. 265 et L. 268 du Code électoral, font application de la règle posée à l'article L. 260 bis ; (...) »*

Faits

En 1982, le Parlement décide que, pour les élections municipales, les listes de candidats ne peuvent « comporter plus de 75 % de personnes du même sexe ». Saisi de cette loi, mais non de cette disposition-là instaurant des « quotas », le Conseil, dans cette décision du 18 novembre 1982, soulève d'office la question de sa constitutionnalité pour déclarer qu'« une règle qui, pour l'établissement de listes soumises aux électeurs, comporte une distinction entre candidats en raison de leur sexe » n'est pas conforme à la Constitution. En creux, cette décision pose la délicate question du traitement législatif – et jurisprudentiel – des inégalités entre hommes et femmes.

Portée

En disant que « Les listes de candidats ne peuvent comporter plus de 75 % de personnes du même sexe », la loi examinée par le Conseil instaurait, pour la première fois en droit français, un système des « quotas » dans des élections politiques. Et ce faisant, elle accordait aux femmes candidates à une élection municipale, des droits « spécifiques » par rapport aux hommes. Non pas simplement pour avantager les femmes par rapport aux hommes, mais pour tenter de créer, ou recréer, une relative égalité de représentation dans la classe politique française.

En dépit de ces bonnes intentions, le Conseil juge que la discrimination ainsi instituée par la loi est contraire au principe d'égalité au motif que la Constitution interdit « toute distinction des candidats en raison de leur sexe ».

Sur la base de cette décision, le Conseil va systématiquement invalider tout mécanisme de « parité » en faveur des femmes obligeant le constituant à intervenir pour surmonter cette jurisprudence. Ce qu'il fait avec la loi constitutionnelle du 8 juillet 1999 permettant à la loi de « favoriser l'égal accès des femmes et des hommes aux mandats électoraux et fonctions électives ».

Dès lors, la jurisprudence de 1982 devient caduque et le Conseil reconnaît, dans sa décision du 30 mai 2000 (*n° 2000-429 DC*), que « le constituant a entendu permettre au législateur d'instaurer tout dispositif tendant à rendre effectif l'égal accès des femmes et des hommes aux mandats électoraux ; qu'à cette fin, il est *désormais* loisible au législateur d'adopter des dispositions revêtant soit un caractère incitatif, soit un caractère contraignant ». Et, en l'espèce, il valide le principe d'une composition paritaire des listes pour les élections municipales.

Si le Conseil est ainsi obligé de prendre en charge la nouvelle rédaction constitutionnelle, il maintient sa méfiance à l'égard du principe de parité en limitant, selon une argumentation discutable, sa portée. Ainsi, dans la décision du 24 juillet 2003 (*n° 2003-475 DC*), il considère que la diminution du nombre de départements où l'élection a lieu à la représentation proportionnelle avec des listes composées alternativement d'un candidat de chaque sexe ne porte pas « par elle-même atteinte au principe de parité » dans la mesure où ce dernier ne peut avoir pour objet ou pour effet de priver le législateur de la faculté de fixer le régime électoral des assemblées ; il doit pouvoir rester libre de choisir le scrutin majoritaire même s'il est moins favorable à la réalisation de la parité. Le raisonnement du Conseil est loin de convaincre, car il place sur le même plan la définition d'une compétence et son mode d'exercice : que le régime électoral soit placé dans le domaine de la loi par l'article 34 ne signifie pas que cet article donne au législateur le pouvoir d'adopter n'importe quel mode de scrutin. Dans l'exercice de sa compétence en effet, il doit respecter les principes et règles de valeur constitutionnelle qui s'imposent à tous les organes de l'État ; en l'espèce, le Conseil aurait pu censurer le législateur pour avoir augmenté la part d'un mode de scrutin qui respecte moins que le scrutin proportionnel le principe de parité.

De même, dans la décision du 19 juin 2001 (*n° 2001-445 DC*), le Conseil censure l'application des règles de parité pour l'établissement des listes de candidats aux élections au Conseil supérieur de la magistrature. Pour ce faire, le Conseil s'appuie sur les travaux préparatoires de la révision constitutionnelle du 8 juillet 1999 et considère que la parité ne s'applique « qu'aux élections à des mandats et fonctions politiques » ; les autres élections, précise-t-il, sont toujours soumises au respect de l'article 6 de la Déclaration de 1789 qui interdit toute distinction entre candidats selon leur sexe. L'expression « Fonctions électives » est donc interprétée comme signifiant « fonctions politiques ».

Et, il soulève même d'office, dans sa décision du 12 janvier 2002 (*n° 2001-455 DC*), la question de la constitutionnalité de la disposition prévoyant que les jurys chargés de la validation des acquis professionnels « sont composés de façon à concourir à une représentation équilibrée entre les femmes et les hommes ». Il ne peut s'agir que d'un « objectif de représentation équilibrée », précise le Conseil, qui n'a donc pas pour objet et ne saurait « avoir pour effet de faire prévaloir, lors de la constitution des jurys, la considération du genre sur celle des compétences, des aptitudes et des qualifications ». Il ne reste plus qu'à espérer que ce rappel des exigences de l'article 6 de la Déclaration de 1789 pour accéder « à toutes dignités, places et emplois publics » permette que soient désormais vérifiées les compétences, les aptitudes et les qualifications des hommes avant même leur appartenance au genre masculin !

Pour surmonter cette jurisprudence, le constituant décide, lors de la révision constitutionnelle du 23 juillet 2008, de ré-intervenir et d'étendre le champ d'application de la parité aux « responsabilités professionnelles et sociales » couvrant ainsi – en théorie – une grande partie des inégalités aujourd'hui constatées.

À partir de là, le Conseil semble détendre sa jurisprudence. Dans sa décision du 16 mai 2013 (*n° 2013-668 DC*), le Conseil constitutionnel a jugé que l'institution du binôme de candidats pour les élections départementales permet d'assurer la parité au sein des conseils départementaux et que l'abaissement de 3 500 à 1 000 habitants du seuil de population d'une commune à partir duquel les conseillers municipaux sont élus au scrutin de liste vise à favoriser l'égal accès des hommes et des femmes au mandat de conseiller municipal, et ne sont donc pas contraire à la Constitution

De même, dans sa décision du 9 janvier 2014 (*n° 2013-360 QPC*), le Conseil se montre bienveillant à l'égard d'une discrimination au profit des femmes. En l'espèce, était contestée la disposition législative établissant que la perte de la nationalité française liée à l'acquisition volontaire d'une nationalité étrangère s'opérait de plein droit pour les femmes mais à leur demande pour les hommes. Jusqu'à cette décision du 9 janvier 2014, la référence du Conseil en matière d'égalité des sexes était exclusivement l'article 1er de la Constitution qui interdit toute discrimination fondée sur le sexe, et non le considérant général en matière d'égalité (« *le principe d'égalité ne s'oppose ni à ce que le législateur règle de façon différente...* »). Mais, en l'espèce, le Conseil se réfère expressément à l'article 6 de la Déclaration de 1789 et surtout au 3e alinéa du Préambule de 1946 disposant que « *la loi garantit à la femme, dans tous les domaines, des droits égaux à ceux de l'homme* ». Par ce glissement des bases constitutionnelles de son contrôle de l'égalité homme/femme, le Conseil ne condamne plus tout traitement différent des sexes mais accepte de considérer que des différences de situations entre hommes et femmes puissent justifier une différence de traitement.

Avec cette décision, le traitement différencié des sexes n'est plus interdit par principe ; le contentieux de l'égalité homme/femme s'ouvre, comme pour les autres domaines, sur un contrôle des discriminations justifiées et injustifiées au regard des différences de situation et des objectifs de la loi.

Et sur la base de l'article 6 de la Déclaration de 1789, le Conseil juge, dans sa décision du 24 avril 2015 (*n° 2013-668 DC*), que le principe d'une composition paritaire de la formation restreinte du conseil académique des universités « a pour objet de favoriser l'égal accès des femmes et des hommes aux responsabilités professionnelles », et n'est donc pas contraire à l'article 6 de la Déclaration de 1789. Mais comme les vieux démons ne sont jamais loin, il décide dans cette même décision que la parité n'est pas « un droit ou une liberté que la Constitution garantit », privant ainsi les justiciables d'une ressource infinie de QPC...

Pour aller plus loin

- **Cons. const., 14 août 2003, n° 2003-483 DC**, R. p. 430 : le Conseil, sans se référer au Préambule de 1946, a jugé que le législateur pouvait « prendre en compte les inégalités de fait dont les femmes ont été jusqu'à présent l'objet » dans le domaine professionnel pour instituer un régime de droits à retraite différent entre les hommes et les femmes destiné « à compenser des inégalités normalement appelées à disparaître ».

3 Cons. const., 29 déc. 2009, n° 2009-599 DC, *Taxe carbone*

« 77. Considérant que l'article 7 de la loi déférée institue au profit du budget de l'État une contribution carbone sur certains produits énergétiques mis en vente, utilisés ou destinés à être utilisés comme carburant ou combustible ; que l'article 9 institue un crédit d'impôt en faveur des personnes physiques afin de leur rétrocéder de façon forfaitaire la contribution carbone qu'elles ont acquittée ainsi que la taxe sur la valeur ajoutée qui lui est afférente ; que l'article 10 dispose que la consommation de fioul domestique, de fioul lourd et de divers autres produits énergétiques par les agriculteurs fait l'objet d'un remboursement des trois quarts de la contribution carbone ;

78. Considérant, en particulier, que l'article 7 fixe, pour chacune des énergies fossiles qu'il désigne, le tarif de la contribution sur la base de 17 euros la tonne de dioxyde de carbone émis ; que cet article et l'article 10 instituent toutefois des exonérations, réductions, remboursements partiels et taux spécifiques ; que sont totalement exonérées de contribution carbone les émissions des centrales thermiques produisant de l'électricité, les émissions des mille dix-huit sites industriels les plus polluants, tels que les raffineries, cimenteries, cokeries et verreries, les émissions des secteurs de l'industrie chimique utilisant de manière intensive de l'énergie, les émissions des produits destinés à un double usage, les émissions des produits énergétiques utilisés en autoconsommation d'électricité, les émissions du transport aérien et celles du transport public routier de voyageurs ; que sont taxées à taux réduit les émissions dues aux activités agricoles ou de pêche, au transport routier de marchandises et au transport maritime ;

79. Considérant qu'aux termes de l'article 2 de la Charte de l'environnement : " Toute personne a le devoir de prendre part à la préservation et à l'amélioration de l'environnement " ; que son article 3 dispose : " Toute personne doit, dans les conditions définies par la loi, prévenir les atteintes qu'elle est susceptible de porter à l'environnement ou, à défaut, en limiter les conséquences " ; que, selon son article 4, " toute personne doit contribuer à la réparation des dommages qu'elle cause à l'environnement, dans les conditions définies par la loi " ; que ces dispositions, comme l'ensemble des droits et devoirs définis dans la Charte de l'environnement, ont valeur constitutionnelle ;

80. Considérant que, conformément à l'article 34 de la Constitution, il appartient au législateur de déterminer, dans le respect des principes constitutionnels et compte tenu des caractéristiques de chaque impôt, les règles selon lesquelles doivent être assujettis les contribuables ; que le principe d'égalité ne fait pas obstacle à ce que soient établies des impositions spécifiques ayant pour objet d'inciter les redevables à adopter des comportements conformes à des objectifs d'intérêt général, pourvu que les règles qu'il fixe à cet effet soient justifiées au regard desdits objectifs ;

81. Considérant qu'il ressort des travaux parlementaires que l'objectif de la contribution carbone est de " mettre en place des instruments permettant de réduire significativement les émissions " de gaz à effet de serre afin de lutter contre le réchauffement de la planète ; que, pour atteindre cet objectif, il a été retenu l'option " d'instituer une taxe additionnelle sur la consommation des énergies fossiles " afin que les entreprises, les ménages et les administrations soient incités à réduire leurs émissions ; que c'est en fonction de l'adéquation des dispositions critiquées à cet objectif qu'il convient d'examiner la constitutionnalité de ces dispositions ;

82. Considérant que des réductions de taux de contribution carbone ou des tarifications spécifiques peuvent être justifiées par la poursuite d'un intérêt général, tel que la sauvegarde de la compétitivité de secteurs économiques exposés à la concurrence internationale ; que l'exemption totale de la contribution peut être justifiée si les secteurs économiques dont il s'agit sont spécifiquement mis à contribution par un dispositif particulier ; qu'en l'espèce, si certaines des entreprises exemptées du paiement de la contribution carbone sont soumises au système d'échange de quotas d'émission de gaz à effet de serre dans l'Union européenne, il est constant que ces quotas sont actuellement attribués à titre gratuit et que le régime des quotas payants n'entrera en vigueur qu'en 2013 et ce, progressivement jusqu'en 2027 ; qu'en conséquence, 93 % des émissions de dioxyde de carbone d'origine industrielle, hors carburant, seront totalement exonérées de contribution carbone ; que les activités assujetties à la contribution carbone représenteront moins de la moitié de la totalité des émissions de gaz à effet de serre ; que la contribution carbone portera essentiellement sur les carburants et les produits

de chauffage qui ne sont que l'une des sources d'émission de dioxyde de carbone ; que, par leur importance, les régimes d'exemption totale institués par l'article 7 de la loi déférée sont contraires à l'objectif de lutte contre le réchauffement climatique et créent une rupture caractérisée de l'égalité devant les charges publiques ;
83. Considérant qu'il s'ensuit que l'article 7 de la loi déférée doit être déclaré contraire à la Constitution (...) »

■ Faits

Le projet de budget pour 2010 avait institué une taxe carbone dont la finalité était de limiter les gaz à effet de serre. Dans cette décision *Taxe carbone*, le Conseil censure le dispositif, non pas sur le principe même de la taxe, mais parce que les régimes d'exemption sont trop importants et empêchent, finalement, une lutte efficace contre le réchauffement climatique. Toute la question est donc celle de l'intérêt général mis en avant par le législateur : comment le Conseil apprécie-t-il cet intérêt général, et peut-il/doit-il exercer un contrôle rigoureux en la matière ?

■ Portée

En jugeant que, « par leur importance, les régimes d'exemption totale institués par l'article 7 de la loi déférée sont contraires à l'objectif de lutte contre le réchauffement climatique et créent une rupture caractérisée de l'égalité devant les charges publiques », le Conseil associe de façon originale des considérations environnementales et le principe d'égalité. Pour les juges, si le Parlement peut créer un dispositif visant à enrayer le réchauffement climatique en taxant les pollueurs, il ne peut, en même temps, assortir le nouveau régime de trop nombreuses exceptions. Le Conseil note avec une certaine ironie que « 93 % des émissions de dioxyde de carbone d'origine industrielle, hors carburant, seront totalement exonérées de contribution carbone ». Il fait ainsi comprendre au législateur que ces exonérations feront poser sur le contribuable « normal », consommateur/automobiliste, l'essentiel de l'effort fiscal.

Ce contrôle serré de l'intérêt général en matière d'égalité, dont la décision *Taxe carbone* est un exemple retentissant, s'est progressivement développé, dans la jurisprudence du Conseil, à partir de la fin des années 1980.

Dans sa décision du 7 janvier 1988, le Conseil affirme pour la première fois que « le principe d'égalité ne s'oppose pas à ce que le législateur déroge à l'égalité pour des raisons d'intérêt général » (*n° 87-232 DC*). Cependant, n'importe quel motif d'intérêt général ne peut justifier une différence de traitement. Il faut un lien nécessaire, un rapport logique entre la règle discriminatoire et l'intérêt général précisément poursuivi par l'objet de la loi ; il faut, précise le Conseil depuis sa décision du 9 avril 1996 (*n° 96-375 DC*), que les raisons d'intérêt général soient « en rapport direct » avec l'objet de la loi. Par exemple, la taxe nutritionnelle instaurée en 2012 est contraire au principe d'égalité parce qu'en « taxant des boissons ne contenant pas d'alcool à des fins de lutte contre la consommation alcoolique des jeunes, le législateur a établi une imposition qui n'est pas fondée sur des critères objectifs et rationnels en rapport avec l'objectif poursuivi » (*n° 2012-659 DC*). Le Conseil spécifie donc toujours la nature de l'intérêt en cause : « l'intérêt qui s'attache à la continuité du service public » (*n° 87-229 DC*), « l'intérêt de la bonne marche de la justice » (*n° 80-127 DC*), « la préservation de la vocation spécifique du Crédit Agricole au service du monde agricole et rural » (*n° 87-232 DC*), « la lutte contre la fraude fiscale » (*n° 2011-638 DC*)... Une fois l'intérêt circonscrit, le Conseil vérifie si la règle discriminatoire a ou non un lien avec lui.

Et chaque année jurisprudentielle apporte ainsi un lot d'atteintes au principe d'égalité justifiées par un intérêt général « particulier ».

Ainsi, dans la décision du 14 janvier 1983 (*n° 82-152 DC*), pour apprécier la constitutionnalité d'une disposition instituant une cotisation sur les boissons d'une teneur en alcool supérieure à 25 pour 100 volumes, le Conseil constate d'abord que l'objet de la loi est de lutter contre l'usage immodéré des boissons alcooliques, considère ensuite que « le critère tiré de la teneur en alcool a un rapport avec le but que s'est assigné le législateur », et conclut en conséquence que la différence de traitement entre boissons alcooliques sur la base de ce critère ne méconnaît pas le principe d'égalité.

Dans sa décision du 29 décembre 1983 (*n° 83-164 DC*), le Conseil considère que les dispositions instituant en matière de paiement une différence entre les particuliers selon qu'ils ont ou non leur domicile fiscal en France, se justifient par l'objet de la loi, « lutter contre la fraude fiscale », puisque ces deux catégories de personnes « sont soumises à des régimes fiscaux ne comportant pas de modes de déclaration et de contrôle semblables ».

En 2002 (*n° 2002-460 DC*), le Conseil considère que la possibilité de confier à un même titulaire la conception, la construction, l'aménagement, la maintenance et l'entretien des commissariats et gendarmeries n'est pas contraire au « principe d'égalité d'accès à la commande publique », car elle a « pour objet de faciliter et d'accélérer » la construction de commissariats et répond donc à un objectif d'intérêt général.

En 2003 (*n° 2003-477 DC*), il reconnaît qu'accorder aux actionnaires d'entreprise familiale qui s'engagent collectivement à conserver leurs actions durant au moins six ans une exonération de l'impôt de solidarité constitue une différence de traitement entre actionnaires mais il juge que cet avantage répond à un objectif d'intérêt général – garantir la stabilité et la pérennité des entreprises familiales – et ne peut donc « être regardé comme entraînant une rupture caractérisée du principe d'égalité ».

En 2004, le Conseil juge que favoriser la création d'emplois dans le secteur de l'hôtellerie et de la restauration constitue un objectif d'intérêt général qui justifie l'octroi d'aides financières particulières permettant d'améliorer le niveau des salaires afin de rendre plus attractif un secteur à forte densité de main-d'œuvre (*n° 2004-502 DC*) ; « qu'améliorer la compétitivité du sport professionnel est un but d'intérêt général » qui permet au législateur de décider que la part de la rémunération des sportifs correspondant à la commercialisation de l'image collective de l'équipe ne soit pas considérée comme un salaire et qu'elle soit en conséquence imposée au titre des bénéfices non commerciaux et seulement assujettie à la CSG (*n° 2004-507 DC*) ; que « favoriser le rapatriement d'emplois et d'investissements précédemment transférés hors de France afin d'en faire profiter l'économie nationale et de lutter contre le chômage est un objectif d'intérêt général » qui justifie d'accorder à ces entreprises le bénéfice d'un crédit d'impôt (*n° 2004-511 DC*).

Dans sa décision du 21 janvier 2011 (*n° 2010-88 QPC*), le Conseil juge que le mécanisme d'imposition sur la base du « train de vie » des individus est constitutif d'une rupture d'égalité entre les contribuables soumis à ce mécanisme et les autres. Mais, précise le juge constitutionnel, cette inégalité de droit est justifiée par la nécessité de lutter contre la fraude fiscale, et ce motif d'intérêt général autorise une différence de régime entre les contribuables qui ont un train de vie manifestement excessif et ceux dont les dépenses correspondent bien aux revenus déclarés.

De même, dans la décision du 6 avril 2012 (*n° 2012-228/229 QPC*), le Conseil juge que les exceptions prévues par la loi en matière d'enregistrement des interrogatoires en matière criminelle ne sont pas justifiées par un motif d'intérêt général suffisant ce qui « entraîne une discrimination injustifiée ».

Ce contrôle rigoureux de l'intérêt général s'exerce également en dehors du principe d'égalité. Par exemple, en matière de liberté contractuelle, le Conseil a jugé, dans sa décision du 7 janvier 2016 (2015-511 QPC), que le « pluralisme », mis en avant par le législateur, ne pouvait justifier l'intervention d'une commission de régulation – le Conseil supérieur des messageries de presse (CSMP) – dans les contrats conclus entre les coopératives de presse et les grossistes chargés de livrer les journaux chez les détaillants. Par exemple encore, dans la décision du 22 décembre 2016 (2016-742 DC), le Conseil estime que la création d'une taxe frappant les fournisseurs de tabacs porte une atteinte excessive à la liberté contractuelle en dépit du motif d'intérêt général présent dans la loi (la préservation de la santé publique).

En définitive, si pendant longtemps il était possible d'affirmer que le Conseil n'apprécie jamais la teneur de l'intérêt général (*G. Merland, 2004*) en indiquant dans ses décisions – formule classique – qu'il n'a pas un pouvoir d'appréciation identique à celui du Parlement, aujourd'hui, la réalité du contentieux constitutionnel a quelque peu ébranlé cette idée. Le juge n'hésite plus à explorer minutieusement les motifs qui ont guidé le législateur, non pas pour juger ces motifs – sont-ils bons ou mauvais ? –, mais pour savoir s'ils sont assez « sérieux » pour autoriser une atteinte à un principe constitutionnel, en l'occurrence le principe d'égalité.

Pour aller plus loin

- **Cons. const., 16 janvier 1982, n° 81-132 DC**, R. p. 18 : le législateur avait traité de manière différente des banques qui, comme le reconnaît le Conseil, ne présentaient, par rapport à celles que la loi nationalise, aucune différence autre que le fait d'appartenir à des étrangers. Leur exclusion du champ de la loi a cependant été admise par le Conseil au motif « des risques et des difficultés que la nationalisation de ces banques aurait pu entraîner sur le plan international et dont la réalisation aurait compromis l'intérêt général qui s'attache aux objectifs poursuivis par la loi de nationalisation ».

4 Cons. const., 29 déc. 2012, n° 2012-662 DC, *Contribution exceptionnelle de solidarité sur les très hauts revenus d'activité*

« 67. Considérant que le paragraphe I de l'article 12 insère, après la section 0I du chapitre III du titre Ier de la première partie du livre Ier du Code général des impôts, une section 0I bis intitulée « Contribution exceptionnelle de solidarité sur les très hauts revenus d'activité » (...)
68. Considérant que, selon les députés et les sénateurs requérants, cette contribution exceptionnelle, ajoutée au taux marginal maximal d'impôt sur le revenu prévu à l'article 3 de la loi de finances pour 2013, ainsi qu'à la contribution exceptionnelle sur les hauts revenus et aux prélèvements sociaux, aboutira à une taxation globale au taux de 75 % et présente donc un caractère confiscatoire ; (...)
69. Considérant qu'aux termes de l'article 6 de la Déclaration de 1789 : « La loi... doit être la même pour tous, soit qu'elle protège, soit qu'elle punisse » ; que le principe d'égalité ne s'oppose ni à ce que le législateur règle de façon différente des situations différentes ni à ce qu'il déroge à l'égalité pour des raisons d'intérêt général, pourvu que, dans l'un et l'autre cas, la différence de traitement qui en résulte soit en rapport direct avec l'objet de la loi qui l'établit ;
70. Considérant qu'aux termes de l'article 13 de la Déclaration de 1789 : « Pour l'entretien de la force publique, et pour les dépenses d'administration, une contribution commune est indispensable : elle doit être également répartie entre tous les citoyens, en raison de leurs facultés » ; que cette exigence ne serait pas respectée si l'impôt revêtait un caractère confiscatoire ou faisait peser sur une catégorie de contribuables une charge excessive au regard de leurs facultés contributives ; qu'en vertu de l'article 34 de la Constitution, il appartient au législateur de déterminer, dans le respect des principes constitutionnels et compte tenu des caractéristiques de chaque impôt, les règles selon lesquelles doivent être appréciées les facultés contributives ; qu'en particulier, pour assurer le respect du principe d'égalité, il doit fonder son appréciation sur des critères objectifs et rationnels en fonction des buts qu'il se propose ; que cette appréciation ne doit cependant pas entraîner de rupture caractérisée de l'égalité devant les charges publiques ;
71. Considérant qu'en instituant la contribution exceptionnelle de solidarité sur les très hauts revenus d'activité, le législateur a mis en place, au titre des revenus des années 2012 et 2013, une imposition assise sur les seuls revenus d'activité professionnelle ; qu'il a retenu pour cette contribution exceptionnelle, dans le prolongement de l'impôt sur le revenu, un taux d'imposition de 18 % appliqué à la fraction de ces revenus excédant le seuil d'un million d'euros par personne physique ; (...)
73. Considérant que le législateur a retenu le principe d'une imposition sur le revenu par personne physique sans prendre en considération l'existence du foyer fiscal ; que, par l'effet de cette contribution exceptionnelle assise sur les revenus d'activité professionnelle des personnes physiques excédant un million d'euros, deux foyers fiscaux bénéficiant du même niveau de revenu issu de l'activité professionnelle pourraient se voir assujettis à cette contribution ou au contraire en être exonérés, selon la répartition des revenus entre les contribuables composant ce foyer ; qu'ainsi, en soumettant à cette contribution exceptionnelle les revenus des personnes physiques, sans tenir compte, comme pour l'imposition de l'ensemble du revenu à l'impôt sur le revenu et la contribution exceptionnelle prévue par l'article 223 sexies du Code général des impôts, de l'existence du foyer fiscal, le législateur a méconnu l'exigence de prise en compte des facultés contributives ; qu'ainsi, il a méconnu le principe d'égalité devant les charges publiques ; (...) »

■ *Faits*

La taxe à 75 % – « contribution exceptionnelle de solidarité sur les très hauts revenus d'activité » – était une promesse du candidat François Hollande lors de l'élection présidentielle de 2012. Inscrite dans le budget 2013, la mesure est soumise au Conseil constitutionnel qui décide de la censurer au nom du principe d'égalité devant les charges publiques : en se basant sur les personnes, et non sur le foyer fiscal, le législateur a méconnu le principe d'égalité devant les charges publiques. Avec en creux une question : à quel niveau d'imposition est-il possible de considérer une taxe comme « confiscatoire » ?

■ *Portée*

75 %, 80 %, davantage ? En réalité, le Conseil n'a jamais donné d'informations précises sur le seuil à partir duquel un taux d'imposition devient confiscatoire. En revanche, et *a contrario*, certains taux peuvent être regardés comme « non confiscatoire » en ce sens qu'ils ont été validé par le juge constitutionnel lors de l'examen des différentes lois. Par exemple, en 2000, le Conseil a jugé que n'était pas confiscatoire le taux de 70 % de la taxe sur les entreprises pharmaceutiques (*n° 2000-437 DC*).

Le Conseil a également précisé, à plusieurs reprises, sa « méthode » de raisonnement. Ainsi, dans sa décision du 9 août 2012, il considère que le caractère confiscatoire de la contribution exceptionnelle sur la fortune ne pouvait être apprécié en analysant « chaque imposition prise isolément » (*n° 2012-654 DC*) ; autrement dit, l'appréciation doit englober les autres impôts auxquels le contribuable est soumis. Et, en l'espèce, il juge que, même combiné aux autres impositions, la contribution exceptionnelle sur la fortune n'a pas de caractère confiscatoire. Dans le domaine social, le Conseil a également considéré que, s'il est possible au législateur de faire peser sur certaines catégories socio-professionnelles une contribution de solidarité à l'égard d'autres catégories en difficulté, le taux de 50 % retenu pour les rémunérations dépassant deux fois et demi le SMIC constituait « une rupture caractérisée de l'égalité devant les charges publiques entre tous les citoyens » (*n° 85-200 DC*). Et dans la décision du 29 décembre 2013 (*n° 2013-684 DC*), si le Conseil ne se prononce pas directement sur le caractère confiscatoire ou non du « taux forfaitaire » de 75 %, il souligne néanmoins que l'instauration de ce taux « a pour effet de porter le taux d'imposition sur les bénéfices résultant de ces opérations à 90,5 % » créant ainsi une « une charge excessive » au regard des capacités contributives du contribuable.

Concernant la « contribution exceptionnelle de solidarité sur les très hauts revenus d'activité », suite à la décision de censure du Conseil en 2012, le législateur revoit sa copie et une nouvelle taxe est créée par la loi de finances pour 2014. Cette fois-ci, le taux de 75 % devient un taux de... 50 %, mais se rapproche du niveau promis par le Président en ajoutant les contributions sociales. La mesure provoque à nouveau la colère de l'opposition et des grands patrons ; et finalement, le Gouvernement Valls décide de ne pas reconduire le mécanisme en 2015.

Pour aller plus loin

- **Cons. const., 29 décembre 2013, n° 2013-685 DC**, R. p. 1127 : le Conseil valide la nouvelle version de la « taxe exceptionnelle sur les hautes rémunérations ».
- **Cons. const., 29 décembre 2015, n° 2015-725 DC**, JO 30 décembre 2015, p. 24763 : la CSG dite « progressive », qui vise les salariés, et non tous les travailleurs, crée une rupture d'égalité devant les charges publiques.

Cet ouvrage a été achevé d'imprimer dans les ateliers de Leitzaran (Espagne)
Numéro d'impression : 435
Dépôt légal : Avril 2017